edition suhrkamp

Redaktion: Günther Busch

Bernd Jürgen Warneken, geboren 1945, studierte in Tübingen Allgemeine Rhetorik, Germanistik, Philosophie und Geschichte. Er ist wissenschaftlicher Assistent am Ludwig-Uhland-Institut für Empirische Kulturwissenschaft an der Universität Tübingen. Er veröffentlichte Arbeiten zur Literatursoziologie, zur Unterhaltungskultur und zur Kulturpolitik.

Der Nutzen von Begriffen wie »Literaturproduzent« und »Literaturproduktion« ist dort unbestritten, wo es um ökonomische und soziale Aspekte der modernen Literaturindustrie geht. Weit weniger geklärt ist, was ein Verständnis von Literatur als »besonderer Weise der gesellschaftlichen Produktion« für die Theorie der Kunstliteratur als ästhetische Theorie beizusteuern vermag. An diesem Punkt setzt die Arbeit von Warneken an. Sie begnügt sich nicht mit Rahmenaussagen, sondern ist bestrebt, die Besonderheiten kunstliterarischer Produktionsweise hervorzuheben, die von neueren kommunikations- und spieltheoretischen Ästhetikkonzeptionen nicht selten vernachlässigt werden. Dabei wird einerseits – so beim Problem literarischer »Techniken« – eine antitechnizistische Vorstellung von literarischer »Produktion« entfaltet, andererseits Kunstliteratur als eigentümliche (d. h. unersetzliche) Form einer produktiven Aneignung der Wirklichkeit verstanden.

Bernd Jürgen Warneken

Literarische Produktion

Grundzüge einer materialistischen Theorie der Kunstliteratur

Suhrkamp Verlag

edition suhrkamp 976
Erste Auflage 1979

Satz, in Linotype Garamond, und Druck: Nomos Verlagsgesellschaft, Baden-Baden. Gesamtausstattung Willy Fleckhaus.

Inhalt

Vorwort 9

I. Literarische Produktion und Literaturprozeß 11

Aspekte des Begriffs »literarische Produktion« 13

Exkurs über die literarischen Produktionsmittel: Material- und Technikfortschritt – Fortschritt der Literatur? 22

Exkurs über die literarische Arbeitskraft: Das Problem der Lernbarkeit literarischer Arbeit 29

Das literarische Produkt im Rezeptionsprozeß der Literatur 37

Der objektive Charakter des literarischen Produkts und die Rezeption als »inverse Arbeit« 38

Die Geschichtlichkeit der literarischen Produkte und die Geschichtlichkeit des Lesers 46

Lesende und praktisch-gesellschaftliche Aneignung von Literatur 51

II. Literarische Produktion und gesellschaftliche Entwicklung des Menschen 53

Literarische Produktion, materielle Produktion, Selbstproduktion des Menschen 55

Zum Charakter der gesellschaftlichen »Produktivität« von Literatur 60

»Produktionsästhetik« und Praktischwerden der Literatur 61

III. Literarische Produktion als spezifische Aneignungsweise der Realität 67

»Rezeptivität« und »Produktivität« in der Realitätsbeziehung der literarischen Darstellungsweise 69

Realismus und Abstraktion 78

Funktionaler Realismus und abstrahierende Darstellungsweise 78

Realistische Abstraktion und abstrakt-konkrete Kunst 83

Realismus und Utopie 89

Gestalt und Funktion der literarischen Darstellung einer »Welt« 97

Fiktionale Darstellung in der Literatur und im Rollen- und Planspiel 97

Literarische Darstellung einer »Welt« und Verhältnis von Kunst und Wissenschaft 103

Das Problem des Gegenstands der literarischen »Welt« 109

Die Gegenwärtigkeit der literarischen Welt und deren Stellung in der Selbstproduktion des Menschen 117

Anmerkungen 124

Literaturverzeichnis 152

Brecht das Doppeljoch entzwei!
Brecht die Not der Sklaverei!
Brecht die Sklaverei der Not!
Brot ist Freiheit, Freiheit Brot!

Georg Herwegh

Vorwort

Diese Arbeit versteht sich als Einführung. Sie ist jedoch kein Handbuch: sie führt nicht einfach in materialistische Literaturtheorie ein, sondern auch in die Auseinandersetzung darüber. Die Darstellung geht an Nervenpunkten der Diskussion entlang, die seit der Entdekkung des Materialismus in der bundesdeutschen Literaturwissenschaft geführt wurde. Dabei setzt sie voraus, daß Grundzüge einer in der Marxschen Tradition stehenden Theorie der Kunstliteratur in doppelter Weise verdeutlicht werden müssen: durch die Kritik verbreiteter Mißverständnisse ebenso wie durch Präzisierung und Ausfaltung dieser Grundzüge selbst; erst der zweite Schritt vermag jenen Mißverständnissen – wo es wirklich solche sind und es sich nicht um interessierte Verzerrungen handelt – den Nährboden zu nehmen, aus dem sie bisher ständig nachwachsen.

Der Ansatz, von dem das Buch ausgeht, bedarf solcher Verdeutlichung besonders dringend: es ist das bekannte, jedoch kaum jemals systematisch entwickelte Theorem, daß Literatur als besondere Form gesellschaftlicher Produktion zu verstehen sei. In diesem Gedanken müssen zwei analytisch zu trennende Wahrheiten gesehen werden, soll eine darauf aufbauende Theorie über Einzelaspekte des Literaturproblems hinausreichen. Zum einen ist Literatur als Vergegenständlichung einer besonderen Art von gesellschaftlicher Arbeit aufzufassen; zum andern ist diese Arbeit als Teil der – nicht nur in Arbeitsakten vor sich gehenden – »Produktion« des Menschen selbst zu begreifen. Die innere Verbindung dieser beiden Aspekte darzustellen ist Zweck dieser Abhandlung.

Ihr erster Teil versucht zu zeigen, daß es weder eine bloße façon de parler noch ein Verfehlen der Eigenart literarischer Tätigkeit sein muß, sie als gesellschaftliche Arbeit an einem gegenständlich faßbaren Gebrauchswert zu verstehen; der Produktionsbegriff vermag vielmehr gerade Qualitäten festzuhalten, die literarische Kommunikation von anderem Kommunizieren unterscheiden. Gleichzeitig wird, in Exkursen über die literarischen Arbeitsmittel und die Qualifikation der literarischen Arbeitskraft, die Eigenart literarischer Produktivkräfte technizistischen Verkürzungen ebenso wie irrationalistischen Mystifizierungen gegenüber hervorgehoben. Nach dieser Debatte über die Produktions- und Produktseite des Literaturprozesses wird deren Verhältnis zu seiner Rezeptionsseite behandelt, in kritischer Wendung gegen die Tendenz, Literaturtheorie *statt* in einer Produktions- in einer Rezeptionsästhetik fundieren zu wollen, und mit dem Ziel, die reale Dialektik beider Aspekte herauszuarbeiten. Der zweite Teil geht über den Literaturprozeß hinaus: er skizziert die »Produktivität« literarischer, schreibender wie lesender, Tätigkeit für die menschliche Gattungsentwicklung in ihrem Zusammenhang mit den praktisch-produktiven Momenten dieser Entwicklung. Die bis dahin nur jeweils angedeutete Besonderheit kunstliterarischer Wirkung auf die beteiligte Subjektivität, die sich von der benachbarter ästhetischer und kognitiver Prozesse unterscheidet, wird im dritten Teil als Analyse der literarischen Darstellungsweise näher untersucht. Nach den Beziehungen Autor-Werk-Leser und Literatur-Gesellschaft geht es hier also um die Beziehung von literarischer Darstellung und darzustellender Wirklichkeit. Der Begriff der »Produktivität«, der auch hier wieder auftaucht, hat in diesem Kontext einen neuen Sinn: er meint nicht Produktherstellung und nicht Subjektveränderung, sondern ideelle Bearbeitung der Realität für die besonderen Zwecke der Literatur. Die Tatsache dieser Bearbeitung wirft zunächst die Frage auf, was überhaupt »realitätsadäquate« Darstellung sein kann; die im zweiten Teil entworfene Entwicklungsperspektive praktisch-gesellschaftlicher Selbstproduktion des Menschen soll bei der Beantwortung der weiteren Frage helfen, inwiefern die Forderung nach »Realitätsadäquanz« der literarischen Darstellung sinnvoll ist. Aufgabe des letzten Teils der Arbeit ist es, die Möglichkeiten fiktionaler literarischer Darstellung – hier, ohne andere Formen von Literatur als unkünstlerisch bezeichnen zu wollen, kurz als »kunstliterarische« Darstellung bezeichnet – von denen ähnlicher Gattungen wie dem darstellenden Spiel oder der Tatsachenliteratur abzugrenzen, dies zu dem Zweck, die unersetzliche Funktion kunstliterarischer Produktion für die menschliche Selbstproduktion gegenüber aller scheinfortschrittlichen Diskriminierung »traditioneller ästhetischer Gattungen« ins Bewußtsein zu rufen.

Entstanden, das sei hinzugefügt, ist dieses Buch aus Diskussionszusammenhängen am Seminar für Allgemeine Rhetorik in Tübingen. Mein Dank gilt Walter Jens, der meiner wissenschaftlichen Arbeit die ganze Freiheit gewährte und meiner Freiheit die wissenschaftliche Arbeit abverlangte; er gilt den Freunden in Tübingen, mit denen ich viele Jahre einer entscheidenden wissenschaftlichen, politischen und persönlichen Entwicklung teilte; und er gilt meiner Frau, Katrin Pallowski, die dieses Buch selbst geschrieben hätte, wenn ich ihr diesmal nicht zuvorgekommen wäre.

Tübingen, November 1978

I. Literarische Produktion und Literaturprozeß

»[. . .] das Höchste und Vortrefflichste ist nicht etwa das Unaussprechbare, so daß der Dichter in sich noch von größerer Tiefe wäre, als das Werk dartut, sondern seine Werke sind das Beste des Künstlers und das Wahre; was er ist, das *ist* er, was aber nur im Innern bleibt, das *ist* er nicht.«

G. W. F. Hegel

Aspekte des Begriffs »literarische Produktion«

Gesellschaftliche Kommunikation mittels literarischer Produkte

Im Jahre 1934 erschien das erste Heft einer »Zeitschrift für Dichtung, Kunst und deutsches Leben«, die sich *Das Innere Reich* nannte; sie wurde bis 1944 fortgeführt.[1] Die in der Titelgebung ausgedrückte Ideologie, auf jene Zeitschrift und jene Zeit freilich nicht beschränkt, verlegt Literatur in die Gedanken und Gefühle der Einzelnen.[2] Die gesellschaftlichen Folgen, die gerade eine solche vermeintlich unpolitische Literaturauffassung haben kann, sind von der literaturwissenschaftlichen Forschung inzwischen vielfältig nachgewiesen worden. Uns kommt es an dieser Stelle nicht darauf an, solche Einsichten zu wiederholen, sondern darauf, einen immanenten Widerspruch anzuzeigen, der an der Rede vom »inneren Reich der Literatur« schon vor jedem Rekurs auf außerliterarische Vorgänge ins Auge fallen müßte. Denn noch da, wo Literatur insofern nach innen geht, als sie sich in die privatesten, geheimsten Regungen des Subjekts versenkt, ist die Bewegung zugleich gegenläufig, und zwar schon deswegen, weil sie das »Innere« in ein gesellschaftliches Medium transponiert: in die Sprache als »das praktische, auch für andre Menschen existierende [...] wirkliche Bewußtsein«, welche »wie das Bewußtsein erst aus dem Bedürfnis, der Notdurft des Verkehrs mit andern Menschen« entstand.[3] So ist bereits jedes innere Sprechen nicht allein monologisch, sondern auch Gespräch mit einem fiktiven Zuhörer; Brecht sprach in ähnlichem Sinne einmal davon, Denken sei »nicht nur eine Tätigkeit des Kopfes, sondern eine Kommunikation zu sich selbst, eine gesellschaftliche Verhaltensweise«.[4] Beim Schreiben vollends wird der gesellschaftliche Charakter des Denkens und Sprechens explizit und intentional. Noch der Grenzfall von Literatur, das nicht zur Veröffentlichung bestimmte Tagebuch, zielt auf einen späteren Leser, nämlich den dann nicht mehr mit der Autorindividualität identischen ehemaligen Autor selbst.[5] Wo Manuskripte nicht veröffentlicht, aber auch nicht zerstört werden sollen – wie es z. B. von Kafka bekannt ist –, soll nicht der Leser überhaupt, sondern nur der aktuelle Leser ausgeschlossen werden, und selbst das »mit Kommunikation brechende« hermetische Werk hofft auf ein Echo bei wenigen oder wenigstens in einer wenn auch unabsehbaren Zukunft.[6] »Das bunte, farbenreiche Gefieder der Vögel«, schreibt Hegel einmal sehr schön, »glänzt auch ungesehen, ihr Gesang verklingt ungehört; die Fackeldistel, die nur eine Nacht blüht, verwelkt, ohne bewundert zu werden, in den Wildnissen der südlichen Wälder, und diese Wälder, Verschlingungen selber der schönsten und üppigsten Vegetationen, mit den wohlriechendsten, gewürzreichsten Düften, verderben und verfallen ebenso ungenossen. Das Kunstwerk aber ist nicht so unbefangen für sich, sondern es ist wesentlich eine Frage, eine Anrede an die widerklingende Brust, ein Ruf an die Gemüter und Geister.«[7]

Von diesem sozial-kommunikativen Charakter künstlerisch-literarischer Tätigkeit ausgehend, hat man in letzter Zeit die kunstwissenschaftliche Grundlegung der Literaturwissenschaft durch eine kommunikationswissenschaftliche Grundlegung ersetzen wollen.[8] Der Versuch, statt Dichter »Sender« und statt Kunstwerk »Signal« zu setzen[9], mag gegenüber Nachfahren der »Kunstreligion« zunächst erfrischend wirken; die unvermittelte Subsumtion einer Theorie der Kunstliteratur unter eine »allgemeine Theorie sprachlicher Kommunikation«[10] droht jedoch die besondere Qualität[11] des Literaturprozesses zu verfehlen.

Literarische Äußerungen sind nicht Sprachakten vergleichbar, die als Signale innerhalb einzelner praktischer Handlungsvollzüge fungieren, um diese handlungstechnisch zu ermöglichen.[12] Sie stellen vielmehr z. B. kommunikative Situationen selbst dar und sind nicht nur ihr Bestandteil. Es ist – hierin kann man Siegfried J. Schmidt gegen seine Kritiker recht geben – typisch für literarisch-künstlerische Texte, »daß sie [. . .] nicht als Bestandteile je aktueller, pragmatischer Kommunikation in punktuellen Handlungszusammenhängen aufgefaßt werden, sondern als Bestandteile eines Spezialbereichs gesellschaftlicher Kommunikation, der aufgrund seiner eigentümlichen Oszillation von Funktion und Objekthaftigkeit einen Sonderstatus besitzt und nicht unmittelbar nach handlungsrelevanten Effizienzkriterien beurteilt werden darf. [. . .] Die Situationsabstraktheit als ein Merkmal der Klasse literarischer Texte verhindert, daß diese Texte *unmittelbar* in pragmatische Handlungsabläufe integriert werden, d. h. daß ihre Konstituenten (+ Regeln) unmittelbar an sprachliche oder nichtsprachliche Situationselemente angeschlossen werden.«[13]

Diese besondere kommunikative Funktion der Literatur zeigt sich auch in der Struktur des literarischen »Kommuniqués«: es wird zumeist nicht erst innerhalb der kommunikativen Situationen fertiggestellt, für die es bestimmt ist, sondern gelesen, rezitiert oder – etwa auf dem Theater – reproduziert. Auch als spontan Hergestelltes aber hat es nicht nur den Charakter eines bloßen transitorischen Zeichens; es ist – wie Brecht es vom Gedicht sagte – »etwas zum Verweilen gebrachtes Flüchtiges [. . .], also etwas verhältnismäßig Massives, Materielles«.[14] Es ist damit nicht nur Zeichen oder Signal, sondern Produkt in einem emphatischen Sinn: ein literarisches *Werk* – das zudem durch Elemente, wie sie der Kunstliteratur als »darstellendem Diskurs«[15] eigen sind, durch Rhythmus und Reim z. B., durch übergreifende Konstruktionsprinzipien wie Strophen, aber auch syntaktischen oder parataktischen Aufbau eine qualitativ besondere Konsistenz besitzt.

Literarische Tätigkeit als Form gesellschaftlicher Arbeit

Dieser besondere Produktcharakter der kunstliterarischen »Communiqués« nun setzt einen besonderen Charakter des literarischen Schaffens voraus. Ist schon die knappste Sprechhandlung mehr als bloße Mitteilung, nämlich ein komplexer Prozeß gedanklicher und sprachlicher Generierung von Sprechformen und -inhalten[16], so emanzipiert sich in der Literatur die Konstitution des zu übermittelnden Inhalts vollends vom Akt der aktualen Kommunikation. Gegenüber der Verselbständigung des literarischen Schaffens zu manchmal jahrelanger Tätigkeit, z. B. an einem Roman, erweisen sich kommunikationstheoretische Begriffe vom Autor als einem »Sender« und seiner Aufgabe als dem »Austauschen von Informationen«[17] kaum als nützlich; weit näher kommt dem Vorgang die Bezeichnung als *literarischer Tätigkeitsprozeß*. Und auch die literarische Tätigkeits*weise* ist nicht bloß als »Niederschrift« oder als »sprachliches Codieren« vorgefaßter Inhalte in den Griff zu bekommen: die Übertragung dieser kommunikationswissenschaftlichen Termini auf das künstlerisch-literarische Schaffen würde ungewollt mit geniekultistischen Ideologien konvergieren. Die Gegenposition hierzu markiert anschaulich eine Äußerung Edgar Allan Poes: »Den meisten Autoren und ganz besonders den Dichtern ist es angenehmer, wenn man von ihnen glaubt, sie arbeiteten in einer Art schönen Wahnsinns – in ekstatischer Intuition – und sie schaudern bei dem Gedanken, das Publikum einen Blick auf die Szene ihres Schaffens tun zu lassen, auf das arbeitsvolle Ausfeilen des Gedankens, auf die Ideen, die sich oft tausendmal als Blitz vorüberhuschend zeigen und nicht als volles Licht verweilen wollen, auf die vielen wohlausgereiften Gedanken, die voll Verzweiflung als unverwendbar beiseitegeworfen werden müssen, auf dies ewige, unendlich vorsichtige Wählen und Aussondern – kurz, auf die Räder und Riemen, die Leitern und Falltreppen, die Vorrichtungen zum Kulissenschieben und all die tausend Dinge, die der Autor bei der Arbeit nötig hat.«[18]

Die von Poe gewählte Bezeichnung *Arbeit* für das literarische Schaffen trifft nicht nur insofern den Sachverhalt, als sie auf das Bedachte, ja zuweilen Mühevolle dieser Tätigkeit hinweist; sie stimmt auch zur Dialektik von innerer Vorstellung, zur Realisation benutztem literarischen Material und literarischer Objektivation, welche potentiell den gesamten Schreibprozeß durchherrscht. Das heißt, daß »[d]er künstlerische Schaffensprozeß [. . .] keine rein spekulative Phase [hat], in der das Kunstwerk ›gedacht‹, das heißt gedanklich abstrakt vorweggenommen wird, um anschließend seine sinnliche ›Verkleidung‹ zu erfahren. Vielmehr durchdringen sich in allen Phasen der künstlerischen Produktion die erkennende und verallgemeinernde, die wertende und geistig-antizipierende sowie die ästhetisch-praktische Seite dieses Prozesses«.[19] Der künstlerische Gehalt entfaltet sich mit seiner Verwirklichung in der literarischen Formensprache – die sich freilich schon in »Halbfertigprodukten« im Kopf des Autors vor dem Schreibakt anbahnt; er erlangt seine inhaltliche erst durch seine praktisch-formale Konkretion: »Das künstlerische Bild ist nicht nur mit künstlerischen Mitteln formuliertes Bewußtseinsabbild, sondern Resultat des vieldimensionalen künstlerischen Schaffens, in dem die Formgebung zugleich Inhalts›findung‹, also Herausarbeitung jenes künstlerischen Inhalts ist, den es zuvor nicht gab.«[20] Wirksam ist in dieser kunstspezifisch modifizierten »allmählichen Verfertigung der Gedanken beim Reden« die Rückwirkung des schon dem Schreibenden »Entäußerten«, des Objektivierten, auf den weiterführenden Schreibakt selbst. Wie, nach Hegel, dem »sich schaffenden Geiste«, so tritt hier dem

Autor »jede seiner Schöpfungen, in der er sich befriedigt hat, als neuer Stoff entgegen, der ihm Aufforderung ist, ihn zu verarbeiten. Was seine Bildung ist, wird zum Material, an dem seine Arbeit ihn zu neuer Bildung erhebt«.[21] Die Dialektik von Bedürfnis, Produktion und erweitertem Bedürfnis vollzieht sich schon innerhalb jeder mehrphasigen Arbeit selbst. Was Schriftsteller z. B. als das »Sichemanzipieren« einzelner Romanfiguren vom Autorwillen bezeichnet haben, meint nichts anderes, als daß konkrete Verkörperungen der Idee dem Autor als dem ersten Leser des nun aus seiner Subjektivität entlassenen Texts die Modifikationsbedürftigkeit des ursprünglichen Werkplans aufdrängen. »Das Werk«, sagt Paul Valéry, »verändert den Autor. Bei jeder Bewegung, die es aus ihm herausholt, erfährt er eine Veränderung. Ist es vollendet, wirkt es nochmals auf ihn.«[22]

Mit solchen Charakteristika, die literarischer Tätigkeit in der gesellschaftlichen Kommunikation einen besonderen Stellenwert zuweisen, tritt diese Tätigkeit zugleich in einen anderen Zusammenhang: den gesellschaftlicher Arbeit überhaupt. Die Gemeinsamkeit mit anderen Formen der Arbeit besteht indes nicht darin, daß auch literarische Arbeit Berufsarbeit werden kann, mit der sich der Lebensunterhalt verdienen läßt. Es geht vielmehr darum – und daß literarische Arbeit zur Berufsarbeit werden kann, ist nur eine bestimmte soziale Erscheinungsform dafür –, daß Literatur eben nicht zu jenem Bereich des »Vorstellen[s], Denken[s], [des] geistigen Verkehr[s] der Menschen« gehört, der »direkter Ausfluß ihres materiellen Verhaltens« ist, »unmittelbar verflochten in die materielle Tätigkeit und den materiellen Verkehr der Menschen«[23], sondern ein spezialisiertes Laboratorium des Gewinnens und Auswertens von Erfahrungen durch ein eigens dafür ausgeformtes Arsenal von Mitteln. »Wie erst die Musik den musikalischen Sinn des Menschen erweckt, wie für das unmusikalische Ohr die schönste Musik *keinen* Sinn hat, [kein] Gegenstand ist, weil mein Gegenstand nur die Bestätigung einer meiner Wesenskräfte sein kann, also nur so für mich sein kann, wie meine Wesenskraft als subjektive Fähigkeit für sich ist, weil der Sinn eines Gegenstandes für mich (nur Sinn für einen ihm entsprechenden Sinn hat) grade so weit geht, als *mein* Sinn geht, darum sind die *Sinne* des gesellschaftlichen Menschen *andre* Sinne wie die des ungesellschaftlichen; erst durch den gegenständlich entfalteten Reichtum des menschlichen Wesens wird der Reichtum der subjektiven *menschlichen* Sinnlichkeit, wird ein musikalisches Ohr, ein Auge für die Schönheit der Form, kurz, werden erst menschlicher Genüsse fähige *Sinne*, Sinne, welche als *menschliche* Wesenskräfte sich bestätigen, teils erst ausgebildet, teils erst erzeugt.«[24] Von literarischer Arbeit als Teil gesellschaftlicher Arbeit zu sprechen meint demnach nichts anderes, als daß sie als ein relativ selbständiger Zweig der zwar in materieller Produktion und Praxis fundierten, aber keineswegs in ihr aufgehenden Weiterentwicklung »menschlicher Wesenskräfte« durch zweckbewußte Objektivation eines Inneren und damit zugleich tätige Aneignung eines Äußeren darstellt.

Das literarische Produkt als gegenständlicher Gebrauchswert

Marx' Formulierung vom »gegenständlich entfalteten Reichtum« auch auf den Literaturprozeß anzuwenden, ist freilich nur deshalb möglich, weil die literarische Arbeit selbst keine bloße Entwicklungsdialektik von Autorintentionen, Bedeutungen von Darstellungsmitteln und Werkbedeutungen sowie aufnehmendem Bewußtsein ist, sondern weil auch bei der Literatur von Arbeit als *Vergegenständlichung* innerer Zwecke in der Außenwelt gesprochen werden kann. Ist schon »das Element des Denkens selbst, das Element der Lebensäußerung des Gedankens, die Sprache [...], sinnlicher Natur«[25], wird also die geistige Aneignung von Realität erst wirklich als Lautsprache, so ist die Literatur ihrem Wortsinn nach bereits schriftlich festgehaltene Denkarbeit: sie ist Herstellung von Schriften, dauerhaften Gebrauchswerten materialer Natur, die sie als Substrat des Fixierens und Übermittelns literarischer Bedeutungen benutzt, mithin *literarische Produktion* in einem keineswegs mehr metaphorischen Sinn.[26]

Diese Gegenständlichkeit nun ist dem geistigen Inhalt der literarischen Arbeit keineswegs äußerlich. Damit ist nicht gemeint, daß in Buchstaben auf Papier sich geistiger Inhalt in gleicher Weise objektiviere wie in Farbe oder Tönen die Bedeutung von Malerei und Musik. Auch wenn es Grenzfälle wie z. B. das visuelle Mittel gebrauchende graphische Gedicht der Konkreten Poesie, aber auch des Barock gibt, hat Hegel doch im wesentlichen damit recht, daß »[d]ie Dichtkunst [...] die allgemeine Kunst des [...] nicht an das äußerlich-sinnliche Material zur

Realisation gebundenen Geistes« darstelle, das Hörbare wie das Sichtbare in literarischer Sprache oder Schrift »zur bloßen Andeutung des Geistes herabgesunken« sei.[27] Dennoch besteht ein indirekter Zusammenhang von materialer und geistiger Seite der Literatur, der die Entfaltung der ersteren zur unerläßlichen Bedingung der Entfaltung der letzteren macht. Gewiß existiert eine vorliterarische Poesie, deren Genrereichtum nicht unterschätzt werden darf und die auch keineswegs auf Kleinformen beschränkt blieb.[28] Gleichwohl sind der heutige Reichtum an literarischen Gattungen, gewisse komplexe Bauprinzipien sowie die Vielfalt des Satzbaus und Wortschatzes der Wortkunst nicht ohne Schriftlichkeit zu denken. Vor allem ist die Tradierung von Sprachprodukten, sobald sie nicht mehr auf das Gedächtnis aller Partizipienten angewiesen ist, ungleich leichter und deswegen auch quantitativ reichhaltiger möglich. Die schriftliche Vergegenständlichung der Autortätigkeit ist zudem die Bedingung einer von irreversiblen Variationsbildungen, wie sie mündliche Weitergabe kennzeichnen, freien Tradierung und damit einer literarischen Kultur, die enge örtliche und zeitliche Grenzen der Kommunikation zu überschreiten vermag, ohne die historische Individualität von Texten zu gefährden: die also eine Dialektik von Vielfalt und Einheitlichkeit der Literaturkommunikation in Gang bringen kann.

Die gesellschaftliche Existenz von Literatur hängt aber natürlich nicht nur von ihrer Objektivation als einem einmaligen Akt ab; sie ist auch auf deren materiale Vervielfältigbarkeit und also die materiellen Mittel hierzu angewiesen. Die Literarisierung einer Gesellschaft oder die Vergesellschaftung der Literatur, was allseitige, jederzeitige und ubiquitäre Nutzbarkeit literarischer Texte einschließen muß, ist letztlich ohne die Entwicklung der *Literaturproduktion zur Industrieproduktion von Literatur* nicht denkbar.[29] Das heißt nicht, daß Literatur nicht mehr als Manuskript in Heimarbeit hergestellt werden könnte, wozu als Produktionsmittel die berühmte alte Schreibmaschine genügt; aber mit neuen audiovisuellen Techniken sind auch neue literarische Gattungen wie etwa das Hörspiel, sind Wortkunst einbeziehende Gattungen in Film und Fernsehen entstanden, bei denen die Fertigstellung des Wortanteils an der Produktion die Benutzung komplexer technischer Anlagen voraussetzt. Es soll auch nicht verwischt werden, daß die technische Reproduktion von literarischen Texten keine derart aufwendige Angelegenheit zu sein braucht wie in den audiovisuellen Künsten – der häufige »Literaturzentrismus« oppositioneller, an Produktionsmitteln armer Gruppen, ihre relative Vernachlässigung anderer Künste also, hat wohl auch hiermit, nicht nur mit der argumentativen Zuspitzbarkeit der Wortkunst zu tun. Dennoch läßt sich sagen, daß der einzelne Autor, will er Anschluß an die Entwicklung der Literaturgesellschaft halten, auf die Nutzung von Apparaturen angewiesen ist, die notwendigerweise nicht einem Einzelnen zur Verfügung stehen, sondern gemeinwirtschaftlich oder in privater Regie eines Unternehmers die Texte vieler Autoren drucken und verbreiten. »Dem Kopfarbeiter sagen: es stehe ihm frei, auf die neuen Arbeitsmittel zu verzichten, heißt ihm eine Freiheit außerhalb des Produktionsprozesses anweisen.«[30] Das heißt unter kapitalistischen Verhältnissen, daß Literatur eben dann, wenn sie bloß privaten oder sonst begrenzten Zirkeln entrinnen will, vom Privatinteresse weniger Unternehmen abhängig wird.

Die ideologische Pointe, die unter diesen Umständen eine Vernachlässigung der materiell-technischen Voraussetzungen des Literaturprozesses hat, ist in Marx' Kritik des *Gothaer Programms* verzeichnet: »Die Arbeit«, heißt es dort, »ist *nicht die Quelle* alles Reichtums. Die *Natur* ist ebensosehr die Quelle der Gebrauchswerte [. . .] als die Arbeit, die selbst nur die Äußerung einer Naturkraft ist, der menschlichen Arbeitskraft. [. . .] Die Bürger haben sehr gute Gründe, der Arbeit übernatürliche Schöpfungskraft anzudichten; denn grade aus der Naturbedingtheit der Arbeit folgt, daß der Mensch, der kein andres Eigentum besitzt als seine Arbeitskraft, in allen Gesellschafts- und Kulturzuständen der Sklave der andern Menschen sein muß, die sich zu Eigentümern der gegenständlichen Arbeitsbedingungen gemacht haben. Er kann nur mit ihrer Erlaubnis arbeiten, also nur mit ihrer Erlaubnis leben.«[31] Auch geistige Freiheit, darauf verweist das Begreifen von literarischer Produktion als eines gegenständlich vermittelten Prozesses, ist nicht zuletzt eine Frage der Mit- und Selbstbestimmung der Autoren und des Publikums über den Sektor der literarischen Produktionsmittel.

Literatur als Form gesellschaftlicher Produktion zu bezeichnen, so sollten diese ersten Ausführungen erweisen, heißt also keineswegs, wie gerne vermutet wird, die literarische Tätigkeit unter bereichsfremde Begriffe zu subsumieren und geistig-kommunikative Prozesse »als [...] sekundäre [...] vom instrumentalen Handeln [abzuleiten]«.[32] Der Begriff der Arbeit an einem *literarischen Produkt* gestattet es vielmehr, gerade die Spezifik literarischer gegenüber alltäglicher Kommunikation sowie aus ihrer materiellen Vergegenständlichung und ihrer technischen Reproduzierbarkeit hervorgehende Besonderheiten der gesellschaftlichen Existenz von Literatur zu bestimmen; das Verständnis von Literatur als besonderer *Form gesellschaftlicher Arbeit* seinerseits stellt – ohne freilich schon die Spezifik künstlerischer innerhalb geistiger Arbeit zu erfassen – die literarische Funktion in den Zusammenhang der Entwicklung des Subjekts durch keineswegs bloß »instrumentelle« Arbeitsakte. Der Begriff der *literarischen Produktion* gibt der inneren Beziehung dieser Merkmale der Literatur einheitlichen Ausdruck.

Exkurs über die literarischen Produktionsmittel: Material- und Technikfortschritt – Fortschritt der Literatur?

Eng mit der Auffassung von Literatur als Produkt eines besonderen Zweigs gesellschaftlicher Arbeit hängt die Erkenntnis zusammen, daß Literatur nicht bloß mit Begriffen der Ideologieanalyse diskutiert werden kann, sondern die literarische Entwicklung auch als arbeitsteilige Entwicklung »literarischer Produktivkräfte«[33] zu begreifen ist. Entfaltet wurde diese These vor allem in der Debatte über die Bedeutung der spätbürgerlichen Avantgarde- und Massenkunst, die beide nach Auffassung z. B. von Brecht und Eisler nicht nur – wie sie es aus Äußerungen von Lukács entnahmen – als Ausdruck ideologischen Niedergangs der bürgerlichen Klasse, sondern auch als ungleichzeitige Entwicklung von literarischen Materialien und Techniken einerseits, literarisch gestalteter Ideologie andererseits verstanden werden sollten. In diesem Sinn verwies Brecht etwa auf die bei Joyce, Döblin, Dos Passos und Kafka verwendeten Darstellungsmittel des Inneren Monologs, des Stilwechsels, der Dissoziation der Elemente, die assoziierende Schreibweise, die Aktualitätenmontage, die Verfremdung und nannte sie »wertvolle hochentwickelte technische Elemente« der Literatur, die keineswegs »einfach mit dem kapitalistischen System zu beerdigen« seien.[34]

Die methodologische Konsequenz aus solchen Einsichten ist in der jüngeren Literaturtheorie z. B. von Helga Gallas so formuliert worden, daß »mit der Anerkennung der relativ autonomen, d. h. relativ ideologieunabhängigen Materialentwicklung [. . .] die ausschließliche Bindung der Veränderungen in der Kunst an das Aufstiegs- und Abstiegsschema der Klassen bzw. an die Klassenlage des jeweiligen Künstlers [entfällt].«[35] Weder Gallas selbst noch die um das Material- und Technikproblem zentrierte Theoriediskussion verfahren dabei allerdings immer so ausgewogen wie diese Formulierung[36]; nicht selten wird das nichtideologische Moment der Literaturentwicklung seinerseits verabsolutiert. Es ist deshalb notwendig, die immer noch dringliche Ausarbeitung einer Produktivkräfte-Theorie der Literaturentwicklung zugleich als Kritik ihrer technizistischen Versionen zu betreiben.

Determinanten des Material- und Technikfortschritts[37]

Bei dem Versuch zu erklären, wie denn nun der relativ ideologieunabhängige Produktivkräfte-Fortschritt der spätbürgerlichen Literatur zustande komme, verweist die Diskussion vor allem auf zwei Momente: erstens darauf, daß die bürgerliche Avantgarde trotz ihrer ideologischen Begrenztheit, ja gerade wegen ihrer formalistischen Gesinnung eine Entfaltung literarischer Techniken und Materialien bewirkt habe; zweitens sieht man in avantgardistischer, aber auch in »kommuner« spätbürgerlicher Kunst das Wirksamwerden des auch und gerade im Spätkapitalismus vorzufindenden Fortschritts industrieller Technologie. Verwiesen wird dabei immer wieder auf zwei Zitate von Brecht[38] und Eisler[39]. Doch nicht nur bleibt oft unklar, ob und wie diese beiden Faktoren nun eigentlich zusammenhängen; es besteht auch die Gefahr zu vergessen, daß es sich dabei nur um Teilaspekte und Teilerklärungen handelt, deren Stellenwert innerhalb einer Theorie der Material- und Technikentwicklung erst noch bestimmt werden muß.

Material- und Technikfortschritte der Literatur[40], so sollte zunächst allgemein festgehalten werden, sind vorideologische, materiale und darstellungsorganisierende Konsequenzen aus Veränderungen, die einen oder mehrere Faktoren der literarischen Arbeit betreffen. Dabei handelt es sich einmal um die *Gegenstandsbeziehung* der literarischen Darstellung. Auf einen zwischen bloßer Wortschatzerweiterung und Stilsublimierung stattfindenden Fortschritt in der literarischen Realitätserfassung weist z. B. gerade Lukács hin, wenn er – von ihm weltanschaulich als rückschrittlich empfundener – Lyrik der wilhelminischen Zeit attestiert, in ihr hätten »die flüchtigsten Beobachtungen, die leisesten Stimmungswechsel [. . .] von der neu aufgeblühten Sprache eine dichterisch sinnliche Objektivität erhalten«.[41] Auf notwendige technische Konsequenzen aus einer historischen Veränderung der darzustellenden Realität macht mehrfach Brecht aufmerksam: »Schon für die Beschreibung der Prozesse, in denen ein Mensch des Spätkapitalismus steht, sind die Formen des Rousseauschen Erziehungsromans oder die Techniken, mittels derer die Stendhal und Balzac die Karriere eines jungen Bourgeois beschreiben, außerordentlich überholt.«[42] Brechts schon erwähntes Votum, Mittel wie Stilwechsel, Dissoziation der Elemente oder Montage nicht als dekadent zu verwerfen, stützt sich u. a. auf deren Leistung, solchen Veränderungen im Stoffbereich zu entsprechen.[43]

Zugleich freilich bedeuten solche Verfahrensweisen, daß neue Anforderungen an den Leser gestellt werden; der Wandel von Techniken kann aber auch *primär* daraus resultieren, daß die Darstellung der *praktisch-geistigen* – und auch praktisch-emotionalen, noch vorideologischen – *Seite der Subjektivität des Adressaten* besser angepaßt werden soll oder der Autor für historisch gewandelte Apperzeptionsfähigkeiten schreibt. Diese Fähigkeiten selbst, wie erhöhtes Abstraktionsvermögen, schnellere und komplexere Wahrnehmung, welche das subjektive Korrelat z. B. von stilistischer Lakonik oder montierender Bauweise sind, haben ihren Grund in Veränderungen der Bildung, Sozialisation und Lebensweise überhaupt – in diesen Bestimmungsgründen sind allerdings nicht zuletzt industrietechnische Entwicklungen wirksam.[44] Dabei schult natürlich auch der Umgang mit technischen Medien der Kommunikation selbst die Aneignungsweise von Realität.[45]

Indem der Adressat aber nicht nur geistig, sondern auch praktisch existiert, sind literarische Techniken auch als Antwort auf die *praktische Seite des Adressatenverhaltens* und deren räumliches Ambiente zu verstehen: als Entwicklung neuer Gattungen, die – z. B. als Straßentheater, als Fabriktheater – dem Alltag ihrer Adressaten näher auf den Leib rücken wollen oder gewandelten Kommunikationsweisen und -bedürfnissen folgen. Hierbei spielt zweifellos die Medienentwicklung im 20. Jahrhundert eine wesentliche Rolle. Eine technische Konsequenz aus mediengezeitigten neuen Rezeptionssituationen verzeichnet Walter Benjamin: »Hat sich bereits im Film mehr und mehr der Grundsatz durchgesetzt, es müsse dem Publikum jederzeit möglich sein ›einzusteigen‹, verwickelte Voraussetzungen seien zu meiden, es müsse jeder Teil neben seinem Wert für das Ganze noch einen eigenen, episodischen besitzen, so ist das im Rundfunk einem Publikum gegenüber, das seinen Lautsprecher jederzeit willkürlich ein- und ausschaltet, strikte Notwendigkeit geworden.«[46] Freilich tangieren solche Entwicklungen nur diejenige Wortkunst, die Bestandteil audiovisuell vermittelter Kunstgattungen ist. Dasselbe gilt aber für die Technikentwicklung, die durch Eroberung neuer Materialgattungen möglich und notwendig wird, sowie für diese

Eroberung selbst: bei den literarischen Genres im engeren Sinn ist von einer technisch bedingten Vervielfältigung der Aneignungsweisen vor allem das Hörspiel betroffen, indirekt jedoch auch das Theater, dessen »Elektrifizierung« durch Piscator in den zwanziger Jahren Brecht als Voraussetzung dafür feierte, »die großen, zeitgenössischen Stoffkomplexe auf der Bühne zu bewältigen, die Kämpfe um das Petroleum, den Krieg, die Revolution, die Justiz, das Rassenproblem und so weiter«.[47] Die musikästhetischen Überlegungen von Eisler, die filmästhetischen von Benjamin, die der technischen Revolution einen hohen Wert bei der künstlerischen Produktivkraftentwicklung zusprechen, können jedenfalls nicht undifferenziert auf Probleme der Literatur übertragen werden.

Diese Skizze der Dimensionen des jüngstvergangenen und gegenwärtigen Produktivkräfte-Fortschritts der Literatur zeigt, was eine Hypostasierung des industrietechnischen Aspekts dieser Entwicklung bedeuten würde: Blindheit gegenüber derjenigen Erweiterung von Kommunikationsweisen und ihnen entsprechenden Gattungen der Literatur, die nicht primär eine Konsequenz der »Medienrevolution«, sondern neuer sozialer und politischer Aufgabenstellungen für die Literatur ist; vor allem aber eine Unterschätzung dessen, was in modernen Werken auch der bürgerlichen Kunst bereits an zumindest technischen Konsequenzen für neue *inhaltliche* Problemstellungen enthalten ist. Das heißt, daß sich auch der Hinweis auf den »bewußtlos« vollzogenen Material- und Technikfortschritt gerade in formalistischer Kunstausübung relativiert. Mögen sie in der Musik und der Bildenden Kunst, in der diese Bereiche anderen Charakter haben als in der Literatur, von nicht zu unterschätzender Bedeutung sein: in der Literaturentwicklung fallen Produktivkräfte-Fortschritte kaum bei selbstvergessener oder spielerischer Mittelbehandlung ab, sondern primär bei der – und sei's letztlich ideologisch bornierten – inhaltlichen Bemühung um die Darstellung neuer Stoffbereiche sowie bei dem Versuch, eine intensivere und extensivere gesellschaftliche Wirkung von Literatur zu erreichen. Freilich ist das Betonen materiell-medialer Komponenten dort nicht unberechtigt, wo es um technische Fortschritte in der bürgerlichen Massenkunst geht; das der relativ zweckfrei fortgeschriebenen Material- und Technikdialektik dort nicht, wo es um beerbbare Fortschritte noch des extremen Formalismus geht. Es muß jedoch zu Verzerrungen führen, sucht man diese Akzente aus der Formalismus- und Realismusdiskussion der dreißiger Jahre unverändert für eine Theorie der literarischen Produktivkräfteentwicklung überhaupt zu übernehmen.

Stellenwert des Material- und Technikfortschritts

Die Vergegenwärtigung, wie wenig materiale und technische Momente der Literatur in materiellen technischen Prozessen oder ihren direkten Folgen aufgehen, hat zugleich die Vielfalt der Literaturkomponenten demonstriert, die einer bloß aussagezentrierten Literaturbetrachtung entgehen müssen. Die Beachtung dieser Momente würde freilich einen Schritt vorwärts und zwei zurück bedeuten, wenn auch nur einen Augenblick lang vergessen würde, daß Material- und Technikfortschritte keineswegs so etwas wie eine evolutionäre Abschlagszahlung auf den literarischen Fortschritt insgesamt darstellen: sie sind keine Teilfortschritte des literarischen Gehalts, modifizieren diesen nicht, sondern sind die beflissenen Diener der jeweiligen Tendenz eines Werkes. Brecht, von technizistischen Mißverständnissen offensichtlich selbst nicht immer frei, notiert im amerikanischen Exil gelegentlich selbstkritisch: »eisler weist mit recht darauf hin, wie gefährlich es war, als wir neuerungen rein technisch, unverknüpft mit der sozialen Funktion in umlauf setzten. Da war das postulat einer aktivisierenden musik. 100 mal am tag kann man aus dem radio hier aktivisierende musik hören: chöre, die zum kauf von coca cola animieren. man ruft verzweifelt nach l'art pour l'art.«[48] Und Brecht vermerkt auch Beispiele dafür, wie technische Fortschritte ideologisch Rückschrittliches praktisch effektiv und ästhetisch attraktiv machen: »Die Art und Weise, wie am Broadway oder in Hollywood gewisse Spannungen und Emotionen erzeugt werden, mag kunstvoll sein, jedoch dient sie nur dazu, die entsetzliche Langeweile zu bekämpfen, welche eine ewige Wiederholung der Unwahrheit und Dummheit in jedem Publikum erzeugt. Diese ›Technik‹ wird dazu verwendet und ist dazu entwickelt, an Dingen und Ideen Interesse zu erwecken, die nicht im Interesse des Publikums sind.«[49] Die Empfehlung, selbst in solchen Werken auf »künstlerische Produktivkräfte« zu achten, kann denn auch keineswegs eine an den *Rezipienten* gerichtete Aufforderung sein, an fragwürdigen Kunstprodukten immerhin avancierte Verfahrensweisen zu genießen; sie legitimiert nicht die formalistische Kunstwahrnehmung.[50] Der von technischen Fortschritten in spätbürgerlicher Kunst faszinierte Blick eines Eisler oder Brecht ist legitim vielmehr als der Blick des Produzenten zukünftiger Werke. Erst dessen praktisch-produzierendes Handeln vermag einzelne Techniken, die im konkreten Werk nur abstrahierend für sich und als ideologieneutral betrachtet werden können, von einer bestimmten Inhaltlichkeit zu trennen: »Neuerungen solcher Art«, sagt Brecht im Hinblick auf aufführungspraktische und technische Innovationen in der Kunst, »sind zu kritisieren, solange sie lediglich der Erneuerung überfällig gewordener Institutionen dienen. Sie stellen Fortschritte dar, wenn man einen grundsätzlichen *Funktionswechsel* dieser Institutionen durchführen will. Dann sind sie quantitative Verbesserungen, Entledigungen, Reinigungsprozesse, die von dem stattgefundenen oder stattzufindenden Funktionswechsel aus erst ihren Sinn bekommen.«[51] Dieser Funktionswechsel indes entsteht nicht durch Material- und Technikrevolutionen, sondern einzig durch inhaltlichen, durch Interessen-Wandel auf der Seite von Autor und Publikum.

Doch ist hier eine Differenzierung notwendig. Die Spezifizierung dessen, was unter material-technischem Fortschritt nun eigentlich zu verstehen sei, hat zur Entdeckung relativ heterogener Elemente geführt. Vor allem sind technische Fortschritte, die sich auf neue Präsentationsanforderungen beziehen, von solchen zu unterscheiden, die Stoffbereiche unter neuem Aspekt oder neue Stoffbereiche erschließen. Bei diesen letzteren ist der Übergang von bloß darstellungsorganisatorischen zu inhaltlichen Fortschritten fließend. Auch in der Diskussion der dreißiger Jahre, auf die wir uns hier immer wieder beziehen, geht es schon innerhalb der noch vorrangig mit Material- und Technikbegriffen geführten Kontroverse bereits um Aspekte inhaltlicher Beerbbarkeit der spätbürgerlichen Kunst für die sozialistische. Nicht erst hier freilich: 1928 formuliert Brecht zwar über Georg Kaiser, man könne auch dort »technischen Fortschritt [bemerken], wo man sonst keine Fortschritte mehr bemerkt«, meint damit aber das kaum lediglich technische Faktum, daß Kaisers Dramatik »sich schon an die Ratio [wende]«.[52] Später erklärt er sein Interesse noch präziser damit, daß Kaiser »ohne Psychologie« und »ohne Individuen« gearbeitet und »Zustände in Prozesse aufgelöst« habe.[53] Ähnlich bleibt es bei Brechts Äußerungen über spätbürgerliche Romanautoren nicht bei der unklaren Behauptung, daß ihre literarische Technik »Entsprechungen« von »Dampfmaschine, Mikroskop, Dynamo und so weiter, Öltrust, Rockefeller-Institut, Paramountfilm und so weiter« darstelle; es heißt vielmehr gleich darauf: »Die Arbeiten der Joyce und Döblin weisen, und das in großer Weise, den welthistorischen Widerspruch auf, in den die Produktionskräfte mit den Produktionsverhältnissen geraten sind. In diesen Arbeiten sind in gewissem Umfang auch Produktivkräfte repräsentiert.«[54]

Offensichtlich geht es also beim Begriff »Produktivkräfte« bereits um Darstellungsinhalte, von denen Brecht meint, daß sie den sozialen Gegensätzen der kapitalistischen Gesellschaft zumindest auf der Spur sind. Dieser Interpretation entspricht auch Brechts Herleitung solcher Techniken: »Es bedeutet eine für einen Klassenkämpfer wie Lukács erstaunliche Verniedlichung der Geschichte, wenn er aus der Literaturgeschichte den Kampf der Klassen beinahe völlig entfernt und in dem Abstieg der bürgerlichen Literatur und dem Aufstieg der proletarischen zwei völlig getrennte Phänomene sieht. In Wirklichkeit zeigt sich der Abstieg des Bürgertums in der elenden Aushöhlung seiner formal immer noch realistischen Literatur und zeigen Werke wie die Dos Passos'schen, trotz ihrer Zertrümmerung der realistischen Formen und in ihr, den Durchbruch eines neuen Realismus, möglich durch den Aufstieg des Proletariats.«[55] Schon für die Analyse beerbbarer Einzelentwicklungen in der bürgerlichen Literatur hält Brecht also den Rekurs auf das für unerläßlich, was Gallas verächtlich als das »Auf- und Abstiegsschema der Klassen« beiseiteschob.

Freilich trifft Brechts Hinweis auf die Einwirkung der Arbeiterbewegung, die das Kritikpotential in der spätbürgerlichen Literatur erkläre, nur einen Teilaspekt: das bürgerliche Bewußtsein selbst ist nicht als reine Affirmation definierbar, sondern kennt prinzipiell alle Formen von Selbsterkenntnis und Selbstkritik der bürgerlichen Gesellschaft – nur eben nicht die Perspektive ihrer Überwindung. Diese Anerkenntnis wesentlicher Teilwahrheiten auch in ideologisch letztlich bornierter Literatur gilt natürlich nicht bloß für spätbürgerliche Literatur: Literaturgeschichte insgesamt ist mehr als ein Arsenal von immerhin beerbbaren Materialien und Techniken, sie ist auch ein Arsenal unverwester

Ideengehalte selber. Literarische Gehalte z. B. der frühbürgerlichen Literatur gehen nicht in ihrer ideologischen Funktion auf, sondern versammeln produktive Erfahrung über Natur, Gesellschaft, Individualität; und auch die ideologischen Ideale des Frühbürgertums selbst sind nicht einfach durch die Gegenwart überwunden, sondern rufen immer noch zur Überwindung der Gegenwart auf.[56] Wie Tempel der Antike sind auch die literarischen Werke der Vergangenheit kein bloßer Steinbruch, der nurmehr Materialwert hat[57], sondern potentiell die Signale eines Appells, der noch die Tempel der Nachfahren zu erschüttern vermag.

Exkurs über die literarische Arbeitskraft: Das Problem der Lernbarkeit literarischer Arbeit[58]

In der Ästhetikdiskussion ist die Verwendung des Produktionsbegriffs für das künstlerische Schaffen immer wieder als Proklamation der *Lernbarkeit* dieses Schaffens verstanden worden. Ein Beispiel dafür – und für eine differenzierte Auseinandersetzung mit solchen Vorstellungen – ist die Hegelsche Ästhetik; sie soll den folgenden Überlegungen zu einer materialistischen Theorie der literarischen Qualifikation als Katalysator dienen. Hegel konstatiert, aus der Ansicht, »daß ein Kunstwerk ein Produkt menschlicher Tätigkeit sei«, sei »die Betrachtung hervorgegangen, daß diese Tätigkeit als *bewußtes* Produzieren eines Äußerlichen auch *gewußt* und *angegeben* und von anderen gelernt und befolgt werden könne«.[59] Und er erteilt dieser Auffassung sogleich den Bescheid, daß auf solche Weise »nur etwas formell Regelmäßiges und Mechanisches« entstehe. Künstlerische Produktion jedoch könne nicht »formelle Tätigkeit nach gegebenen Bestimmtheiten« sein, sondern müsse »als geistige Tätigkeit aus sich selbst arbeiten und ganz anderen reicheren Gehalt und umfassendere individuelle Gebilde vor die geistige Anschauung bringen«.[60]

Hegels Argumentation macht noch einmal deutlich, daß die Rede von künstlerischer Tätigkeit als besonderem Teil der gesellschaftlichen Produktion nicht bedeuten kann, diese Tätigkeit in technizistische Vorstellungen und Begriffe zu pressen. Gewiß erfordert sie dort, wo sie sich – wie bei bildender Kunst, Film, auch massenmedial integrierter Wortkunst – in dinglichem Material ausdrückt, auch handwerkliche und technische Fertigkeiten; und das »darstellungstechnische« Moment, wie es im letzten Kapitel geschildert wurde, erfordert als praktisch-geistiges gewiß auch eine Fertigkeit und damit eine Übung, die als handwerklich bezeichnet werden könnte. Doch auch dies »Handwerkliche« ist in künstlerischer Arbeit, anders als in materieller, immer nur Verwirklichung geistiger Zwecke, geistiger Aneignung eines Gegenstandes – was auch für Grenzfälle wie das graphische oder das Laut-Gedicht insofern gilt, als die partiell asemantische, formale Materialbehandlung doch wieder von übergreifenden geistigen Intentionen regiert wird. Andererseits betreffen Hegels Ausführungen nur handwerklich-regelpoetische Vorstellungen von Lernbarkeit literarischer Arbeit: sie sind also – das zeigt auch der spätere argumentative Fortgang bei Hegel selbst – nicht das letzte Wort zur Frage der literarischen Qualifikationsweise, sondern können als Ausgangspunkt für die Erarbeitung einer solchen Qualifikationsauffassung genommen werden, die sich nicht mit der These von einer künstlerischen »Naturbegabung« begnügt, aber die Besonderheit geistiger und insbesondere literarisch-künstlerischer Arbeit durchaus beachtet.

Hegel verbindet die Bestimmung von Literatur als geistiger Tätigkeit zunächst mit der Notwendigkeit, daß diese »reicheren Gehalt« zum Ausdruck bringen müsse, als es in wenigen Regeln und Vorschriften vermittelt werden könne. Das kann zu der Behauptung ausgeweitet werden, daß bei der Herausbildung der Interessen und der Fähigkeiten zur literarischen Produktion, soll diese nicht inhaltlich äußerst restringiert sein, einzelne Akte der »Autorenausbildung« sei's der Wissensvermittlung, sei's der Schreibübung, lediglich eine partielle Funktion haben können: unmittelbar wirksam für künstlerisch-literarische Arbeit ist die gesamte Bildungsgeschichte einer Person. Diese wiederum ist keine bloß geistige oder psychische Geschichte; vielmehr hängt »der wirkliche geistige Reichtum des Individuums ganz von dem Reichtum seiner wirklichen Beziehungen [ab]«[61]: die Ausbildung qualitativ und quantitativ »reicher« Fähigkeiten und Interessen beruht auf Sozialisation und auf praktischer Teilhabe am gesellschaftlichen Geschehen. Dabei geht es in der künstlerischen Aneignung der Realität um *»geistigen«* Reichtum nicht allein als kognitive Fähigkeiten, sondern ebenso um die vielseitigen sinnlichen und emotionalen Vermögen, die in literarischer Darstellung nicht nur – wie für andere geistige Tätigkeiten – Arbeitsvoraussetzung sind, sondern selbst Arbeitsinhalt werden können. Geistiger Reichtum des *Individuums* allerdings bedeutet in einer Aneignungsweise der Realität, die nicht nur individuelle Fähigkeiten als *Instrument* benötigt, sondern Realitätsaneignung im Medium des *Ausdrucks* einer einmaligen Individualität sein will – wir werden später darauf zurückkommen –, daß der Reichtum der Persönlichkeit als der einer ihrer selbst bewußten Individualität direkter Bestimmungsgrund für den literarischen Gehalt wird. Die Vorstellung von literarischer Qualifikation als bloßer Qualifikation zur »Schreibfähigkeit« technizistisch verkürzt zu nennen oder vor der Überschätzung kompensatorischer Ausbildungsgänge für Autoren zu warnen, ist so gesehen, also keineswegs eine Konzession an irrationalistische Begabungstheorien, sondern ein Hinweis auf die konstitutive Bedeutung der *Lebenspraxis* als praktisch-gesellschaftliche Entfaltung von Individuen und Individualität.[62].

Zur Frage nach dem Stellenwert einer »Autorenausbildung« im engeren Sinn kommt die nach ihren möglichen Formen hinzu. Die Problemstelle hierbei bezeichnet in der Hegelschen Kritik der Regelpoetik der Hinweis auf den Charakter des literarischen Werks als »individuelles Gebilde«. Zwar muß Hegels Bemerkung insofern differenziert werden, als Literatur in manchen Gesellschaftsformen Ausdruck eines einheitlichen Kollektivbewußtseins sein kann, wobei die einzelnen Werke sich weitgehend innerhalb desselben inhaltlichen und formalen Kanons bewegen und regelpoetische Bemühungen einer solchen Literaturpraxis durchaus nicht äußerlich zu sein brauchen. Wesentlich an der Hegelschen Erkenntnis ist jedoch, daß das literarische Schaffen gewiß nicht durch *überhistorisch* gültige Regeln auch nur annähernd angeleitet werden kann, da es sein Ziel nicht in der Übermittlung quasi naturwissenschaftlicher Aussagen hat, sondern Ausdruck eines historischen Augenblicks oder einer historischen Epoche ist; und daß *überindividuelle* Schreibregeln auch nur im Rahmen eines bestimmten gesellschaftlichen Gesamtzustands zu lehren sich als überaus fragwürdig erweisen muß, wenn es – wie spätestens seit der bürgerlichen Gesellschaft – um die Produktion einer Werkindividualität geht, die zugleich Ausdruck einer unverwechselbaren Individualität ist. Im Unterschied zur materiellen Technik gilt deshalb für die literarische, daß sie »in jedem echten Werk [. . .] neu geboren werden muß, im Sinne jenes besonderen Blickpunkts, von welchem aus die reproduzierte Wirklichkeit ästhetisch organisiert wird«.[63] Die »Unmöglichkeit, eine Technik (eine technische Neuerung usw.) allgemein anzuwenden«, liegt also »nicht in der Psychologie des Schaffensprozesses (in seiner ›Unbewußtheit‹) oder gar in einer Irrationalität der Kunst, sondern, im Gegenteil, gerade in der *spezifischen* Art ihrer Widerspiegelung der objektiven Wirklichkeit«.[64]

Dennoch stellt die Technik des einzelnen Werks keine Monade dar, sondern ist das Ergebnis einer Wechselwirkung von Allgemeinem und Besonderem: spezielle und individuierende Anwendung eines historisch entwickelten und gesellschaftlichen, d. h. intersubjektiven Stands geistiger Aneignungsweisen überhaupt und literarischer Produktivkräfte im besonderen. Hier lassen sich die Basiskompetenzen der literarischen Produktionsfähigkeit benennen, die in allgemeiner Form lernbar sind: die Sprach-, Lese- und Schreibkompetenz. Aber auch literaturgeschichtliches und literaturtheoretisches Wissen ist Voraussetzung, nicht Verschüttung individueller literarischer Kraft, insofern es ihm nicht um die kompakte Übernahme fremder Werktechniken, sondern um die Bereicherung des individuellen Arsenals literarischer Mittel geht: um die Verbesserung der Möglichkeit, »seine Ideen im jeweils geeigneten Medium mit den jeweils geeigneten Mitteln auszudrücken«.[65] Nicht zufällig haben z. B. von den bundesdeutschen Wortproduzenten – wozu nicht nur »Belletristen« zu rechnen sind – vier Fünftel eine gymnasiale Schulausbildung genossen, welche ihr sprachliches Vermögen und ihre literarischen Kenntnisse – die aufgrund der Herkunft dieser Autoren meist aus den mittleren und oberen Schichten ohnehin überdurchschnittlich ausgebildet sind – gewiß wesentlich gefördert hat.[66] Eine Autorenausbildung in der Form kollektiver Lehrgänge und Lehrinhalte, wie sie in einigen Staaten – insbesondere der Sowjetunion, der DDR und den USA – praktiziert und seit mehreren Jahren auch für die Bundesrepublik forciert gefordert wird, kann also zumindest als Kompensation für eine ungenügende vorgängige sprachlich-literarische Sozialisation sinnvoll sein: sie kann Grundvoraussetzungen der literarischen Arbeit verbessern, mag dies nun durch literaturwissenschaftliche Ausbildung oder durch die Schulung der Ausdrucksfähigkeit in der Art des amerikanischen »creative writing« geschehen.

Hinzu kommt, daß – wie bereits erwähnt – die literarische Produktion immer mehr in Darstellungsgattungen miteingeht, die wie das Hörspiel oder das Fernsehspiel vom Autor die Kenntnis komplexer Medientechnik und kooperativer Arbeitsweisen verlangen. Damit werden für bestimmte Zweige der Literaturproduktion auch handwerklich-technische Kenntnisse wichtig, wie sie sonst nur in anderen Künsten, in Musik und Bildender Kunst z. B., notwendig waren und – ohne daß gesamtgesellschaftlich virulente Ideologien von künstlerischer Begabung das prinzipiell verhindert hätten – in speziellen Schulen und Akademien vermittelt wurden.[67] Es werden demnach durch die wissenschaftlich-technische Revolutionierung auch der geistigen Produktion – und nicht erst ihrer nachträglichen technischen Vermittlung – Qualifikationen sichtbar, die bereits speziellere Seiten des literarischen Arbeitsprozesses betreffen, aber dennoch Gegenstand einer allgemeinen Ausbildung in kollektiven Lehrgängen sein können.

Allerdings gilt für alle die Qualifikationsinhalte, die bisher erörtert wurden, die Bemerkung Hans Christoph Buchs über Kurse wie Prosaschreiben und Dramenschreiben, die das literarische Colloquium in Berlin vor Jahren veranstaltete: »[. . .] es wurde rein formal über Literatur diskutiert, also handwerklich, es wurde eigentlich nur diskutiert, ob man Adjektive benutzen soll oder nicht oder wie man es tun soll, und es wurde noch nicht gesehen, daß diese formalen Fragen gesellschaftliche sind.«[68] Müßte allgemeine Schulung in literarischer Qualifikation, der individuellen Besonderheit der inhaltlichen literarischen Produktionszwecke wegen, bei solchen Lehrprogrammen stehenbleiben, dann bliebe in der Tat für jede Literaturauffassung, der es um den zu produzierenden geistigen Gehalt und seine gesellschaftliche Funktion geht, die Meinung im Recht, daß die »ausschlaggebenden Autoreneigenschaften [. . .] nicht erlernbar«, d. h. keiner kollektiven Ausbildung zugänglich seien.[69] Dieser Schluß jedoch ist nicht zwingend; er zeigt allerdings an, daß über die literarische Qualifikationsweise allgemeine Aussagen nur begrenzt gemacht werden können: daß das Ausmaß lernbarer Inhalte der literarischen Produktion sich mit deren Zwecksetzungen verändert.

Darauf machen Überlegungen aufmerksam, die Brecht Ende der dreißiger Jahre über eine »Gesellschaft für induktives Theater« anstellte, die als Organisation des Erfahrungsaustauschs über die experimentellen Arbeiten von Dramatikern gedacht war. »Solange das Theater als eine Stätte aufgefaßt wurde, wo sich nur künstlerische Persönlichkeiten ausdrückten, war es kaum möglich, von einem technischen Standard der Theaterkunst anders als in bezug auf einige mechanische Neuerungen, wie Beleuchtungstechnik und Verwandlungstechnik, zu sprechen. Die Übernahme von ›Ausdrucksmitteln‹ eines Künstlers durch andere Künstler, soweit es sich nicht um ›seelenlose‹ Maschinerie handelte, mußte in gewissem Sinne verpönt erscheinen: Es hätte bedeutet, ›sich mit fremden Federn zu schmücken‹.«[70] Diese Sachlage ändert sich aber in dem Augenblick, da das Theater sich nicht mehr mit der »Zurschaustellung einer mehr oder weniger von individuellem Formungswillen geprägten Darstellung der Welt« begnügt, nicht nur »gewisse Emotionen zu erzeugen, ›Erlebnisse‹ zu veranstalten« gedenkt, sondern »größeren Wert auf eine richtige Darstellung der Welt [legt]«; der Künstler sich, mit anderen Worten, »nicht mehr beauftragt [fühlt], ›seine eigene Welt‹ zu schaffen«, sondern zur »Erkenntnis der realen Welt« beizutragen hofft und dafür auch »objektive, außerindividuelle Kriterien« zuläßt.[71] Von einer solchen Konzeption ausgehend, kennt Brecht die Information über künstlerische Darstellungsmittel und Darstellungsweisen nicht nur als Anreicherung des eigenen Material- und Technikarsenals in seinen noch ideologieneutralen Eigenschaften oder als Anleihe bei »verwandten Seelen« unter den Autoren: es ergibt sich für ihn vielmehr die Notwendigkeit, »die theatralischen Konzeptionen des Zusammenlebens der Menschen« mit dem Ziel »wissenschaftlich zu kontrollieren«[72], auf dem, auch mit inhaltlichen Kriterien gemessen, jeweils fortschrittlichen Stand der literarischen Produktivkraftentwicklung zu stehen.

Inhaltliche Reflexion dieses Produktivkräftestands setzt jedoch voraus, daß der Autor sich auf der Höhe der geschichtlichen Erkenntnis seines literarischen Gegenstands befindet. Für Brecht umfaßt die literarische deshalb zunehmend auch eine wissenschaftliche Qualifikation: »Um ein Stückchen Lyrik zu formen, mag man zur Not noch ohne Studium auskommen, zur Not, denn mir ist kein Gedicht bekannt, das in unserer Zeit entstanden und einem durchaus ungebildeten Mann zuzutrauen wäre, jemandem, auf den nicht wissenschaftliche Erkenntnisse in der oder jener Form eingewirkt hätten. Für ein so weitläufiges vielfältiges

Werk wie ein Theaterstück [aber, B.J.W.], das es unternimmt, das gesellschaftliche Zusammenwirken der Menschen darzustellen, genügt bestimmt nicht das Wissen, das die eigene Praxis vermittelt. Die Handlungsweisen unserer Zeitgenossen sind ohne Zuhilfenahme von Ökonomie und Politik nicht zu verstehen. Es ist optimistisch zu glauben, der Dichter könne auch heute noch etwas darstellen, ohne es zu verstehen. Und er wird umsonst nach sogenannten ›einfachen menschlichen Vorgängen‹ fahnden: es gibt sie nicht mehr. Er benötigt in steigendem Maße Belehrung durch die Wissenschaften.«[73]

Die Formulierung »Belehrung durch die Wissenschaften« deutet darauf hin, daß für Brecht keineswegs die Spezifik künstlerischer Aneignungsweise aufgehoben werden[74], Kunst nicht statt Medium von Individualität nun doch, neo-regelpoetisch, zum bloßen illustrierenden Sekundärmedium wissenschaftlicher Allgemeinerkenntnis werden soll. Seine Absicht ist es vielmehr, der künstlerischen Erfahrungsweise die Verdünnung zu einem partikularen, auf spontane Erfahrungsinhalte und Erfahrungsweisen beschränkten Aneignungsform zu ersparen: Kunst als Ausdrucksform des Individuums nicht abzuschaffen, sondern in die literarischen Ausdrücke von Individuation in eben dem Maße Erkenntnisresultate und Erkenntnisprobleme, die Gegenstand anderer geistiger Aneignungsweisen der Realität sind, hineinzunehmen, in dem reale Individuation nur über die praktische Meisterung dieser Problemgegenstände in Natur und Gesellschaft möglich ist.

Wissensaneignung über den *Gegenstand* der Literatur ist freilich nur die eine Konsequenz einer nicht-solipsistischen Auffassung vom Zweck literarischer Arbeit; die andere ist der Versuch, sich über die gesellschaftliche *Funktion* des Geschriebenen Rechenschaft zu geben. Das aber erfordert zunächst die Kenntnis der Vermittlungsakte, die zwischen der Niederschrift des Manuskripts und der Rezeption durch den Leser liegen. Diese entziehen sich nicht nur dort, wo sie dem Autor als anonyme Gesetze des literarischen Markts entgegentreten, der unmittelbaren individuellen Erfahrung: für komplexe Literaturgesellschaften überhaupt läßt sich sagen, daß die Arbeitsweise der Medien, die über Zeit, Ort, Quantität und Qualität der gesellschaftlichen Präsenz von Literatur entscheiden, nicht mehr ohne eigenständige Informationsanstrengungen überblickt werden kann. Dasselbe gilt für das Wissen über den Leser, seine Lesebedürfnisse und letztlich Lebensbedürfnisse, die für jeden mehr als formalen Adressatenbezug des literarischen Texts von Interesse sind: »Die Publikumsgruppen«, heißt es in einer Expertise zur Autorenausbildung in der Bundesrepublik, die teilweise verallgemeinerbar ist, »sind meist geografisch zu verstreut und insgesamt auch zu groß und zu uneinheitlich, als daß der Kontakt zu einzelnen, wenig ›repräsentativen‹ Lesern, Hörern, Zuschauern die Kenntnis des Gesamtpublikums ersetzen könnten. Das Wissen über das Publikum muß also arbeitsteilig erworben und vermittelt werden. [. . .] Ein Aus- und Fortbildungsziel [für Autoren, B.J.W.] wäre es [. . .], die Methoden der Publikumsforschung zu propagieren, damit Autoren z. B. Umfragen und Analysen kritischer bewerten und für die eigne Arbeit nutzen können.«[75]

Verwendet werden kann solches Wissen von Medien wie von Lesern gewiß auch opportunistisch, im Dienst von Marktchancen, oder in ideologischer Absicht, um Einfallstore für Manipulation ausfindig zu machen. Es ist jedoch andererseits die Bedingung dafür, einen »emanzipatorischen Pakt« zwischen Autor und Leser, wie ihn Sartre in *Was ist Literatur?* propagierte[76], aus dem Geisterreich des guten Willens zu erlösen und im Gehalt und der Organisation von Literatur zu konkretisieren. Kurz: literarische Arbeit auch zu einer ihres gesellschaftlichen Wesens bewußten Arbeit zu machen.

Das literarische Produkt im Rezeptionsprozeß der Literatur

Eine Literaturtheorie, die die literarische Produktion zum Ausgangspunkt ihrer Analyse macht, sieht sich in der gegenwärtigen literaturwissenschaftlichen Diskussion einem Vorwurf ausgesetzt, der vor allem in der Nachfolge der Arbeiten von Hans Robert Jauß reüssiert hat. In seinem Aufsatz *Literaturgeschichte als Provokation der Literaturwissenschaft* wirft Jauß insbesondere der »orthodoxen Ästhetik des Marxismus« vor, sie begreife »das *literarische Faktum* im geschlossenen Kreis einer Produktions- und Darstellungsästhetik« und verkürze »die Literatur damit um eine Dimension, die unabdingbar zu ihrem ästhetischen Charakter wie auch zu ihrer gesellschaftlichen Funktion gehört: die Dimension ihrer Rezeption und Wirkung«.[77] Dies entspricht nach Jauß einem historisch-materialistischen »Objektivismus«[78], der Literatur als etwas ansehe, das »auch unabhängig von einem Betrachter existierte«.[79] Er erkenne nicht, daß »[d]as literarische Ereignis [...] im Unterschied zum politischen nicht für sich weiterbestehende unausweichliche Folgen [hat], denen sich keine nachfolgende Generation mehr entziehen könnte. Es vermag nur weiterzuwirken, wo es bei den Nachkommenden noch oder wieder rezipiert wird.«[80] Da also »[d]ie Geschichtlichkeit der Literatur [...] nicht auf einem post festum erstellten Zusammenhang ›literarischer Fakten‹, sondern auf der vorgängigen Erfahrung des literarischen Werkes durch seine Leser« beruhe, sei es notwendig, »die traditionelle Produktions- und Darstellungsästhetik in einer Rezeptions- und Wirkungsästhetik zu fundieren«.[81]

Die Schwäche dieser in sich plausiblen Kritik besteht darin, daß sie selbst auf einem verdinglichten Produktionsbegriff beruht. Wo als Besonderheit geistiger Produkte hervorgehoben wird, daß sie ohne den Konsumenten lediglich ein unfertiges Potential seien, wird e silentio die gesamte materielle Produktion dem kritisierten »Objektivismus« preisgegeben. Im Gegensatz dazu gründet die materialistische Produktionstheorie – gesellschaftlich, nicht technizistisch denkend – auf der Einsicht, daß selbst materielle Produkte ihre Qualität als Gebrauchswerte nicht »an sich« besitzen; in diesem Sinn unterscheidet Marx den Begriff »Produkt« von dem des »Naturgegenstands« oder »Naturprodukts«: »Das Produkt erhält erst den letzten finish in der Konsumtion. Eine Eisenbahn, auf der nicht gefahren wird, die also nicht abgenützt, nicht konsumiert wird, ist nur eine Eisenbahn dynámei, nicht der Wirklichkeit nach [. . .] Ein Kleid wird erst wirklich Kleid durch den Akt des Tragens; ein Haus, das nicht bewohnt wird, ist in fact kein wirkliches Haus; also als Produkt, im Unterschied von bloßem Naturgegenstand, bewährt sich, *wird* das Produkt erst in der Konsumtion [. . .], Produkt ist die Produktion nicht als versachlichte Tätigkeit, sondern nur als Gegenstand für das tätige Subjekt.«[82] Dieser Produktionsauffassung muß die Einsicht, daß auch literarische Werke für sich nur potentiell existieren, ehe sie nicht in der jeweiligen Rezeption aktiviert sind, gewiß nicht von außen imputiert werden.[83] Gleichwohl sieht sie keinen Anlaß, nun Literaturgeschichte als »Literaturgeschichte des Lesers« zu reformulieren und die Fundierung der Literaturtheorie in der Rezeptionsästhetik statt in der der Produktion zu suchen. Sie geht vielmehr davon aus, daß auch in der Literatur »Produktion und Konsumtion Momente eines Prozesses [sind], worin die Produktion der wirkliche Ausgangspunkt und darum auch das übergreifende Moment ist.«[84]

Im folgenden soll versucht werden, diese These sowohl für das Verhältnis von literarischem Produkt und Leser als auch das Verhältnis von Geschichtlichkeit des Produktgehalts und Geschichtlichkeit des Lesenden zu spezifizieren.[85]

Der objektive Charakter des literarischen Produkts und die Rezeption als »inverse Arbeit«

Eine Theorie der literarischen Rezeption, die vom literarischen Produkt als einem Objektiven ausgeht, das der Rezeption vorgeordnet ist, verkennt keineswegs den besonderen Charakter, den diese Objektivität bei literarischen und überhaupt bei geistigen Produkten besitzt. Literatur wird vom Leser zweifellos nicht wie vom Holzwurm konsumiert; man liest nicht, wie es die Redensart sagt, »das Schwarze aus der Zeitung«, weshalb literarische Arbeit ja auch nicht mit dem Untergang einzelner Niederschriften eines

Werks verloren ist. Und auch die geistigen Inhalte selbst können nicht einfach »konsumiert« werden: das hält ex negatione der Schwank vom Nürnberger Trichter fest. Kunst wird »zu einem An sich erst durch ein Für anderes hindurch«[86]; sie bedarf, um verwirklicht zu werden, nicht nur wie andere Produkte der lebendigen Arbeit allgemein, sondern der sympathetischen hermeneutischen Arbeit – die zudem, sollen die Lesefrüchte nicht verdorren, ständig erneuert werden muß. »Kontinuität in der geistigen Kultur ist [. . .] unmöglich, ohne daß sich der Mensch der Bedeutung der überlieferten geistigen Kulturgüter bewußt wird und zu ihnen Stellung nimmt.«[87] Das Bewußtsein der literarischen Bedeutung ist dabei mit bloßen Sprachkenntnissen noch nicht gewährleistet. Die in den literarischen Werken der Vergangenheit vergegenständlichte menschliche Schöpferkraft kann nur durch ein – Kritik einschließendes – Verstehen des Problemvorwurfs eines Werks lebendig gehalten werden.

Eine Denkweise, die Objektivität und Subjektivität einander starr gegenübersetzt, muß aus der Tatsache, daß literarische Inhalte nur innerhalb von Rezeptionsakten existieren, allerdings schließen, daß diese Inhalte mit dem jeweiligen Rezeptionsakt identisch seien. In diese Richtung tendieren – mehr oder weniger bewußt – Formulierungen wie die Harald Weinrichs z. B., daß das literarische Werk nicht auf den bedruckten Buchseiten existiere, sondern »im Leser« geschehe[88], oder die Meinung Hauke Stroszecks, »die Rekonstruktion einer Textursprünglichkeit« sei ein »Unterfangen spekulativer Art«, da es gar nicht »den Text«, sondern nur »verschiedene ›Textrealisate‹« gebe.[89] In der Konsequenz solcher Auffassungen müßte sich die Rezeptionstheorie auf die gleichgültige Beschreibung gleich gültigen Leserverhaltens beschränken, ohne sich noch als Literaturtheorie etablieren zu können.

Demgegenüber erinnert der Rezeptionsbegriff selbst daran, daß zwischen objektivem Vorhanden- und subjektivem Tätigsein eine innere Beziehung, kein purer Gegensatz herrscht. Von der Produktseite her gesehen heißt dies zunächst, daß Textlänge und Textkomplexität der Lektüre eine gewisse Mindestdauer abverlangen und daß ich, selbst um nur in eignes Assoziieren fallen zu können, der Syntax und den Einzelworten des Textes mindestens vorerst folgen muß. Dies aber heißt nicht einfach, Zeichenträger mit individuellen Bedeutungen zu füllen. Das mag dort angebracht sein, wo der Autor, als bloßer »Designer der Sprache« verfahrend, semantisch willkürliche Buchstabengebilde zum spielerischen Gebrauch des Lesers oder, besser, Hineinlesers bereitstellt; ein inadäquates Verfahren ist die individuelle Bedeutungserstellung jedenfalls dann, wenn der Autor bewußt semantische Zusammenhänge zu objektivieren versucht hat. Bei solchen Texten ist es aber nicht der Leser, der ihnen erstmals Bedeutungen beimißt. Ihr Autor schreibt sie als zugleich Lesender; die im Werk enthaltene »Leserrolle« wird bei der literarischen Arbeit als adressatenbezogener von ihm selbst schon angenommen.[90] Bedeutungen werden vom Autor während des Schreibens nicht assoziiert, sodern zu objektivieren gesucht. Das heißt, daß der Gegenstand der Rezeption nicht Intentionen sind, welche die Tätigkeit des Autors geleitet haben, sondern nur die Werkbedeutung selbst, die nun zu ermitteln ist, weil das literarische Werk ein durch Konvention zur Bedeutungsübermittlung fähiges Sprach- und Formensystem zum Material hat. »Das Kunstwerk«, schreibt Mukařovský treffend, »hat den Charakter eines Zeichens. Es kann weder mit dem individuellen Stand des Bewußtseins seines Urhebers noch mit dem eines das Werk wahrnehmenden Subjekts identifiziert werden, noch mit dem, was wir das materielle Werk nannten. Es besteht als ›ästhetisches Objekt‹, dessen Standort sich im Bewußtsein des ganzen Kollektivs befindet. Das sinnlich wahrnehmbare materielle Werk ist gegenüber diesem immateriellen Objekt nur ein äußeres Symbol; die individuellen Bewußtseinszustände, die das materielle Werk hervorruft, repräsentieren das ästhetische Objekt nur in dem, was ihnen allen gemeinsam ist.«[91] Das heißt für den Rezipienten, daß er das literarische Produkt nur dann »rezipiert«, wenn er es als Bestandteil eines intersubjektiven Kommunikationssystems wahrnimmt.[92]

Ihre Objektivität als geistiges Produkt hat Literatur demnach im sozialen Bewußtsein einer durch gemeinsame Zeichensysteme verbundenen Gesellschaft. Der Rezipient muß die Fähigkeit mitbringen, die im literarischen Produkt benutzte »Sprache, poetische Formen, Darstellungsweisen unter Einbeziehung der Kenntnis von Natur und Gesellschaft zu gebrauchen«.[93] Die komplexen Voraussetzungen, die dies in der Lebensgeschichte des Lesers und in deren Bedingungen, dem Lebens- und Bildungssystem einer Gesellschaft, erfordert, gehören mit zum Thema der Rezeptionstheorie. An dieser Stelle aber interessiert vor allem, daß auch diese

Fähigkeiten des Lesens nur als produktvermittelte verstanden werden können. Denn Lesen, was immer seine allgemeinen geistigen Voraussetzungen sein mögen, lernt man einzig durch die Bekanntschaft mit Literatur. Ein Bedürfnis nach spannend-entspannender Unterhaltung z. B. mag durch die soziale Praxis allgemein hervorgerufen werden; als spezielles Bedürfnis nach Kriminalromanen kann es sich nur durch die Kenntnis des Genres Kriminalroman selbst ausformen. »Wenn die Konsumtion«, schreibt Marx, »aus ihrer ersten Naturrohheit und Unmittelbarkeit heraustritt [. . .], so ist sie selbst als Trieb vermittelt durch den Gegenstand. Das Bedürfnis, das sie nach ihm fühlt, ist durch die Wahrnehmung desselben geschaffen.«[94] Die literarische Rezeption, so läßt sich resümieren, nähert sich dem literarischen Produkt mittels einer rezeptiven Prädisposition, die ihrerseits ein Produkt nicht zuletzt der existierenden literarischen Produktionsweise ist.[95]

Damit sind die beiden Pole des Leseakts, literarisches Produkt und Leserbewußtsein, nun so weit charakterisiert, daß die Analyse des Rezeptionsvorgangs mit neuen Mitteln wiederaufgenommen werden kann. Dieser ist nicht passives Empfangen, sondern aktive Aneignung: Ausgestattet mit bestimmten Leseinteressen und Lesefähigkeiten – die beide nicht immanent, abgetrennt von der Realitätserfahrung zu definieren sind –, trifft der Leser auf das literarische Produkt als objektiven Bedeutungszusammenhang. Seine Kenntnisse führen ihn an das Erfahren neuer Kenntnisse heran; seine Fragen entlocken dem Werk Antworten, die wiederum Fragen an seine ursprüngliche Fragestellung sind und diese potentiell korrigieren: der Rezipierende fragt, horcht, hört und fragt auf neuer Stufe weiter. Indem er sich »zum Subjekt des rezeptiven Verhältnisses mach[t], mach[t] [er] sich zugleich zum Objekt eines Wirkungszusammenhangs«.[96] Schon innerhalb des einzelnen Rezeptionsprozesses spielt sich eine Dialektik von Angebot und Nachfrage ab, die Marx gerade an der Kunst exemplifizierte: »Der Kunstgegenstand – ebenso jedes andre Produkt – schafft ein kunstsinniges und schönheitsgenußfähiges Publikum. Die Produktion produziert daher nicht nur einen Gegenstand für das Subjekt, sondern auch ein Subjekt für den Gegenstand.«[97] Womit freilich nicht gemeint sein kann, daß jeder Kunstgegenstand seinen Rezipienten fördert; ebenso gut kann die Subjekt-Objekt-Dialektik der Rezeption bedeuten, daß das literarische Werk auf kluge Fragen dumme Antworten gibt, so wie umgekehrt – Lichtenbergs Formulierung hat das bekanntgemacht – ein Buch auf einen hohlen Kopf stoßen kann, in den auch fortan nichts hineinzubringen ist.

Sagt Marx vom Arbeitenden, er verändere, indem er auf die Natur außer ihm einwirke und sie verändere, zugleich seine eigene Natur[98], so läßt sich für den Lesenden sagen, daß er, »indem er das Werk für sich umbildet, [. . .] sich auch selbst [verändert]; indem er im Werk liegende Möglichkeiten realisiert, erweitert er seine eigenen Möglichkeiten als Subjekt«.[99] Dieser Überlegung folgend, ist die literarische Rezeption auch »eine Form der Arbeit« genannt worden: »Allerdings eine besondere Form der Arbeit. Hier wird nichts Inneres im Prozeß der Bearbeitung der Natur oder künstlerischen Umwelt mit Äußerem verbunden, entäußert und vergegenständlicht. Sondern etwas bereits (dem Autor) Entäußertes und dabei zugleich (in ein potentielles Zeichen) Vergegenständlichtes wird vom aufnehmenden Individuum als Arbeitsgegenstand (Äußeres) genommen, und das Individuum versieht es mit Innerem [. . .] Etwas Äußeres (wird) durch Arbeit zu Innerem gemacht.«[100]

Es ließe sich demnach von literarischer Rezeption als *inverser Arbeit* sprechen. Allerdings ist eine solche Begrifflichkeit auch problematisch. Zum einen, weil die – wie immer durch Attribute wie »invers« modifizierte – Ernennung recht verschiedener Tätigkeiten zur Arbeit den Arbeitsbegriff unpräziser machen könnte; zum andern könnte der Eindruck entstehen, Lesen sei nur dann Werkrezeption, wenn es sich der Tätigkeitsweise von Kritikern oder gar Literaturwissenschaftlern angleiche. Gewiß gibt es jedoch vielfältigere und dennoch nicht inadäquate Formen der Lesekultur.[101] Nützlich an der Prägung »inverse Arbeit« bleibt, daß sie – besser als die jeweils einseitigen Begriffe der Rezeption und der Wirkung – Lesen als vermittelnde Tätigkeit erfaßt: daß sie die Idee passiven Beeinflußtwerdens durch Texte ohne Preisgabe der Produktobjektivität durch die Vorstellung eines aktiven Reproduzierens von Bedeutungen ersetzt. Zugleich, indem der Begriff der Arbeit immer auch die Vorstellung des Herstellens eines Neuen enthält, vermag sie auch auf ein Moment hinzudeuten, das das bisher Gesagte übersteigt: darauf nämlich, daß der Leseakt sich nicht auf die Aneignung eines intersubjektiv eingebetteten Bedeutungsmaterials beschränkt, sondern durchaus innere »Produktion« einer Bedeutung ist, die in der Werkobjektivität nicht aufgeht.

Damit ist zunächst das Problem der Nichtidentität von literarisch Bezeichnendem und Bezeichnetem angesprochen. Die literarischen Bedeutungen verweisen auf gedankliche oder praktisch-äußere Vorgänge, ohne diese in all ihren wirklichen Eigenschaften zu charakterisieren. Ist in der Literatur von einer »blauen Blume« die Rede, so ist sowohl die Schattierung des Blau als auch die Gestalt der Blume unbenannt. Die rationalen und sinnlichen Fähigkeiten des Lesers werden nicht nur deshalb aktiv, um den gegebenen Text zu verstehen; die Wirklichkeitsvorstellung des Lesers ergänzt vielmehr ständig die notwendig unbestimmte Realität des Textes. Dies geschieht in besonderer Weise bei der Kunstliteratur als mimetischer, wo es – wie Naumann u. a. bemerken – »auf eine Darstellung von gegenwärtiger Geltung ankommt und damit auch auf das relative Schließen der ›Lücken‹, auf die Integration des Übermittelten in Gebilde und Abläufe, denen wir den Charakter eines Ganzen geben können«.[102] Inwieweit dabei ein sinnliches Konkretisieren gefordert ist, hängt vom Genre[103] und der Stillage des Einzelwerks ab. Doch nur zum Teil handelt es sich bei dem rezeptiven »Aufbau«[104] der literarischen Darstellung aus semantischen Einzelelementen überhaupt um die Bildhaftigkeit der Vorstellungen. Gerade bei darstellender und nicht ständig auf begrifflicher Ebene operierender Literatur wird dem Leser auch abverlangt, zu einem Äußeren ein Inneres, eine unausgesprochene kausale Verknüpfung oder ein Motiv hinzuzufügen. Und auch dies bedeutet mehr, als daß der Leser nichtdiskursiv gestaltete Zusammenhänge sich nun rational vergegenwärtigte und also nur eine implizite Bedeutung sich bewußt machte: jedes bloße Bild erzeugt vielmehr Gedanken, jeder dargestellte Gedanke neue Gedanken im Leser, die individuierter sind als die Textbedeutung und reflektierend oder assoziierend über diese hinausgehen.

Diese These steht nicht quer zur Auffassung vom literarischen Werk als einem Objektiven. Die »Vorstellungsvorgänge im Aufnahmeprozeß« müssen »von dem semantischen Kern der Bedeutung« unterschieden werden.[105] Auch muß nun nicht, der relativen Unbestimmtheit des Anzueignenden wegen, statt des Begriffs der Aneignung der der freien Assoziation ins Zentrum gerückt werden. Die individuelle Ergänzung bleibt, soll von Rezeption weiterhin die Rede sein, an den vom Werk angebotenen Bedeutungsrahmen gebunden; die beim sukzessiven Lesen notwendig entwickelte und das Weitere beleuchtende Extrapolation muß sich vom Textverlauf ständig wieder korrigieren lassen. Es ist deshalb, wie Lukács einmal schreibt, bei der Rezeptionsanalyse »genau [...] herauszuarbeiten, wo es sich [...] bloß um eine Selbstdarstellung der rezeptiven Individualität handelt und wo um legitime Versuche, sich jenem Spielraum der unbestimmten Bestimmungen gedanklich anzunähern«.[106]

Natürlich kann auch das freie Assoziieren, das ein literarisches Produkt nur als Auslöser benutzt[107], unter Umständen fruchtbar sein: noch »das schlechteste Bild« mag »zur Empfindung und zur Einbildungskraft sprechen, indem es sie in Bewegung setzt, los und frei macht und sich selbst überläßt«.[108] Doch eine solche Fühlfreiheit ist *als Rezeption* passiv, nicht aktiv; potentielle Erfahrungsmöglichkeiten eines literarischen Texts läßt sie ungenutzt.

Nun gibt es freilich Literatur, welche auf eine solche Rezeptionsweise von vornherein abzielt. Zu denken ist hier nicht nur an eine – durch bestimmte Schlagertexte am deutlichsten vertretene – Kitschliteratur, die gar nicht mehr als unbestimmte Stimmungen erwecken will und durch beliebige Sonnenauf- und -untergänge zu ersetzen wäre, sondern auch an avantgardistische Literatur mit extrem hohen Unbestimmtheitsgraden. Bei jeder Rede von literarischer »Unbestimmtheit« muß allerdings – vorsichtiger, als es z. B. bei Wolfgang Iser geschieht[109] – zwischen bestimmter Benennung eines als unbestimmt Angenommenen und unbestimmter Benennung eines Bestimmten unterschieden werden. Im einen Fall liegt z. B. ein agnostizistisches Weltbild zugrunde – wobei man sich wiederum wird hüten müssen, den Zerfall eines traditionellen Wertesystems und eine ihm entsprechende Darstellungsweise als Ende der Bestimmtheit statt als Anfang eines der Empirie angemessenen Darstellens zu verstehen[110]; im andern Fall ist die Unbestimmtheit primär adressatenbezogen und soll dem Leser die Bedeutungsproduktion freihalten. Und selbst hier gilt es zu differenzieren. »Unechte« Bedeutungsproduktion liegt dort vor, wo die literarische Darstellung – für triviale Literatur typische – Redundanzen vermeiden will und durch bloß implizit gestaltete Zusammenhänge dem Leser ein Höchstmaß an selbständigen Konklusionen abverlangt; diese

Eigenaktivität des Lesers bewegt sich noch vorwiegend innerhalb der aktiven Reproduktion eines vorgegebenen Potentials. »Echte« Bedeutungserzeugung als zentralen Leseinhalt wollen dagegen solche Texte der Literatur, die auf traditionelle Satzbildung verzichten oder gar, wie bei Paul van Ostaijens Idee zu einem Einwortgedicht »Schnee«, es dem Leser überlassen, sich sein eigenes »Gedicht zum Gedicht« zu machen. Zwar gilt auch für diese Texte, daß die Produktion die Konsumtionsweise bestimmt: ihre Bedeutung ist bestimmt als unbestimmte. Doch von einer Vorgabe für die Kommunikationsinhalte und also von rezeptiver Aneignung kann hier nur bedingt die Rede sein – freilich auch nur bedingt von literarischer Aneignung einer außerliterarischen Realität.

Der radikal unbestimmte Text provoziert von sich aus eine Rezeptionsweise, wie sie gegenüber ausgeführten Texten von Rezeptionsästhetikern wie Iser erst gefordert werden muß. Hierbei soll Literatur vor allem als Übungsinstrument zur ungezielten Erweiterung oder Auflockerung von Erfahrung benutzt werden; Iser empfiehlt z. B., an Literatur zu studieren, »welche Vorgänge ablaufen, wenn eine Spannung entsteht, eine Harmonie hergestellt, ein Wagnis unternommen wird, wenn Ergänzungen und Improvisationen gefordert sind«.[111] Daß solche Erfahrungs- und Lernspiele sinnvoll, ja daß Momente davon in jeder literarischen Rezeption vorhanden sind, ist unbestritten; eine literarische Rezeption jedoch – und auch, wie z. T. in der abstrakt-konkreten Poesie, eine Produktion –, welche solche Prozesse ins Zentrum der literarischen Tätigkeit stellt und womöglich als »befreiende« Denk- und Leseweise einer Rezeption »vorgegebener« Wirklichkeitsdarstellungen gegenübersetzt, läßt spezifische Möglichkeiten der Literatur ungenutzt: Darstellungen nämlich, die bereits zu einer ganz bestimmten Haltung gegenüber der Realität verwendete Fähigkeiten präsentieren; die historische Erfahrungen, nicht instrumentelle Fertigkeiten vermitteln. Dem aber muß dann die Rezeptionsweise entsprechen. Dem strikten Sichabarbeiten an der Rezeptionsvorgabe verpflichtet sie sich nicht autoritätsgläubig, sondern weil sie nur so die Werkstruktur als gestaltete Subjektivität erfahren und mit dieser kommunizieren kann.

Die Geschichtlichkeit der literarischen Produkte und die Geschichtlichkeit des Lesers

Wenn wir bisher das Aktualisieren der Textbedeutung durch den Leser als Rezeption eines objektiven Potentials aufgefaßt und die in der Rezeption entstehenden »ausgefüllten« Bedeutungen vom Textpotential selbst unterschieden haben, so abstrahierte die Erörterung von der Tatsache, daß jene Werkobjektivität nicht mit einer überhistorischen Identität der Werkbedeutungen gleichzusetzen ist. In diesem Sinne hat Vodicka, gegen Ingarden gewendet, zu Recht hervorgehoben, daß in der Rezeption nicht nur die Unbestimmtheitsstellen in der Werkstruktur konkretisiert werden, sondern »die Struktur des ganzen Werks [. . .] unter veränderten zeitlichen, örtlichen, gesellschaftlichen und bis zu einem gewissen Grad auch individuellen Bedingungen einen immer neuen Charakter erhält«.[112] Es verschiebt sich das literarische System, zu dem das einzelne Werk gehört: Wortbestandsänderungen und Bedeutungswandlungen bestimmen ebenso wie das Entstehen neuer Genres und neuer Werke das kulturelle Prisma, durch welches ein literarisches Produkt zu betrachten ist. Diese Verschiebungen indes sind Ausdruck eines umfassenderen Wandels, der das Sichverändern der literarisch erfaßten und erfaßbaren Gegenstände selbst betrifft. Generell wächst mit der historischen Entwicklung »die Menge von gesellschaftlichen Vorgängen und Konstellationen, für die die Darstellung als Symbol oder als Modell stehen kann«[113]; in einer historischen Situation, die mit der der Entstehung des literarischen Produkts nicht zusammenfällt, nimmt dieses notwendig andere Züge an. Brecht demonstriert einen solchen Vorgang an Shakespeare. »vom feudalen standpunkt aus«, schreibt er, »zeigen sich die neue liebe (Romeo, Antonius), das neue denken (Hamlet, Timon), die neue verwandtschaftsbeziehung (Lear), der neue freiheitsdrang (Brutus), der neue ehrgeiz (Macbeth), die neue selbstachtung (Richard III.) als tödlich. vom bürgerlichen standpunkt aus sind die schranken feudaler art tödlich und triumphiert die neue verhaltungsart durch ihre gleichgültigkeit gegen den tod angesichts der befriedigung, die sie gewährt.«[114] Historisch verschiedene Standorte, zeigt sich hier, sind zugleich sozial verschiedene Standorte; das selbe literarische Produkt hat für einen Arbeiter andere Bedeutung als für einen Akademiker, für einen Kleinbürger andere als für einen Unternehmer. Insbesondere bei der eng an der individuellen Existenz orientierten Kunstliteratur ist auch die individuelle Differenzierung der sozialhistorischen Lebensweise bei der literarischen Rezeption von besonderem Belang.

Die These, daß für jede Generation oder Klasse, ja letztlich für jeden Leser ein literarisches Werk anders sei, muß nun allerdings nicht noch zu der Meinung führen, jeder Leser verstehe dessen Bedeutung gleichermaßen richtig. Einen Text auf noch so individuelle Umstände zu beziehen oder unter der Herrschaft dieser Umstände, d. h. mit den geistigen Interessen und Fähigkeiten, zu denen sie geführt haben, zu urteilen, ist nicht identisch.[115] Die individuelle Abschattierung einer Werkbedeutung hat, der objektiven Besonderheit jeder Lesersituation entsprechend, selbst objektiven Charakter. Nicht die jeweilige Meinung über das Werk, sondern die historisch jeweils verschiedene Konstellation zwischen Werk, Wirklichkeit und Leserwirklichkeit verändert dessen Bedeutung. Gewiß »schauen wir nur, was wir sind«[116]; doch Subjekt wie Objekt, also auch z. B. ein literarisches Produkt, sind deshalb noch nicht mit dem identisch, was wir jeweils schauen. Die Erkenntnis unabdingbarer Subjektivität des Erkennens führt nicht notwendig zum Relativismus, sondern zur Forderung an die Subjektivität, solche Interessen und Fähigkeiten auszubilden, die ihr das Begreifen der eigenen Situation in der Umwelt oder, umgekehrt, der Umwelt und darin der individuellen Existenz ermöglichen. Subjektivistische Auflösung der Werkobjektivität und Beziehung der geschichtlich varianten Werkbedeutung auf die eigene Gegenwart sind trennbar: Rezeptionsgeschichte steht nicht alternativ zur Produktgeschichte, sondern vollzieht sie.

Verzerrt würde diese Forderung, individuelle Rezeptionsweisen doch an die intersubjektive Objektivität der literarischen Bedeutungen zurückzubinden, wenn sie als Verpflichtung auf Tradition verstanden würde. Das Werk erfassen bedeutet nicht unkritische Einfühlung, sondern schließt das Moment ideologiekritischer Haltung zum erkannten Werk ein. Dabei läßt gerade eine Rezeptionstheorie, die das Lesen fiktionaler Texte auf das »Erfahrungsspiel« individuellen Ausfüllens einer in sich zeitlos-unbestimmten Bedeutung reduziert, literarische Rezeption als Auseinandersetzung mit konkreten Aneignungen historischer Realität überhaupt ausfallen und nimmt damit den »Kampf um die Vergangenheit« erst gar nicht auf. Noch dezidierter ideologisch wird das Verhältnis zur Vergangenheit, wo von der angeblichen Unmöglichkeit oder Nutzlosigkeit einer Rekonstruktion des Gewesenen auf die Notwendigkeit einer vergangenheitsgerichteten Mythenbildung geschlossen wird: scheinbare Liberalität gegenüber dem Leser schlägt hier um in imperiale Beschlagnahme der Literaturgeschichte für eine jeweilige Gegenwart. Die Spuren einer lebensphilosophisch-irrationalistischen »tätigen Bildschaffung«, die sich gegen die Möglichkeit von Geschichtserkenntnis überhaupt aussprach, müßten hier ebenso schrecken wie die breite Tradition interessierter Geschichtsklitterung. Angesichts solcher Gefahren erweist sich die Alternative von individuell-bedeutungserzeugender und von werkverpflichteter Rezeption nicht, wie es z. B. bei Wolfgang Iser anklingt[117], als Wahl zwischen Meinungsfreiheit und Heteronomie. Das unterstellt dem einzelnen Leser die Unabhängigkeit von konventionalisierten Rezeptionsweisen oder, allgemeiner gesagt, von jeweils herrschender Ideologie; es vergißt, wie sehr gerade im Drang, sich die Vergangenheit »bedeutungsschöpfend« zu unterwerfen, der Zwang eines Kollektivs walten kann, das auf die Flucht aus der Geschichte oder auf die Verdrängung gegenwartskritisch nutzbarer Traditionen angewiesen ist. Werkindividualität und Leserindividualität als Leseziel gegeneinander auszuspielen, vergeht sich an den Rechten beider.

Nun kann eine Rezeptionsweise, welche Werke der Vergangenheit roh auf Interessen der Gegenwart zuschneidet, natürlich auch historisch fortschrittlichen Intentionen dienen. Die provokativ-modernistischen Klassikerinszenierungen eines Jessner oder Piscator in den zwanziger Jahren z. B. erfüllten unzweifelhaft ideologiekritische Funktionen vor allem gegenüber der herrschenden Klassikrezeption. Dennoch kann die rücksichtslose Aktualisierung von Kunstprodukten nicht mit solchen »schöpferischen Mißverständnissen« gleichgesetzt werden, wie sie sich z. B. in der Bibelauslegung sozialrevolutionärer und sozialkritischer Bewegungen durch die Jahrhunderte ziehen. Die Kohärenz zweckmäßig entworfener Darstellungen in der Kunst macht hier eine Rezeption gegen den Text zur Zerstörung von dessen Struktur. »Auch bei richtigster Tendenz«, schreibt in diesem Zusammenhang Ernst Bloch, »fährt die vulgärpolitische Aktualisierung auf ein werkfremdes Feld, *mit Verlust des gegebenen Dramas.* So etwa, wenn ›Maria Stuart‹ dermaßen in Mißszene gesetzt und aus den Maßen gerückt wird, daß das Stück kein Trauerspiel mehr abgibt, sondern den bejubelten Triumph der Elisabeth. Weil sie nämlich . . . den aufsteigenden Kapitalismus gegenüber der französisch-katholisch-neufeudalen Maria repräsentieren soll. Das ist historisch zwar nicht unrichtig, fürs gegebene Drama jedoch (letzter Akt) noch schlimmer, vor allem weit überflüssiger als eine Schloßrestaurierung im Geschmack der achtziger Jahre.«[118] Demgegenüber fordert Bloch, das klassische Drama müsse »so gesprochen und dargestellt werden, daß nicht die Gegenwart dem Drama aufgepreßt wird, sondern das Drama die Gegenwart mitbedeutet«.[119] Gegenwartsbezogene Aneignung von Werken der Vergangenheit freilich kann nur heißen, mit Hilfe subjektiver Mittel und Interessen zu erkennen, daß der zu lesende Text mit der eigenen Subjektivität nicht zusammenfällt: schlagend ist hier die Formulierung Iherings, man müsse alte Werke näherbringen, indem man sie entfernt.[120]

Die Antworten des literarischen Werks sind als Antworten auf Fragen der Vergangenheit und nicht auf Fragen des aktuellen Rezipienten zu verstehen. Nötig ist, wie der späte Brecht es forderte, »den ursprünglichen Ideengehalt des Werks heraus[zu]bringen und seine nationale und damit seine internationale Bedeutung [zu] fassen und zu diesem Zweck die geschichtliche Situation zur Entstehungszeit des Werks sowie die Stellungnahme und besondere Eigenart des klassischen Autors [zu] studieren«.[121] Lebendig für uns wird diese Bedeutung, wenn wir über die Beziehung unsrer heutigen zur damaligen Situation zu einem Urteil über die Stellungnahme des Werks zu jener Situation zu kommen suchen. »Der Inhalt der Shakespeare-Kritik«, exemplifiziert Robert Weimann, »ist nicht einfach das Vergangene, sondern unsere wertende *Beziehung* zu dem Vergangenen, das erst durch diesen *Bezug* wieder zu etwas Lebendigem wird. Daß solche Bezugnahme die historische Objektivität, also auch die akkurate Rekonstruktion nicht ausschließt, sondern voraussetzt, muß im Gegensatz zur Rezeptionsästhetik (H. R. Jauß) hervorgehoben werden. Je mehr wir die geschichtliche Eigenart und Einzigartigkeit unseres Gegenstandes achten, um so reicher wird die Weise und um so weiter wird die Ebene, auf der wir uns zu diesem Gegenstand in Beziehung setzen können. Der wirkungsgeschichtliche Anspruch und Spielraum wird um so größer und tiefer, je stärker er die Objektivität der Entstehungsgeschichte voraussetzt.«[122] Entstehungsgeschichtliche, strukturimmanente und rezeptionsgeschichtliche Lesart vereinen sich als Suche nach der jeweils gegenwärtigen Bedeutung des Verhältnisses zwischen einst festgelegtem Bedeutungspotential und sich entwickelnder Wirklichkeit.

Warum aber, so bleibt zu fragen, bedeutet historischer Wandel der Werkbedeutung nicht stets deren Veralten, fällt also das Beurteilen von der Gegenwart aus nicht notwendig mit einem Verurteilen des Werks als bloß vergangenheitsbezogen zusammen? Wolfgang Iser möchte diese Erscheinung damit begründen, daß Kunstliteratur gar keine Bedeutung ausformuliert: »Bedeutungen und Wahrheiten sind prinzipiell nicht gegen ihre Geschichtlichkeit gefeit. Zwar sind auch literarische Texte davon nicht frei, doch indem ihre Realität in der Einbildungskraft des Lesers [und nicht »in der Welt der Objekte«, B.J.W.] liegt, besitzen sie prinzipiell eine größere Chance, sich ihrer Geschichtlichkeit zu widersetzen.«[123] Nach Iser »bilden die Leerstellen des Textes die zentrale Voraussetzung« dafür, daß der Leser sich immer wieder von neuem »auf das fiktive Geschehen« der Texte einlassen kann und literarische Texte demnach »als geschichtsresistent erscheinen«.[124]

Das Wort »resistent« enthüllt ein immanentes Problem der Iserschen Argumentation. Denn in der Tat könnte durch eine – vorgebliche oder tatsächliche – Unbestimmtheit von literarischen Texten nur eine mit Unverbindlichkeit der Texte zusammengehende Mehrfachnutzung, nicht aber eine erneuerbare geschichtliche Aktualität erklärt werden. Vieldeutigkeit als bloßer Mangel an Konkretion machte die Bedeutung tendenziell zum »alles oder nichts«; das inhaltliche Betroffensein von Werken der Vergangenheit aber kann nur durch eine besser *Vielschichtigkeit* zu nennende Vieldeutigkeit zustande kommen. Ein literarisches Produkt, so ließe sich sagen, vermag in dem Maße aktuell zu bleiben, wie es ihm in seiner Ursprungssituation gelang, historisch Einmaliges in seiner Bedeutung für die Existenz und Entwicklung der Individuen und der Gattung auszusprechen: also verallgemeinerbare und d. h. solche Problemstellungen aufzugreifen, die gerade als eigenwertige die Vorstufe aktueller Fragen oder gar die Antizipation bis heute unverwirklichter Lebensumstände sind. Nicht der vagste, sondern, wie Hegel es einmal sagte, der tiefste Begriff hat die allgemeinste Bedeutung und Anwendung. Anders als mit dem Verweisen des literarischen Werks auf bestimmte, aber bezugs- und entwicklungsreiche Problemgegenstände wäre auch gar nicht zu verstehen, warum der vielschildernde Homer die Nachwelt mehr interessierte als mit Abwesenheit von Gehalten glänzende germanische Zaubersprüche; kaum auch, warum frühere Kunstepochen nicht einfach zählebig sind, sondern in Renaissancen wiedergeboren werden müssen. Nur die Affinität konkreter historischer Entwicklungsstufen zueinander – die Erinnerung des frühbürgerlichen Individuums z. B. an die Erstgeburt des individuellen Selbstbewußtseins in der griechischen Antike –, nicht die Zeitlosigkeit durch Fungibilität, wie sie dem Satz des Pythagoras eignet, ist das Elixier der literarischen Vergangenheit.[125]

Lesende und praktisch-gesellschaftliche Aneignung von Literatur

Eine Theorie der Wirkung literarischer Produkte auf die Gesellschaft kann nun aber nicht nur eine Theorie ihrer Wirkung auf Leser sein. Das literarische Produkt verwirklicht sich zwar, wie die Rezeptionsästhetik hervorhebt, nur *durch* die Konsumtion seitens der Leser; als Aneignung von außerliterarischer Wirklichkeit jedoch realisiert sie sich nicht *in* der Konsumtion selbst, sondern erst in der nachlekturalen Praxis des Lesers als der *praktischen Aneignung* einer durch Literatur geprägten Subjektivität. Insofern meint »literarische Wirkung« nicht bloß, wie z. B. Jauß das Problem faßt, die Kehrseite der Rezeption beim Lesen[126], sondern, über den Rezeptionsprozeß hinaus, die *Wirkung der Rezeption* auf das soziale Leben. In dieser Beziehung interessiert der Adressat von Literatur nicht mehr in seiner Abstraktheit als Leser, sondern als Praxissubjekt: der bisherige Rezipient als gesellschaftlicher Produzent seiner selbst und als individueller Mitproduzent von Gesellschaft. Und Literatur wird nicht mehr nach ihrer Rolle innerhalb des Literaturprozesses, als Produkt und Konsumtionsgegenstand, sondern nach ihrer Produktivität für den Gesellschaftsprozeß als Lebensprozeß der Leser befragt. Das ist die Aufgabe des folgenden Kapitels.

II. Literarische Produktion und gesellschaftliche Entwicklung des Menschen

Literarische Produktion, materielle Produktion, Selbstproduktion des Menschen

An einer oft zitierten Stelle der *Ökonomisch-Philosophischen Manuskripte* von Marx heißt es: »Religion, Familie, Staat, Recht, Moral, Wissenschaft, Kunst etc. sind nur *besondre Weisen* der Produktion und fallen unter ihr allgemeines Gesetz.«[1] Dieser Satz wird häufig verkürzt zitiert oder paraphrasiert: »Die künstlerische Tätigkeit«, liest man z. B., sei nach Marx »eine der Weisen der Produktion und unterlieg[e] deren Gesetzen.«[2] Aus einer solchen Wiedergabe kann dann der Schluß gezogen werden, fruchtbar sei dieser Ansatz deshalb, weil er erlaube, das »literarische *Produkt*« als potentielle Ware zu sehen, die dann »den Gesetzen des kapitalistischen Marktes« folge; im übrigen könne nun der »literarische *Produktionsprozeß* . . . als Praxis im Marxschen Sinne« begriffen werden.[3]

Eine solche Interpretation geht offensichtlich daran vorbei, daß Marx in dem Zitat nicht nur die Kunst, sondern auch »Moral« und »Religion« als »besondre Weisen der Produktion« bezeichnet; von der Religion sagt er gleich anschließend ausdrücklich, daß sie »nur in dem Gebiet *des Bewußtseins* des menschlichen Innern« vorgehe.[4] Daß auch die Kunst »Produktion« sei, kann deshalb hier nicht als Hinweis auf die zu Anfang dieser Arbeit entwickelte Problematik verstanden werden, daß literarisches Schaffen nicht nur innergeistige Tätigkeit, sondern Produktion von gesellschaftlich kursierenden Gebrauchsgütern, eben literarischen Werken, sei. Nicht die Subsumtion der Kunst unter die Produktion von Gebrauchswerten, sondern die Subsumtion der Produktion von künstlerischen Gebrauchswerten unter einen übergreifenden Begriff von Produktion ist der Inhalt der Marxschen These. Diese umfassende Produktion aber ist nicht anders zu verstehen denn als *Produktion des Menschen selbst,* als Prozeß der tätigen Weiterentwicklung und Verwirklichung seiner Bedürfnisse und Fähigkeiten. Literatur ist demnach, nimmt man das im ersten Teil dieser Arbeit Entwickelte hier hinzu, in zweifachem Sinn Teil der gesellschaftlichen Produktion: nämlich der *Tätigkeitsform* nach als gesellschaftliche Produktion von Gebrauchswerten, dem *funktionalen Inhalt* nach Selbstproduktion des produzierenden Autors und des rezipierenden Lesers der

Literatur.[5]

Künstlerische Tätigkeit als Tätigkeit der Selbstverwirklichung des Menschen: das kann man freilich auch in der bürgerlichen Klassik und Romantik finden. Künstlerische Tätigkeit jedoch als nur *»besondre Weise der Produktion«* des Menschen: das stellt, wie gleich zu sehen sein wird, den bürgerlichen »affirmativen Kulturbegriff« auf den Kopf. Dieser setzt ja der geistigen und künstlerischen Tätigkeit als subjektbejahender, als Kultur-Tätigkeit die materielle Tätigkeit als subjektverneinende gegenüber: er spielt, mit den Worten Herbert Marcuses, »die geistige Welt gegen die materielle Welt aus, indem er die Kultur als das Reich der eigentlichen Werte und Selbst-Zwecke der gesellschaftlichen Nutz- und Mittelwelt entgegenhält. Durch ihn wird die Kultur von der Zivilisation unterschieden und vom Gesellschaftsprozeß soziologisch und wertmäßig entfernt«.[6] Marx' Auffassung von Kunst als »besondrer Weise« der Selbstverwirklichung des Menschen verankert diese als Einzelmoment von Kultur dagegen in einem – wie immer real widerspruchsvollen – Kontinuum von Tätigkeiten der Selbstverwirklichung, das die materielle Tätigkeit, die materielle Produktionsweise des Lebens nicht als Gegensatz, sondern als konstituierenden Bestandteil von Kultur in sich enthält.

Eine solche Auffassung von materieller Arbeit meint nicht lediglich, daß diese die Voraussetzung der Reproduktion menschlichen Lebens sei. Das macht z. B. Engels deutlich, wenn er in der *Dialektik der Natur* die materielle Arbeit zwar zunächst als »erste Grundbedingung alles menschlichen Lebens« bezeichnet, dem aber hinzufügt: »und zwar in einem solchen Grade, daß wir in gewissem Sinn sagen müssen: Sie hat den Menschen selbst geschaffen«.[7] Mit dieser Einsicht erst mündet eine bloß ökonomische Auffassung von Arbeit in eine historisch-anthropologische oder kulturgeschichtliche. Diese zeigt, daß der Arbeitende nicht nur »eine Formveränderung des Natürlichen bewirkt«, sondern, »indem er durch diese Bewegung [die Arbeit, B.J.W.] auf die Natur außer ihm wirkt und sie verändert, [. . .] zugleich seine eigne Natur [verändert]. Er entwickelt die in ihr schlummernden Potenzen und unterwirft das Spiel ihrer Kräfte seiner eignen Botmäßigkeit«.[8] Der Hervorbringung eines Gegenstands als dessen Vermenschlichung, als seiner Umgestaltung für menschliche Zwecke, entspricht die Vergegenständlichung des arbeitenden

Menschen als dessen praktische Verwirklichung; die Aneignung der Natur ist zugleich Aneignung des eignen menschlichen Wesens als eines nur so zu entwickelnden Potentials. Und dies keineswegs nur im Sinn einer Entwicklung des Menschen als der Natur gegenüberstehendem Individuum, sondern zugleich als sozialen Wesens. Die Entwicklung der Naturaneignung durch Arbeit setzt wachsendes Zusammenwirken und wachsendes gegenseitiges Austauschen der Tätigkeit wie Distribuieren der Produkte, Arbeitsteilung, voraus[9]; zunehmende soziale Bedürfnisse und Fähigkeiten, zunehmende Vergesellschaftung des Menschen und nicht nur Produkte sind das Ergebnis der materiellen Arbeitsakte.

Gerade von Programmen her, die eine Verwirklichungsmöglichkeit des Menschen im »Freizeit«-Bereich und damit in der Kultur im engeren Sinn anstreben, ist diese historisch-materialistische Arbeitstheorie als heimliches Fortschreiben des bürgerlichen Arbeitsethos mißdeutet worden. Bei solchen interessierten Irrtümern ist dann z. B. vom »*Hegel-Marx*schen Arbeitsbegriff« als »Kulmination« der »herrschenden Philosophie der bürgerlichen Gesellschaft« die Rede.[10] Marx, der Kritiker der Lohnarbeit par excellence, kann so einem staunenden Publikum als der Mann präsentiert werden, der sie »irgendwie« auch verteidigt hat. Der wirkliche Sachverhalt jedoch ist unmißverständlich in den Marxschen *Grundrissen,* in Marxens Smith-Kritik, auseinandergelegt. Marx geht dort, wie Adam Smith, davon aus, daß »in den historischen Formen der Arbeit als Sklaven-, Fronde-, Lohnarbeit die Arbeit stets repulsiv, stets als *äußere Zwangsarbeit* erscheint«. Er kritisiert zunächst die Tendenz, diesen historischen Charakter der Arbeit zu ontologisieren, in abstrakter Negation – und verdeckter, nämlich kompensationsorientierter Affirmation – nun die Arbeitspause als Kulturideal hochzuhalten: »Du sollst arbeiten im Schweiß deines Angesichts! war Jehovas Fluch, den er Adam mitgab. Und so als Fluch nimmt A. Smith die Arbeit. Die ›Ruhe‹ erscheint als der adäquate Zustand, als identisch mit ›Freiheit‹ und ›Glück‹. Daß das Individuum [. . .] auch das Bedürfnis einer normalen Portion von Arbeit hat, und von Aufhebung der Ruhe, scheint A. Smith ganz fernzuliegen. Allerdings erscheint das Maß der Arbeit selbst äußerlich gegeben, durch den zu erreichenden Zweck und die Hindernisse, die zu seiner Erreichung durch die Arbeit zu überwinden. Daß aber diese Überwindung von Hindernissen an sich Betätigung der Freiheit – und daß ferner die äußren Zwecke den Schein bloß äußrer Naturnotwendigkeit abgestreift erhalten und als Zwecke, die das Individuum selbst erst setzt, gesetzt werden – also als Selbstverwirklichung, Vergegenständlichung des Subjekts, daher reale Freiheit, deren Aktion eben die Arbeit, ahnt A. Smith ebensowenig.«[11] Überdies setzt Marx die Arbeit als Selbstverwirklichung den historischen Formen »repulsiver« Arbeit nicht einfach gegenüber, sondern zeigt ihren inneren Zusammenhang: er nennt die letztere nicht nur »entfremdete«, sondern zugleich auch »gegensätzliche Arbeit«.[12] Unleugbar geht das Wachsen der Fähigkeiten des gesellschaftlichen Gesamtarbeiters nicht mit einem ebensolchen Wachsen individueller Fähigkeiten einher, ja wird geschichtlich weitgehend mit deren Verkrüppelung erkauft; auch fallen Produktion und Aneignung des gesellschaftlichen Reichtums nicht zusammen: im Kapitalismus entsteht – darauf hebt Marx' Verelendungstheorie ab – sogar notwendigerweise eine sich erweiternde Kluft zwischen Besitzern und Nichtbesitzern von Produktionsmitteln: romantischer Antikapitalismus, der hinter diese Zustände zurückwill, ist deshalb nur zu erklärlich. »So scheint die alte Anschauung«, schreibt Marx, »wo der Mensch, in welcher bornierten nationalen, religiösen, politischen Bestimmung auch immer als Zweck der Produktion erscheint, sehr erhaben zu sein gegen die moderne Welt, wo die Produktion als Zweck des Menschen und der Reichtum als Zweck der Produktion erscheint. In fact aber, wenn die bornierte bürgerliche Form abgestreift wird, was ist der Reichtum anders, als die im universellen Austausch erzeugte Universalität der Bedürfnisse, Fähigkeiten, Genüsse, Produktivkräfte etc. der Individuen? Die volle Entwicklung der menschlichen Herrschaft über die Naturkräfte, die der sogenannten Natur sowohl, wie seiner eignen Natur? Das absolute Herausarbeiten seiner schöpferischen Anlagen, ohne andre Voraussetzung als die vorhergegangne historische Entwicklung, [. . .] wo er sich nicht reproduziert in einer Bestimmtheit, sondern seine Totalität produziert. [. . .] In der bürgerlichen Ökonomie – und der Produktionsepoche, der sie entspricht, – erscheint diese völlige Herausarbeitung des menschlichen Innern als völlige Entleerung, diese universelle Vergegenständlichung als totale Entfremdung. [. . .] Daher erscheint die kindische alte Welt als das Höhere.«[13]

Diese Perspektive bedeutet für die materielle Tätigkeit selbst, daß sich nicht nur ihr Output vermehrt, sondern daß auch ihre Qualität sich zu verändern vermag: daß sie sich selbst immer mehr von einseitiger und belastender Arbeit zu »travail attractif, Selbstverwirklichung des Individuums« entwickelt[14]: zu »wirklich freier Arbeit«, als deren Beispiel Marx an dieser Stelle interessanterweise künstlerische Arbeit, nämlich das Komponieren, erwähnt.[15]

Die Entfaltung der materiellen Produktion bedeutet zugleich Erhöhung nicht nur der materiell verwendbaren Produktivkraft des Menschen, sondern seiner praktischen sowie geistigen Fähigkeiten überhaupt: »Also keineswegs *Entsagen vom Genuß*, sondern Entwickeln von power, von Fähigkeiten zur Produktion und daher sowohl der Fähigkeiten, wie der Mittel des Genusses. Die Fähigkeit des Genusses ist Bedingung für denselben [. . .] und diese Fähigkeit ist Entwicklung einer individuellen Anlage, Produktivkraft.«[16] Und schließlich, neben ihrem Charakter als wesentliche innere Voraussetzung subjektiven Reichtums, ist die Vermehrung der Produktivkräfte materieller Arbeit auch dessen äußere Bedingung. Als Ersparung von Arbeitszeit ist sie zugleich Schöpfung von freier Zeit, die »sowohl Mußezeit als Zeit für höhre Tätigkeit«[17] sein kann: explizit nennt Marx dies »Schaffen der *disponiblen Zeit«* gelegentlich »Schaffen der Zeit zur Produktion von Wissenschaft, Kunst etc.«.[18] So vermag die Selbstproduktion des Menschen zunehmend ihre (tragischen oder komischen) einseitigen Formen abzustreifen und statt der Verwirklichung einzelner Bedürfnisse und Fähigkeiten Verwirklichung vielseitiger Subjektivität selbst zu werden, die in Akten der materiellen und geistigen Produktion wie in Kommunikation und freier Betätigung insgesamt sich vollzieht. Der Satz, »der Mensch eigne [. . .] sich sein allseitiges Wesen auf eine allseitige Art an, also als ein totaler Mensch«, wird dann von einem theoretischen mehr und mehr zu einem empirischen: er meint alle *»menschlichen* Verhältnisse zur Welt, Sehn, Hören, Riechen, Schmecken, Fühlen, Denken, Anschauen, Empfinden, Wollen, Tätigsein, Lieben, kurz, alle Organe (der) Individualität«.[19] Alle gesellschaftliche Produktion wird dabei bewußt zum bloßen Mittel einer »menschliche[n] Kraftentwicklung, die sich als Selbstzweck gilt«[20], und deren Bezeichnung als »Selbstproduktion« des Menschen wird zum Ausdruck der Überwindung eines ökonomischen Verständnisses des Ehrennamens Produktion: »der große irrtum«, notierte Brecht in seinem *Arbeitsjournal*, »der mich hinderte, die lehrstückchen vom ›bösen baal dem asozialen‹ herzustellen, bestand in meiner definition des sozialismus als einer *großen ordnung*. er ist hingegen viel praktischer als *große produktion* zu definieren. produktion muß natürlich im weitesten sinn genommen werden, und der kampf gilt der befreiung der produktivität aller menschen von allen fesseln. die produkte können sein brot, lampen, hüte, musikstücke, schachzüge, wässerung, teint, charakter, spiele usw. usw.«[21]

Zum Charakter der gesellschaftlichen »Produktivität« von Literatur

Das Verständnis von Literatur als Moment der menschlichen Selbstproduktion läßt eine Literaturtheorie hinter sich, die Literatur lediglich als Reflex praktischer Tätigkeit begreift, nur ihr Produziertsein durch Gesellschaft und nicht ihre eigene *gesellschaftliche Produktivität* akzentuiert. Das darf jedoch nicht bedeuten, daß die trotz ihres Zusammenschießens in der Entwicklung der menschlichen Subjektivität und ihrer praktischen Äußerungen höchst verschiedenen Funktionsweisen von Produktivität nun in einen Topf geworfen werden könnten. Die »Leistung und Wirkung literarischer Formen« als »eine selbständige Art der gegenständlichen Praxis des Menschen« zu bestimmen und in diesem Sinne vom »wirklichkeits*bildenden* Charakter der Kunst« zu reden, der zu ihrer abbildenden Funktion hinzu genannt werden müsse[22], beruht entweder auf einer idealistischen Verkürzung von Wirklichkeit, indem sie Selbstverwirklichung in der Literatur schon mit praktischer Selbstverwirklichung des Menschen gleichsetzt, oder sie verkürzt den Weg von Bewußtseins- zu Realitätsveränderung in einer ebenfalls idealistischen Weise.

Gewiß wirkt alles, was auf den Menschen als Praxissubjekt einwirkt, auf die Praxis selbst; es wird dadurch aber nicht selbst zur Praxis im Sinne nicht nur von Tätigkeit, sondern von gegenständlich-materiellem Handeln. Ähnlich verhält es sich mit der Rede von Literatur als »gesellschaftlicher Produktivkraft«: »Manchmal [werden] der Dichter und der Maler zur Produktivkraft gemacht, und man könnte weiter fragen, warum nicht auch die Liebe und der Conférencier. Es schmerzt ein wenig, wenn man eine solche Betrachtung energisch zurückweisen muß, haben doch alle schon empfunden, welche Impulse von einem guten Gedicht ausgehen können, und wissen doch alle, wie eine glückliche Liebe die produktive Schaffens- und Schöpferkraft steigern kann. [. . .] Aber die Logik der Wissenschaft ist streng und erlaubt keine Kompromisse. Der Begriff der Produktivkräfte, in dieser Art ausgeweitet, wäre in seinem Wesen ausgehöhlt und verlöre seinen Sinn als gesellschaftswissenschaftliche Kategorie.«[23] Oder, mit den gegen bürgerliche Nationalökonomen gerichteten spöttischen Worten von Marx: »Sowenig wie das Champagnertrinken eine produktive Konsumtion ist, obgleich es ›Katzenjammer‹ produzieren mag, sowenig das Hören von Musik, obgleich es ›un souvenir‹ hinterläßt.«[24] Die literarische Produktivität ist im materiell-praktischen Sinn unproduktiv, ja sie muß sogar einer solchen Unproduktivität gewärtig sein, wie sie das Sprichwort »Die Predigt hat gefallen, sie bleiben wie alle« beklagt. Erst die keineswegs mit der literarischen Produktion und Rezeption zusammenfallende lebenspraktische Betätigung der literarisch gewonnenen Fähigkeiten und Erfahrungen macht die Literatur zu einem »wirklichkeitsbildenden« Faktor.[25]

»Produktionsästhetik« und Praktischwerden der Literatur

»Die Philosophen haben die Welt nur verschieden *interpretiert;* es kömmt aber darauf an, sie zu *verändern.*«[26] Die Literatur, so kann man in scheinbarem Anschluß an diesen bekannten Satz hören, verändert nicht die Welt; die Welt soll jedoch verändert werden; es bleibt also nur die Beendigung der Beschäftigung mit Literatur, ein *inter arma tacent musae,* oder die Veränderung der Literatur selbst von einem bloß ideellen Medium der Abbildung von Realität zu einem praktischen Medium. Angestoßen von der Politisierung der Intelligenz hielt diese Folgerung – mehr oder minder, so oder anders filiiert und untermauert – Einzug auch in die Literatur und die Literaturtheorie der letzten Jahre. Explizit angeknüpft wird dabei häufig an die frühsowjetische »Produktionsästhetik«: an ihr wird als weiterhin gültige Programmatik die Absicht geschätzt, die »selbstgenügsame Isolierung der bürgerlichen Kunst vom gesellschaftlichen Lebenszusammenhang« so aufzuheben, daß Kunst zukünftig »in gesellschaftlicher Produktion und selbstorganisiertem Alltagsleben« aufgeht.[27]

Diese Zielprojektion ist gewiß verlockend; sie ist der Magnetberg aller Wünsche nach einer wie immer gearteten »Versöhnung von Kunst und Leben«. Bei näherer Betrachtung erweist sich allerdings, daß das produktionsästhetische Programm nur zum Teil eine literaturästhetische Perspektive bezeichnen kann und selbst dort, wo dies der Fall ist, die Chance der Funktionserweiterung dicht neben der Gefahr einer Funktionsverengung der literarischen Tätigkeit steht.

Rekurriert man auf die Thesen von Boris Arvatov, dem neben Sergej Tretjakov hierzulande wohl meistgenannten Vertreter der sowjetischen Produktionsästhetik, so stößt man zunächst darauf, daß Rückkehr der Kunst in die Produktionsprozesse für ihn primär bedeutet, daß »der Künstler als Ingenieur und Konstrukteur in die Produktion geht«[28]; »völliges Verschmelzen der künstlerischen Formen mit den Formen des Alltags«[29] meint hier konkret Industriedesign, das nicht bloß kunstgewerblich oder warenästhetisch-ornamental ist, sondern utilitär-praktische Formen für den Alltagsgebrauch entwerfen soll. Die Begriffe der Produktionsästhetik sind hier also solche der Produktgestaltung; ihre unmittelbare Anwendung auf die Literatur kann nur verwirren.

Auf einer gänzlich anderen Ebene der Aufgabe, den »Alltag [zu] gestalten«[30], geht es Arvatov freilich, unter anderem, auch um Literatur. »Die Menschen«, schreibt er, »verstehen nicht zu sprechen, spazierenzugehen, sich zu setzen, zu liegen, ihre Wohnung einzurichten, öffentliche Angelegenheiten zu erledigen, Gäste zu empfangen und auf Beerdigungen zu gehen.«[31] Deshalb sei z. B. die Ausbildung der Schauspieler so umzugestalten, »daß Theaterfachleute fähig sind zu lehren, wie man auf der Straße geht, wie man Feiertage gestaltet, Reden hält«; die »Literaturspezialisten« wiederum hätten »das Schreiben von Artikeln, Rechenschaftsberichten usw.« zu vermitteln.[32] Rhetorik des Alltags, Stilistik von Alltagstexten: das produktionsästhetische Programm tritt hier, wie man unmißverständlich sagen müßte, als *kommunikationsästhetisches* auf. Seine Berechtigung, der positiv-kulturelle Sinn der Forderung, nicht nur literarische Kunstwerke zu schaffen, sondern auch die alltägliche Kommunikation selbst durch bewußte Ausbildung zu fördern und zu kultivieren, wird auch von der »traditionellen« Kunstliteratur nicht bestritten werden können; andererseits läßt sich nicht behaupten, in dieser kommunikativen Ästhetik sei die Kunstliteratur mit der Alltagspraxis »verschmolzen«; nicht liquidiert, sondern im schwäbisch-hegelschen Sinne »gut aufgehoben«: das unmittelbare, in praktische Handlungsvollzüge eingebettete Denken, Fühlen, Wollen kann zweifellos nicht die Intensität und Extensität der analytischen und wertenden Durchdringung der Realität in ihren gesellschaftlichen wie geschichtlichen Zusammenhängen erreichen, wie sie der konzentrierten Bemühung einer die Alltagspraxis zeitweilig unterbrechenden künstlerischen Produktion und Rezeption möglich ist.[33]

Läßt man sich von manchen mißverständlichen Äußerungen Arvatovs gegen die »abbildende«, die mit dem Mittel der Fiktionalität arbeitende Literatur nicht fehlleiten, entdeckt man freilich, daß seine Produktionsästhetik keineswegs Produktionskunst in Alltagskommunikation auflösen will: Unter der Fahne des *Praxis*werdens von Literatur, die mit Kunstliteratur brechen zu wollen scheint, läuft hier ein ganz anders zu verstehendes *Praktisch*werden der Literatur mit: die Propagierung einer durchaus abbildenden, aber eben »utilitär-abbildenden« Literatur, deren Zweck die – nicht nur im engeren Sinn politische – Agitation und deren Formen die einer alltags- und praxisorientierten operationalen Literatur sein sollen: Sprechchor, Gedicht, Liedtext, Reportage.[34]

Diese Gattungen vermögen nun allerdings geistige und praktische Tätigkeit, vermögen Reflexion und Aufruf, Darstellung von Handlungszusammenhängen und direkten Eingriff in diese Zusammenhänge weit enger zu verbinden als ein Entwicklungsroman, ein historisches Drama, ein Lyrikzyklus; eine solche direkte Verbindung von Literatur und Praxis jedoch zum Kriterium ihrer gesellschaftlichen Produktivität überhaupt zu ernennen, bedeutete eine Über- wie eine Unterschätzung der von Literatur erfüllbaren Funktionen: Arvatovs Formel: »eine sozialisierte Kunst kann und soll es nur auf zwei Ebenen geben, als Produktionskunst und als Agitationskunst«[35], kann deshalb – wie immer es um ihre »operationelle« Berechtigung in den zwanziger Jahren stehen mag –, nicht die Zauberformel einer zukünftigen Synthesis von Kunst und Gesellschaft sein.

Schon wo es um Kunst als Instrument politisch-sozialer Aufklärung geht, impliziert das, was bei operationellen Genres positiv als direktes Eingreifen in konkreten Fällen bezeichnet werden kann, zugleich negativ die Ausrichtung der Kunst auf *Einzel*probleme und *Einzel*aktionen; übergreifende Zusammenhänge, Vorgeschichte und Perspektive des jeweiligen Darstellungsanlasses näher zu beleuchten, wäre schon eine partielle Sprengung der Appellfunktion der Darstellung und hat hier höchstens als nicht weiter begründete Rahmensetzung und Parole Platz. Das bedeutete eine nur jeweils partisanenhafte Präsenz von künstlerischer Tätigkeit im Alltag der Adressaten. Eine ausschließliche oder primäre Nutzung der Kunst als Medium einer unterhaltsam gestalteten und sinnlich einprägsamen Sachaufklärung würde zudem an ihrer spezifischen Fähigkeit vorbeigehen: nämlich an einer auch die Motivationsbildung umfassenden Bewußtseinsbildung. Diese Motivationsfunktion bliebe ihrerseits pragmatistisch verengt, wollte man jeweils bloß einzelne Bedürfnisse für einzelne Aktivitäten mobilisieren statt Fähigkeiten und Bedürfnisse insgesamt zur Bildung der Persönlichkeit als Ganzes. Die Ergebnisse solcher Kunstwirkung sind freilich nicht mehr einem engen Praxiskriterium zu unterwerfen und einfachen Input-Output-Berechnungen nicht zugänglich: der Anteil der Kunst an der Veränderung der Wahrnehmungs-, Fühl- und Denkweise einer Person läßt sich nicht aus dem Ensemble von deren psychischen, ästhetischen, kognitiven Erfahrungen herauslösen.

Doch selbst noch diese Funktionsbestimmung der Kunst wäre zu praktizistisch gesehen, wenn Persönlichkeitsbildung nur als Mittel für eine auch langfristig wirksame, effektivere politische und soziale Praxis verstanden würde. Damit würde aus der Kunst herausgelassen, was vielleicht ihr eigenster Gegenstand ist: nämlich daß – wie wir dargelegt haben – die Akte der gesellschaftlichen Produktion und Praxis ihren Wert nicht in sich selbst, sondern allein als Medium der Produktion des Menschen selbst haben. Von dieser Einsicht aus aber ist es nicht als idealistische statt materialistische Zwecksetzung der Kunst zu brandmarken, wenn deren Aufgabe nicht bloß in der Objektveränderung, sondern letztlich in der Subjektveränderung als Selbstzweck gesehen wird: in einem Beitrag zum freien Spiel der »menschlichen Wesenskräfte«, in dem nicht das Innere nur Mittel des Äußeren und die Kunst nur Instrument der Nichtkunst ist, sondern das, als Teil des Reichtums subjektiver Betätigung, auch sich selbst genügt: künstlerische Ratifizierung dessen, was Marx mit dem Satz meinte, der Mensch, anders als das Tier, »produzier[e] selbst frei vom physischen Bedürfnis [. . .] und erst wahrhaft in der Freiheit von demselben«.[36]

Nichts wiederum ist mißverständlicher als diese Rede von freier Betätigung des Subjekts als autonomem Zweck: was unterscheidet sie von Kunst als Glasperlenspiel? Eben die Erkenntnis, daß das Subjekt, um das es geht, sich nicht als Monade, sondern in und durch Gesellschaft entfaltet – und nicht im Käfig der Innerlichkeit, sondern durch gegenständlich-gesellschaftliche Betätigung. Weshalb also auch eine künstlerische Entfaltung der Subjektivität illusionär bleibt, sofern sie Aneignung der subjektiven Potenzen trennen will von der Aneignung der außersubjektiven Realität, nicht die geschichtlich-gesellschaftliche Genese subjektiver Bedürfnisse und Fähigkeiten erfahrbar macht und nicht auf Geschichte und Gesellschaft als Verwirklichungsfeld, als realen Handlungsspielraum von Subjektivität verweist.

Nun war, nicht zufällig, zuletzt von Kunst und nicht nur von Kunstliteratur die Rede. Zu klären bleibt also ein Doppeltes: was Kriterien für eine der Aufgabe menschlicher Selbstproduktion im skizzierten Sinne angemessene *literarische* Darstellung sein könnten, und was die Besonderheit der persönlichkeitsbildenden Wirkung fiktionaler Darstellungsweise als spezifischer Möglichkeit der Kunstliteratur sei.

III. Literarische Produktion als spezifische Aneignungsweise der Realität

»[. . .] es ist Kunst nötig, damit das politisch Richtige zum menschlich Exemplarischen werde.«

Bertolt Brecht

»Rezeptivität« und »Produktivität« in der Realitätsbeziehung der literarischen Darstellungsweise

Wo im letzten Kapitel von Produktivität der Literatur die Rede war, benannte dieser Begriff den rückwirkenden Einfluß der Literatur auf die Gesellschaft, die sie hervorgebracht hat. Eine gänzlich andere Dialektik von Bedingtsein und Bedingen meinen die Begriffe Produktivität und Rezeptivität, wenn sie nicht auf die *gesellschaftliche Funktion*, sondern auf die *Gegenstandsbeziehung* der literarischen Darstellung angewandt werden. Hier verweisen sie darauf, daß diese Darstellung nie bloße Nachahmung von Wirklichkeit, deren Verdoppelung, sondern immer auch deren Verwandlung durch Subjektivität ist – durch keine freischwebende freilich, sondern eine im praktischen gesellschaftlichen Lebensprozeß gewordene Subjektivität.[1]

Solche subjektive Vermittlung erweist sich am Inhalt literarischer Darstellungen zunächst daran, daß sie Gegenstände unter bestimmten Aspekten abbilden. Nicht nur, daß die Realität in der geistigen Aneignung natürlich nicht verdoppelt wird, wie es die Vögel von den Früchten des Apelles erfahren mußten; es erhält nicht einmal jede Eigenschaft eines geschilderten Gegenstands ein Zeichenäquivalent. Die Literatur übermittelt Bedeutungen, »die einen bestimmten Darstellungsbereich aufspannen, ihn aber keineswegs in der Bestimmtheit eines Wirklichkeitsbereichs repräsentieren; übermittelt werden begriffliche Informationen und perspektivische Konnotationen, die ein bestimmtes Verhalten einsichtig und rekonstruierbar machen, aber keineswegs in seiner wirklichen Fülle und Form«.[2] Diese Tendenz zur Auswahl und Abstraktion gilt für alle literarischen Stile; auch der Naturalismus z. B. ist keine Kopie der Realität, sondern abstrahiert von dieser zugunsten des Herausstellens vor allem sensueller Qualitäten, die ihm als wesentlich erscheinen.[3]

Doch literarische Darstellung enthält nicht nur weniger, sondern zugleich mehr als die »angesprochenen« Objekte in der Realität; sie zeichnet sich, wie jedes Sprechen, dadurch aus, daß sie nicht nur etwas bezeichnet, sondern das Bezeichnen als adressatenbezogenen Akt mitenthält – also nicht nur ein *Produkt* der gedanklichen Widerspiegelung eines Gegenstands, sondern auch ein *Werkzeug* dieses Vorgangs ist.[4] Die gesamte literarische Darstellung, läßt sich mit Horst Redeker verallgemeinern, wäre in ihrem Wesen »nicht zu verstehen, wenn man [sie] nur als Verhältnis zwischen dem widerspiegelnden Künstler und dem widergespiegelten Gegenstand faßt und nicht auch als Verhältnis zwischen Menschen. Jede der Stufen dieses Prozesses, in dem ein Erlebnisinhalt geschaffen, schrittweise als Inhalt konkretisiert und geformt wird, erfolgt unter dem ›Zwang‹, diesen Erlebnisinhalt anderen zu vermitteln, den ›Grundzwang‹ des Künstlers. Der Prozeß des Schaffens des Kunstwerks ist nicht nur fortschreitende Konkretisierung des Inhalts, sondern zugleich Übereignung an andere, dessen ›Vergesellschaftung‹. Konkretisierung *und* ›Vergesellschaftung‹ des Erlebnisinhalts sind die formbestimmenden Faktoren. Jede Entscheidung, angefangen bei der Wahl des Gegenstandes, über den Entschluß, den Handlungsablauf so oder anders zu gestalten, eine bestimmte Figur einzuführen oder wegzulassen bis zur Wahl der einzelnen Wörter erfolgt nicht allein unter dem Diktat der einem objektiven Gegenstand innewohnenden Eigenschaften, die widergespiegelt werden, sondern zugleich nach dem Gesetz der Übertragung, der Kommunikation des Inhalts«.[5] Zudem stellen literarische Zeichen nicht nur eine instrumentelle kommunikative Beziehung zum Leser her, sondern zugleich eine Verständigungsbeziehung.[6] Diese aber ist in der künstlerischen Literatur nicht nur Verständigung über Bedeutungen allgemein, sondern über Wertungen, auch wenn diese sich nicht oder nicht primär diskursiv äußern: stehen Bürgerliche und nicht mehr Adlige im Licht tragischer Darstellung, wie in Lessings *Emilia Galotti,* so ist dies ebenso parteilich geurteilt, wie wenn das Problem der Offiziersehre in *Minna von Barnhelm* als Komödie gestaltet wird.

Als depravierte, »stets unvollkommene« oder »stets subjektiv verzerrte« Realitätsabbildung kann die solcherart durchdrungene Darstellung von Realität freilich nur dann verstanden werden, wenn sich das Abbildbedürfnis von anderen Lebensbedürfnissen isoliert hat (oder in magischem Denken davon ausgegangen wird, die Realität müsse und könne mittels des Besitzes von möglichst genauen Abbildern dirigiert werden). Betrachtet man dagegen die »Widerspiegelung« der Realität unter dem Gesichtspunkt, daß sie

Erkenntnisse und Erfahrungen für das praktische Handeln verfügbar machen soll, so ist Intentionalität des abbildenden Bewußtseins nicht einfach Ausfluß geistiger Willkür, sondern die Bedingung dafür, daß Zwecke gesetzt und Eingriffe in die Realität unternommen werden, die dem Menschen eine mehr als geistige Existenz ermöglichen. Selektivität wiederum ist dann nichts anderes als das unerläßliche Mittel, einen Problemgegenstand von den Erkenntnis- und Lebensinteressen einer bestimmten Situation der tätigen Menschen her zu strukturieren: ihn praktisch brauchbar zu machen. Das menschliche Bewußtsein, Resultat wie Mittel der tätigen Auseinandersetzung von Subjekt und Objekt, spiegelt die Wirklichkeit sinnvollerweise nicht nur wie der See den Berg, sondern immer zugleich wie das Schiff den See, indem es auf ihm fährt.

Freilich kann die literarisch tätige Subjektivität aufgrund mangelnden Darstellungsvermögens oder bornierter Darstellungsinteressen die Realität verfehlen. Kriterium dieses Verfehlens ist allerdings – bei jenem Zweckbezug literarischer Produktion auf praktische Selbstproduktion – kein Ideal von »treuer Kopie« oder »Abbildähnlichkeit« mit Erscheinungen und Gesetzmäßigkeiten der objektiven Realität; zur Kritik steht vielmehr lediglich jene Art von literarischer *creatio ex nihilo,* freier Produktion von Zeichen und Bedeutungen, welche die natürlichen und sozialen Voraussetzungen subjektiver Selbstverwirklichung sowie die Möglichkeiten und Notwendigkeiten dieser Selbstproduktion selbst entweder analytisch verfehlt oder intentional verzerrt: nicht die Freiheit des Geistes, sondern die bloße Freiheit des Geistes steht bei einem solchen Verständnis von Realitätsadäquanz der Literatur zur Debatte.

Ein Beispiel für eine Konzeption, die das Verhältnis von Produktivität und Rezeptivität im Realitätsbezug der literarischen Darstellung nach den Kriterien der Praxis zu regeln sucht, ist die Realismustheorie Brechts. Dieser nennt eine Darstellung dann »realistisch«, wenn sie »die Meisterung der Realität erlaub[t]«.[7] Mit dieser Anleihe beim Realismusbegriff des Alltagslebens sprengt Brecht den Rahmen einer selbst formalistischen Diskussion um den Formalismus und plädiert für eine Methode, die man als *funktionalen Realismus* bezeichnen könnte: »Die Kunst wird nicht unrealistisch, wenn sie die Proportionen ändert, sondern wenn sie diese so ändert, daß das Publikum, die Abbildungen praktisch für Einblicke und Impulse verwendend, in der Wirklichkeit scheitern würde.«[8] Brecht kann deshalb auch – ohne unrealistisch zu werden – fordern, die Realität darstellend umzubilden und nicht nur »objektiv«[9] zu sein, da sonst das Dargestellte »undurchschaubar wie das leben selber« werde: »da ist dann immer die wahrheit ›drinnen‹, nur kann keiner sie herausklauben. realistische kunst ist kunst, welche die realität gegen die ideologien führt und realistisches fühlen, denken und handeln ermöglicht.«[10] Das Abweichen von der Realität kann ein notwendiges heuristisches Mittel sein, um spontan nicht auffallende oder gar durch Ideologie verzerrte Eigenschaften der Realität ans Licht zu bringen. Mit dem Satz, es sei nötig, daß »die Stilisierung das Natürliche nicht aufhebe, sondern steigere«[11], wendet sich Brecht denn auch gegen die bloße Dekomposition gewohnter Denk- und Wahrnehmungsweisen, bei denen die »Gegenstände [. . .] aus der Verfremdung nicht wieder zurück[kehrten]«[12]: die also letztlich nur »in einem Amüsement durch den besagten Schock« endet[13] oder gar zum Zwecke hat, die Gegenstände zu mystifizieren[14] statt besser erkennbar zu machen.[15] Diese objektive Rückbindung des literarischen Eingriffs in die Realität an die Aufgabe, praktisches Eingreifen in die Realität zu ermöglichen, hält Brecht mit dem Terminus des »praktikablen Abbilds« fest.[16] Im Kontext der Brechtschen Theorie verliert dieser Begriff der Praktikabilität im übrigen vollends jede Mißverständlichkeit, die partikulare Interpretationen von »praktisch« zulassen könnte: mit dem im Zusammenhang dieser Arbeit statt eines neutralen Praxisbegriffs gebrauchten Terminus der menschlichen – gesellschaftlichen wie historischen – Selbstproduktion, die als Praxiskriterium für realistische Literatur eingeführt wird, sind solche instrumentellen Verkürzungen von vornherein ausgeschlossen.

Nun ist freilich das Problem des Realismus bisher – von der Bemerkung über die Besonderheit literarischen Wertens abgesehen – mit Begriffen von Wirklichkeitsumgestaltung diskutiert worden, welche die eigentümliche Möglichkeit von Kunstliteratur, nämlich fiktionale Gestaltung, noch nicht in ihrer Spezifik erfassen. Gewiß enthält auch fiktionale Literatur Verweise auf bestimmte historisch vorfindliche Realitätsbereiche. Doch diese sind ihr nur Material einer ganz eigenen Konstruktion: »Die Abbildelemente«, schreiben Naumann u. a., »werden in der künstlerischen Darstellung in ein anderes Ganzes integriert. Hier werden Phantasiemodelle formiert, denen in der gegebenen Bestimmtheit nichts entspricht bzw. entsprach« – ja, so ist zu ergänzen, auch in Zukunft nichts wird entsprechen können.[17] In historische »Referenzinhalte« stellt sie erfundene Figuren und Handlungen; der Gegenwart entnommene Personen oder Situationen setzt sie in einen anderen historischen Zusammenhang, z. B. den der Antike, oder zimmert ihnen gar eine Phantasieumwelt. Sie zeigt »nicht einfach eine[n] Ablauf aus dem Zusammenleben der Menschen, wie er sich in der Wirklichkeit abgespielt haben könnte«, sondern »zurechtgemachte Vorgänge«; »nicht einfach Abbilder lebender Leute, sondern zurechtgemacht[e] und nach Ideen geformt[e]«.[18] Solche Darstellungsweise ist demnach in einem qualitativ besonderen Sinn Umgestaltung der Realität: sie schafft, mit Jean Pauls Wort, »eine zweite Welt in der hiesigen«, ist – was einst den Vergleich von Künstler und Gottheit provozierte – ideelle Schöpfung eines eigenen lebenden Kosmos.

Diese Art intentionaler Brechung des literarischen Realitätsbezugs, insbesondere aber die Konstruktion einer fiktionalen »literarischen Welt« ist in der literaturwissenschaftlichen Tradition häufig zum Anlaß genommen worden, solcher Literatur überhaupt jedes spiegelnde oder aneignende Verhältnis zur Realität abzusprechen. So vermerkt z. B. Gero von Wilperts *Sachwörterbuch der Literatur* als quasi gesicherten Stand der Wissenschaft, »Dichtung schaffe eine in sich geschlossene Eigenwelt von größter Höhe, Reinheit und Einstimmigkeit mit eigenen Gesetzen. [. . .] Sie ist nicht als ›Ausdruck‹ von etwas anderem zu erforschen, sondern ›selig in sich selbst‹«[19]; Richard Brinkmann z. B. nennt »erzählende Dichtung« »nicht Wiedergabe einer Wirklichkeit ›draußen‹ mit mehr oder weniger ästhetischem Firnis. Sie baut eine eigene Wirklichkeit auf mit eigener Struktur, eigenen Gesetzen, eigener Logik«.[20] Für die Interpretation und Beurteilung kunstliterarischer Produkte bleibt so nur ein »werkimmanentes Richtmaß« oder der Vergleich sei's mit der Alltagssprache, sei's mit der literarischen Tradition.[21] Der Rekurs auf Realität als das Wahrheitskriterium der Literatur gilt demgegenüber als Verpflichtung der literarischen Phantasie auf »Ereignisse der geschichtlichen Realität«[22] oder als Verfehlen des besonderen, nämlich fiktionalen Charakters der Kunstliteratur.[23] Ungelöste Probleme schaffen sich in dieser Argumentation allerdings schon dadurch Ausdruck, daß einmal – so bei Jauß – der Naturalismus, das anderemal – z. B. bei Fügen – die Liquidation der fiktionalen Kunst überhaupt als Konsequenz einer Theorie erscheint, die von der Literatur Abbildung erwartet.[24].

Diese Alternative von freier Produktion einer eigenen literarischen Welt und widerspiegelnder Verdoppelung eines Außerliterarischen trifft sicherlich die Intentionen mancher literarischer Richtungen, welche die Hervorbringung neuer Welten statt der Beschäftigung mit der hiesigen auf ihre Fahne geschrieben haben. Daß sie eine notwendige Konsequenz aus dem aktiven und speziell fiktionalen Charakter der kunstliterarischen Darstellung sei, kann jedoch nur von einem mechanistischen Abbildbegriff her angenommen werden, dem angesichts der fiktionalen Darstellungsform gewiß nur die Möglichkeit bleibt, der blauen Blume »literarische Welt« – nach vergeblicher Suche in Gegenwart, Vergangenheit und denkbarer Zukunft – eine Existenz »in uns oder nirgends« zuzuschreiben. Wo aber das Darstellen selbst als mitgeführter Inhalt des Dargestellten und dieses »Mehr« des Darstellens als Bedingung eines handlungsbezogenen Verhältnisses zur Realität erkannt worden ist, kann die Fiktion von der Wippe »Lüge oder legitime Erfindung« genommen werden. Sie ist dann als eine spezifische Ausprägung der Selektivität und Intentionalität geistiger Realitätsaneignung überhaupt zu begreifen.

Dies setzt voraus, daß es nicht die Intention der fiktionalen Darstellung ist, die Existenz oder Möglichkeit eines Dargestellten in der gegebenen Konkretion zu behaupten. Was sie erlaubt, ist jedoch, Erfahrungen mit Realität und keineswegs nur moralischen Werthaltungen zu ihr an miterlebbaren Modellen von Praxis zu demonstrieren. Daß Literatur, wie Wolfgang Iser es formuliert, keine »reale Deckung« durch »wirkliche Situationen«[25] besitzt, macht ihre »Verrechnung mit der realen Welt« nicht unmöglich, wie Iser meint[26], sondern befähigt sie gerade, das der Realität als unabgeschlossenem Handlungsfeld gegenüberstehende Subjekt beim Finden möglicher Einstellungen zur Vergangenheit wie zur Zukunft zu unterstützen. Die Literatur spiegelt gewiß nicht bloß eine den tätigen Menschen gegenüberstehende Wirklichkeit; doch sie sucht in der als Prozeß begriffenen Wirklichkeit Lebensmöglichkeiten des darstellenden oder lesenden Subjekts – und zwar dergestalt, daß sie diesem gestattet, sich – wie Wekwerth es einmal ausdrückte – »zu *möglichen*

Vorstellungen *wirklich* zu verhalten«[27], oder, anders gesagt, indem sie die bloße Rekonstruktion von gewesenen Situationen übersteigt, ohne doch die Form der Situation selbst zu verlassen. Diese Bestimmungen werden später noch zu detaillieren und zu ergänzen sein.

Es ist selbstverständlich, daß deshalb das Kriterium der Realitätsadäquanz bei fiktionaler Literatur ein spezifisches sein muß. Eben dies nicht erkannt zu haben, werfen nun freilich Autoren wie Peter Demetz und Hans Norbert Fügen dem Marxismus und seinen »Klassikern« vor. So dient dieser Behauptung vor allem ein Hinweis auf jene Auseinandersetzung, in der Marx und Engels sich am ausführlichsten zu Fragen der Kunst geäußert haben: die Diskussion um Lassalles Drama *Franz von Sickingen.* Marx und Engels, so schreibt Demetz, hätten Lassalles Sickingenfigur einfach am historischen Sickingen gemessen und damit gegen den »ästhetischen Schein« die »illegitimen Ansprüche des politischen Ernstes« gesetzt[28]; Fügen wirft Marx und Engels ein »aus der historischen Wirklichkeit entnommenes Richtmaß« vor[28], das die dichterische Erfindung »dem Vergleich mit einer [. . .] unabhängig von der Literatur bestehenden Wirklichkeit« unterworfen[30] und damit den »Anspruch des literarischen Werkes« verfehlt habe, »als in sich geschlossene, eigenständige Wirklichkeit« zu gelten.[31]

Läßt man sich indes die grobschlächtige Alternative Historismus oder Fiktionalität nicht aufzwingen, dann entdeckt man gerade in jenem – von Freund und Feind bereits um- und umgewendeten – Briefwechsel Hinweise darauf, wie die Erkenntnis und Anerkenntnis der kunstliterarischen Besonderheit mit dem Kriterium der Realitätsadäquanz konkret zusammengedacht werden kann.

Der eine Argumentationsstrang, der in unserem Kontext interessiert, läßt sich am besten bei Engels verfolgen. Engels geht – Demetz und Fügen desavouierend – von der Legitimität fiktionaler Konstruktionen auch bei historischen Dramen aus: »Inwiefern Ihre Annahme, daß Sickingen mit den Bauern wirklich in einiger Verbindung gestanden, historisch begründet ist, kann ich nicht beurteilen, darauf kommt es auch gar nicht an.«[32] Und gleich danach: »[. . .] ich will Ihnen keineswegs das Recht bestreiten, Sickingen und Hutten so aufzufassen, als hätten sie vorgehabt, die Bauern zu emanzipieren.«[33] Nun entdeckt Engels aber

Widersprüche innerhalb der fiktionalen Konstruktion selbst: »Damit [mit jener Annahme, B.J.W.] hatten sie aber sogleich den tragischen Widerspruch, daß beide zwischen den Adel einerseits [. . .] und die Bauern andrerseits gestellt waren. Hier lag meiner Ansicht nach die tragische Kollision zwischen dem historisch notwendigen Postulat und der praktisch unmöglichen Durchführung. Indem Sie dies Moment fallen lassen, reduzieren Sie den tragischen Konflikt auf die geringeren Dimensionen, daß Sickingen, statt gleich mit Kaiser und Reich, nur mit einem Fürsten angebunden habe [. . .], und lassen ihn einfach an der Gleichgültigkeit und Feigheit des Adels untergehn. Diese wäre aber ganz anders motiviert, wenn vorher schon die grollende Bauernbewegung und die durch die früheren Bundschuhe und den Armen Konrad unbedingt konservativer gewordene Stimmung des Adels mehr hervorgehoben worden wäre.«[34]

Die Engelssche Fragestellung ist demnach doppelseitig. Ihrem Gegenstand nach bleibt sie innerhalb der Lassalleschen Prämissen, ohne diese auf historische Wahrheit zu befragen; ihren Kriterien nach aber sprengt sie diese, insofern sie mit historischem Wissen über die Bedeutung der von Lassalle herangezogenen Motive und Konstellationen deren »Interpretation« durch die Lassallesche Handlungsführung für unstimmig erklärt. Damit ist der Maßstab der Ähnlichkeit oder Wahrscheinlichkeit, wie er mechanistischen Abbildvorstellungen eignet, durch einen – freilich an der Realitätserfahrung gewonnenen – Maßstab ersetzt, der dem nahekommt, was in der jüngeren Literaturdiskussion als Kriterium der »Echtheit« bezeichnet worden ist.[35]

Dieses Kriterium aber wird nun von einer zweiten Reflexion ergänzt: sie ist vor allem im Marxschen Brief an Lassalle ausgeführt. »Die beabsichtigte Kollision«, schreibt Marx zustimmend, »ist nicht nur tragisch, sondern ist die tragische Kollision, woran die revolutionäre Partei von 1848/49 mit Recht untergegangen ist. Ich kann also nur meine höchste Zustimmung dazu aussprechen, sie zum Drehpunkt einer modernen Tragödie zu machen.«[36] Gleich darauf erscheint derselbe methodische Aspekt in kritischem Zusammenhang: Hätten, schreibt Marx, »die Vertreter der Bauern [namentlich dieser] und der revolutionären Elemente in den Städten [. . .] einen ganz bedeutenden aktiven Hintergrund« gebildet, so hätte Lassalle »auch in viel höherm Grade grade die modernsten Ideen in ihrer naivesten Form sprechen lassen können, während jetzt in der Tat, außer der *religiösen* Freiheit, die bürgerliche *Einheit* die Hauptidee bleibt. Du hättest dann von selbst mehr *shakespearisieren* müssen, während ich Dir das *Schillern*, das Verwandeln von Individuen in bloße Sprachröhren des Zeitgeistes, als bedeutendsten Fehler anrechne«.[37] Was hier geltend gemacht wird, ließe sich als »Kriterium der Relevanz« bezeichnen. Dies sprengt, entschiedener als das der »Echtheit«, die Immanenz der literarischen Konstruktion; gleichwohl bezieht es sich nicht auf die bloße adäquate Rekonstruktion vergangener oder vorhandener Geschehnisse, sondern auf Realität als die dem menschlichen Handeln jeweils aufgegebene. Die Kategorie der »modernsten Ideen« formuliert, auf die 1848er Revolution anspielend, das Rimbaudsche »il faut être absolument moderne« in der Perspektive einer explizit realitäts- und gesellschaftsbezogenen Auffassung literarischer Modernität.

Daß sich diese Realismuskriterien noch einigermaßen abstrakt ausnehmen, resultiert aus ihrem unnormativen, historischen Charakter: die Kenntnis der jeweiligen gesellschaftlichen Situation, der literarischen Produktions- und Rezeptionsverhältnisse und des Ortes, den ein literarisches Produkt in ihnen einnimmt, muß Präzisierungen dieser Kriterien vorausgehen. Allerdings gestattet die relative Kontinuität grundlegender Gesetzmäßigkeiten der Gesellschaftsgeschichte, zumindest über gewisse Zeiträume hinweg hierüber auch allgemeinere Aussagen zu machen. Am dringlichsten scheint dies an zwei Leerstellen des bisher Gesagten: zum einen geht es um die Frage, wie Realismus zu verschiedenen Methoden der Abstraktion von Erscheinungen der Wirklichkeit steht, zum anderen um das Verhältnis von Realismus und Utopie, wie es sich im skizzierten Rahmenverständnis von realistischer Abbildung darstellt.

Realismus und Abstraktion

Funktionaler Realismus und abstrahierende Darstellungsweise

Nützlich als Ausgangspunkt einer Diskussion um realistisches Abstrahieren ist eine inzwischen allzu geläufig gewordene, aber eben deshalb wieder der Analyse bedürftige Äußerung Brechts, welche lautet: »*Realistisch* heißt: den gesellschaftlichen Kausalkomplex aufdeckend / die herrschenden Gesichtspunkte als die Gesichtspunkte der Herrschenden entlarvend / vom Standpunkt der Klasse aus schreibend, welche für die dringendsten Schwierigkeiten, in denen die menschliche Gesellschaft steckt, die breitesten Lösungen bereit hält / das Moment der Entwicklung betonend / konkret und das Abstrahieren ermöglichend.«[38]

Die Anspielung auf »realistische Abstraktion« hat bei Brecht ein aktuelles Ziel: sie wendet sich gegen den Naturalismus oder, wie er häufig schreibt, den Sensualismus der literarischen Darstellungsweise, der mit Realismus oft zusammengeworfen werde. Keineswegs propagiert Brecht, wie es das isolierte Zitieren des Satzes vom Kausalkomplex manchmal nahelegt, eine Literatur der bloßen ökonomischen Analyse oder politischen Parole. Er betrachtet z. B. »einen gewissen Überfluß im Stofflichen, das der geraden Linie Widerstand entgegensetzt, eine Zeichnung der Charaktere, die nicht nur gibt, was die Fabel in Gang hält«[39], als unabdingbares Moment materialistischer »Sinnesfreudigkeit« und »Diesseitigkeit«.[40] Worauf er jedoch beharrt, ist, daß die Beschäftigung mit sensuellen Einzelzügen der Realität – und Brecht versteht darunter auch die Themen Hunger, schlechte Wohnung, Krankheit[41] – so lange nicht realistisch ist, wie sie diese Phänomene nicht als »gesellschaftliche Prozesse«[42] erkannt hat. Kehrseitig geht es Brecht darum, daß, ebenso wie es »sensualistisch geschriebene Werke gibt, die nicht realistisch [sind]«, es »realistische Werke [gibt], die nicht sensualistisch geschrieben sind«[43]: »Realismus ist nicht etwa gleichbedeutend mit Ausschaltung der Phantasie und der Erfindung. Der ›Don Quichote‹ des Cervantes ist ein realistisches Werk, da er die Überholtheit des Rittertums und des ritterlichen Geistes zeigt, und doch haben niemals Ritter gegen Windmühlen gekämpft. Die phantastische Einkleidung verdirbt keineswegs den in vielem realistischen Charakter der ›Insel der Pinguine‹ von Anatole France.«[44] Ausführlich zitiert Brecht, um der Gefahr einer formalen Einengung des Realismus zu begegnen, symbolistisch gehaltene Strophen aus Shelleys Ballade *Der Maskenzug der Anarchie* und resümiert, es müsse »Dichtern wie *Shelley* [. . .] sogar ein noch sichtbarerer Platz in der großen Schule der Realisten angewiesen werden als *Balzac*, da er die Abstraktion besser ermöglicht als jener und nicht ein Feind der unteren Klassen ist, sondern ein Freund.«[45] Natürlich spricht Brecht hier zugleich in eigener Sache: er verteidigt seine in der innermarxistischen Auseinandersetzung zu Zeiten des Formalismus und Abstraktionismus gescholtenen Lehrstücke sowie die Parabeltechnik gegen die – von Brecht bei Lukács vermutete – Zumutung »Schreibt wie Balzac!«[46]

Brecht schreibt: »Die Wirklichkeit selbst ist weit, vielfältig, widerspruchsvoll«[47]; also kann auch die Wahrheit über sie »auf viele Art verschwiegen und auf viele Arten gesagt werden«.[48] Diese Einsicht, faßt man sie nicht nur als taktisches Manöver auf, impliziert, daß der Rat »Schreibt wie Balzac!« auch nicht einfach durch den Ruf »Schreibt wie Brecht!« abgelöst werden kann. Ein solcher Brechtianischer, wiewohl letztlich keineswegs Brechtischer Kurzschluß wird einem allerdings nahegelegt, wenn man die Qualität des Abstrahierens auf gesellschaftliche Zusammenhänge hin nur der symbolischen, phantastischen oder parabolischen Schreibweise zubilligen wollte – diese Gefahr ist auch bei Brecht dort virulent, wo Naturalismus und kritisch-bürgerlicher Realismus, Hauptmann und Thomas Mann, nicht mehr auseinandergehalten werden. Demgegenüber ist festzuhalten, daß die von Brecht propagierte »Vielfalt des Realismus« eine Vielfalt von Methoden einschließt, die für das von Brecht geforderte Abstrahieren dienlich sein können. Zwei polare Möglichkeiten hierfür nennt Brecht selbst in einem Vergleich seiner Parabelproduktion mit der Gestaltungsweise des *Galilei:* »dort«, schreibt er, »werden ideen verkörpert, hier eine materie gewisser ideen entbunden.«[49]

Die Brechtsche Unterscheidung trifft sich mit neueren Bemühungen, im Modellbegriff – als einem Begriff für die literarische Aneignungsweise der Realität – zu differenzieren. So stellt z. B. der Band *Gesellschaft – Literatur – Lesen* zu analytischen Zwekken *demonstrative* und *heuristische* Modelle einander gegenüber.

Das Demonstrationsmodell, zu dem auch Brechts Parabeltechnik zu zählen ist, schiebt »zwischen die zu demonstrierende Theorie und die zu erklärende Wirklichkeit [. . .] ein sekundäres phantastisches Milieu [. . .], das vergleichsweise analog zur gemeinten Wirklichkeit aufgebaut ist und das Funktionieren der Gesetze reiner zeigt«.[50] Der Zuschauer ist gehalten, aus dem sekundären Bildbereich prinzipielle Einsichten in das menschliche Zusammenleben zu gewinnen und auf »seine« Realität, von der nicht direkt die Rede ist, in angemessener Weise zu übertragen. Das heuristische Modell hingegen – man könnte es auch induktiv oder generalisierend nennen – bezieht sich direkt und nicht nur analogisierend auf einen bestimmten Realitätsausschnitt. Doch auch hier geht es nicht um bloße empiristische Notation. Eigene Erlebnisse des Autors oder dokumentierte Begebenheiten bilden lediglich das Material einer fiktionalen Konstruktion, der es u. a. auf »Aussonderung der unwesentlichen und [. . .] Hervorhebung der wesentlichen Eigenschaften und Beziehungen«[51], also um Verallgemeinerung anhand eines primären Bildbereichs geht. Die Abstraktion von dem bloßen Nachzeichnen »naturaler« Motive und Handlungen geschieht hier z. B. durch Zeitsprünge[52], durch Parallelführung verschiedener Geschehnisse oder durch zunehmende Konzentration auf zunächst nur unter anderen eingeführte Problembereiche – wobei natürlich nicht nur die Handlungsführung, sondern auch Techniken wie Leitmotivik, Wechsel der Erzählperspektive oder Stillage den ästhetischen Inhalt formen.

Diese beiden, hier idealtypisch herausgearbeiteten Darstellungsweisen vermögen sich gegenseitig nicht zu ersetzen. Sie repräsentieren verschiedene Möglichkeiten der Literatur, die nur in der Anwendung auf bestimmte Darstellungsaufgaben und historische Situationen als die »bessere« und »schlechtere« gegeneinandergehalten werden können. Versucht man, prinzipielle Fähigkeiten und Gefahren beider Modelle zu skizzieren – wobei wir uns hier auf den später noch zu ergänzenden Aspekt »Abstrahierweise« konzentrieren –, so ergibt sich, daß das generalisierende Verfahren eher als das parabolische imstande ist, den Prozeß des Lernens aus Alltagserfahrungen und des selbständigen Abstrahierens aus zunächst spontanen Lebenssituationen zu vermitteln. Mit dieser Möglichkeit untrennbar verknüpft ist freilich die – vor allem im ausgeprägten Naturalismus konstatierbare – Gefahr, daß das Dargestellte zu bedeutungsreich ist, d. h. im Bemühen um konkrete und als historisch beglaubigte Darstellungen eine solche atmosphärische Dichte konstruiert, daß das Gezeigte schließlich »undurchschaubar wie das leben selber« wird[53] und die wesentlichen gesellschaftlichen Gesetzmäßigkeiten nicht die Konstruktion strukturieren, sondern in diese eingewoben sind oder nur im moralisierenden Kommentar einer einzelnen »epischen« Figur nach vorne treten.[54] Die Parabeltechnik vermeidet eine solche potentiell desorientierte Bedeutungsinflation des naturalistischen Verfahrens, indem sie sich von vornherein auf ein »begrenztes Geschehnis« und damit auf »einen bestimmten Sinn« konzentriert, d. h. »von vielen möglichen Interessen nur bestimmte [befriedigt]«.[55] Brechts Parabeln steuern direkt auf das Ziel zu, nicht nur Verhaltensweisen innerhalb eines bestimmten Feldes zu zeigen, sondern das gesamte Feld in Frage zu stellen. Das bedeutet aber, daß die Umsetzung des gewonnenen Erfahrungsgehalts, als relativ abstrakter Maxime, in die eigene Praxis des Zuschauers schwieriger sein kann als bei eher naturalistisch-historischen Darstellungen. Angesichts der Wirkung, die Friedrich Wolfs *Cyankali* in der Weimarer Zeit erzielte, vermerkt Brecht selbst, in jener Situation »würde nichtaristotelische Dramatik es vielleicht schwerer gehabt haben, eine unmittelbare Aktion auszulösen. Denn sie hätte unzweifelhaft die Frage erörtern müssen, wodurch das Gebärrecht zum Gebärzwang wird, und die Aktion, auf die sie hätte ausgehen müssen, wäre eine weit allgemeinere, größere, aber auch unbestimmtere und im Augenblick unmöglichere gewesen«.[56] Überdies gibt Brecht einen Hinweis darauf, daß das Betonen einzelner »Mißstände«, wie es Friedrich Wolfs Stück kennzeichnet, nicht prinzipiell nur Reaktionen *innerhalb* einer ansonsten unreflektierten und unkritisierten Gesamtpraxis hervorrufen kann: auf den proletarischen Teil der Zuschauer dieses Stücks gemünzt, erkennt Brecht, »die Handlungsweise der Zuschauer« verrate »eine genauere Kenntnis sozialer Kausalkomplexe, als das Stück selber sie vermittelt«.[57] Dem entspricht eine Bemerkung über Balzac an anderer Stelle: »Bei *Balzac* ist viel zu lernen, vorausgesetzt, man hat schon viel gelernt.«[58] Die Frage des notwendigen Verallgemeinerungsgrads der Darstellung läßt sich also nicht ohne Rücksichtnahme auf den beim Publikum voraussetzbaren Bewußtseinskontext diskutieren, in den ein literarisches Werk jeweils eintritt.

Diese unabdingbare Fragestellung eines funktionalen Realismus, der »nicht nur eine realistische Einstellung zu [seinen] Themen, sondern auch zu [seinem] Publikum« hat[59], muß neben ideologischen auch allgemein-kulturelle Prädispositionen, d. h. vor allem den Bildungsgrad eines Publikums, berücksichtigen.[60] Beobachtet man wie Brecht, daß »gewisse Zuschauerschichten auf eine Dramatik mit genaueren Wirklichkeitsabbildungen besonders stark reagieren, nämlich proletarische Schichten«[61], so wird eine an solchem Publikum interessierte Literatur zu prüfen haben, wo symbolistische oder parabolische Gestaltungsweisen Anforderungen stellen, die eine breite Rezeption erschweren.

Als er sich noch mit den Aufgaben einer volkstümlichen Kunst beschäftigte, hat auch Adorno den »agitatorische[n] Wert und damit das politische Recht proletarischer Gemeinschaftsmusik wie etwa der Eislerschen Chöre [. . .] außer Frage« gestellt: »Nur utopisch idealistisches Denken könnte an ihrer Statt eine innerlich der Funktion des Proletariats angemessene, ihm selber aber unverständliche Musik fürs Proletariat fordern.«[62] Freilich folgt das verbreitete Unverständnis gegenüber »Formexperimenten« nicht nur aus Bildungsschranken, sondern häufig aus der mehr oder weniger bewußten Meinung, daß manche Abstrahierweisen nicht allein von der Form der Alltagserfahrung, sondern auch von den Lebensinteressen der Rezipienten abstrahieren. Das bedeutet zugleich, daß dann, wenn das Publikum ein Bemühen um seine Wirklichkeit wahrnimmt, abstraktive und überhaupt ungewohnte Gestaltungsweisen weit bereitwilliger aufgenommen werden.[63]

Aus dem Gesagten erhellt, daß dort, wo das »induktive« Verfahren dem Abstrahieren Grenzen zieht und naturalistische Charaktere der Darstellung beibehält, nicht einfach »Traditionalismus« gewittert werden darf, der auf den »bürgerlichen Realismus des 19. Jhs., auf eine mimetisch die Wirklichkeit modellierende Literatur«[64] oder die »klassische [. . .] Ästhetik der imitatio naturae« fixiert geblieben sei.[65] Solche Erklärungen arbeiten nicht nur mit einem bloß aus der Extrapolation von beobachteten Formentwicklungen gewonnenen Begriff von Modernität; sie vergessen auch, daß die Mimesis empirischer Erscheinungen der Realität nicht notwendig einem selbst formalistischen Kodex der Abbildtreue verhaftet ist, sondern, als Anknüpfen an verbreitete Erfahrungsweisen des Alltags, die Kunst für den publikumswirksamen Eingriff auch in »banale« Einzelprobleme der Kritik oder des Aufbaus einer Gesellschaft offenhält.

Realistische Abstraktion und abstrakt-konkrete Kunst

In seiner Beschreibung der Shelleyschen Ballade *Der Maskenzug der Anarchie* betont Brecht, die »symbolistische« Schreibweise habe Shelley keineswegs gehindert, »sehr konkret zu werden«: »Hier wurde nicht nur der Mord bei seinem richtigen Namen genannt [nämlich beim Namen Castlereagh, B.J.W.], sondern, was sich Ruhe und Ordnung nannte, wurde als Anarchie und Verbrechen entlarvt«.[66] Brecht versteht Shelleys Symbolisierungen als prägnante Abkürzungen für die historische Wirklichkeit Englands in einer bestimmten historischen Situation; in der Tat stilisieren sie diese nicht zum Derivat überzeitlicher Konstanten und abstrahieren auch nicht von dem, was diese Wirklichkeit als selbst abstrakte Macht beherrscht: dem Klassengegensatz. In prinzipiell ähnlicher Weise steht auch die Brechtsche Abstrahierweise in der Parabeltechnik in einem Zweifronten-Krieg gegen den Konkretismus wie gegen das Verdampfenlassen gesellschaftlich und geschichtlich konkreter Situationen in allgemeinen Wahrheiten: »Brecht«, schreibt Karl Michael Balzer, »übernahm [...] keineswegs die frühbürgerliche Verwendung parabolischer Formen, etwa um [noch einmal] abstrakt eine ›gerechte Welt‹ zu fordern. [...] Er handelt in ›Der gute Mensch von Sezuan‹ (ähnlich wie in ›Die heilige Johanna der Schlachthöfe‹) keine Parabel über ›die Güte in schlechter Welt‹ ab, sondern die Wirkungen nur privater Güte in einer *bestimmten* Welt werden modellhaft herausgearbeitet.«[67] Die Brechtsche Parabeltechnik ist ein ständiger Versuch, sich auf dem schmalen Grat zwischen einem durch Motivschwemme vieldeutigen Naturalismus und einer durch Merkmalsarmut ihrerseits unbestimmten Verallgemeinerung zu bewegen. Daß dennoch die Verbindung von historischem Stoff und allgemeiner Thetik nicht immer bruchlos gelang, erleichterte aufs »Allgemeinmenschliche« spekulierende Reproduktionen und Rezeptionen auch seiner Stücke, wobei dann, wie Brecht im *Arbeitsjournal* klagt, »der GALILEI als eine ehrenrettung des opportunismus aufgefaßt [wurde]; das SEZUANSTÜCK als religiöse [...] verurteilung der zweiseelenkonstruktion; die COURAGE als loblied auf die unerschöpfliche vitalität des muttertiers«.[68]

Mit der Einsicht in die Inpraktikabilität allzu großer Praktikabilität abstrakter Modelle ist nun auch der methodische Ansatzpunkt dafür gewonnen, realistische Abstraktion von formalistischem Abstraktionismus unterscheiden zu können. Dem Vorwurf an die »abstrakte Kunst« – sei es konkrete oder gegenstandslose Malerei, sei es Visuelle oder Konkrete Poesie –, diese entbehre der Beziehung zur Realität und bemühe sich um Formspielerei statt um den Ausdruck von Inhalten, ist von der Avantgarde zu Recht erwidert worden, die Meinung, »es gebe irgend reine Form«, sei ein Vorurteil »de[s] vulgäre[n] Materialismus und de[s] nicht minder vulgäre[n] Klassizismus«. Vielmehr wiesen »die Formelemente [...] allemal auf Inhaltliches zurück. [...] Gerade wo Form von jedem ihr vorgegebenen Inhalt emanzipiert erscheint, nehmen die Formen von sich aus eigenen Ausdruck und eigenen Inhalt an«.[69] Doch hier bewegen sich Kritik wie Gegenkritik noch im Vorfeld des Problems. Die Frage kann zweifellos nicht sein, *ob* »die autonomen, zumal die formalen Kategorien der Kunst gesellschaftlich und inhaltlich zum Sprechen« zu bringen sind[70], sondern *wovon* sie sprechen: d. h. welche Erfahrungen mit einem bestimmten Arsenal abstraktiver Materialien und ihrerseits abstraktiver Techniken auszudrücken sind.

Methodisch lehrreich ist in diesem Zusammenhang die Kritik des Naturalismusgegners Brecht an der »gegenstandslosen Malerei«.[71] Sie beginnt scheinbar »vulgär«: »Ich sehe«, schreibt Brecht, »daß ihr aus euren Bildern die Motive entfernt habt. Es kommen keine erkennbaren Gegenstände mehr darin vor.«[72] Doch verfällt er nicht dem Irrtum, damit würde gar keine Wirklichkeit mehr angeeignet: »Ihr gebt wieder die geschweifte Kurve eines Stuhles, nicht den Stuhl; die Röte des Himmels, nicht das brennende Haus. Ihr gebt wieder die Mischung der Linien und Farben, nicht die Mischung der Dinge.«[73] Die Folge sei eine unfruchtbare Fungibilität des Dargestellten: »Ihr malt zum Beispiel dann etwas rotes Unbestimmtes, und die einen weinen beim Anblick dieses roten Unbestimmten, weil sie an eine Rose denken, und die andern, weil sie an ein blutüberströmtes, von Flugbomben zerfetztes Kind denken. Eure Aufgabe ist dann erfüllt, ihr habt durch Farben und Linien Empfindungen erzeugt.«[74]

Nun ist diese Unbestimmtheit freilich nicht ohne bewußte und bestimmte Absicht entstanden. Brecht versucht sich dieser zu nähern, indem er ein kunstimmanentes Argument aufgreift: »Ich höre euch sagen: ›Mit unseren Öltuben und unseren Bleistiften können wir nur die Farben und Linien an den Dingen wiedergeben, nichts sonst.‹«[75] Die Entgegnung lautet: »Tausend Beispiele beweisen, daß man mit Öltuben und Bleistiften mehr über die Dinge aussagen, verraten, lehren kann als nur Linienmäßiges und Farbmäßiges. Auch der Breughel hatte nur Öltuben und Bleistifte, auch er gibt die Farben und Linien der Dinge wieder, aber nicht nur das. Die Empfindungen, die er erzeugt, kommen von seinem Verhältnis zu den Gegenständen her, die er wiedergibt, und daher sind es bestimmte Empfindungen, welche das Verhältnis der Betrachter seiner Bilder zu den dargestellten Gegenständen ändern können.«[76] Die – systematisch gesehen – zweite und weiterreichende Frage nach den Gründen für die Gegenstandslosigkeit stellt Brecht in der Form einer Supposition: »Wärt ihr nicht Kommunisten, sondern dienstbare Geister der Herrschenden, würde ich mich über eure Malerei nicht wundern. [. . .] Denn die Dinge [. . .], wie sie jetzt sind, erwecken zum größten Teil starke Unlustgefühle, gemischt mit Gedanken, die an ihnen Kritik üben, sie anders haben wollen, als sie sind, und die Malerei würde, sie erkennbar wiedergebend, in diesen Streit der Gefühle und Gedanken hineingeraten, und wenn ihr also dienstbare Geister der Herrschenden wärt, wäre es von euch schlau, die Dinge unkennbar zu machen, da es doch Dinge sind, die im argen liegen. [. . .] Als Maler und dienstbare Geister der Herrschenden könntet ihr verkünden, daß die schönsten und wichtigsten Empfindungen von den Linien und Farben erzeugt werden (so daß jeder sie genießen kann, da ja an allen, selbst den teuersten Dingen, ihre Linien und Farben gratis zu haben sind).«[78] Da Brecht solche Absichten gleichwohl nicht unterstellt, sondern eine unfreiwillige Koinzidenz von abstrakter Malerei und entpolitisierender, ablenkender Kunstfunktion annimmt, endet seine Motivsuche letztlich aporetisch. Das »missing link« seiner Kritik ist der Konnex zwischen dem von ihm erwähnten Unlustgefühl an den heutigen »Dingen« und der der abstrakten Malerei zugeschriebenen Meinung, die »schönsten und wichtigsten Empfindungen« bezögen sich auf Linien und Farben. Der rationelle Kern der »Gegenstandslosigkeit«, den Brecht nicht zu sehen scheint, steckt gerade in jenem Unlustgefühl, das sich allerdings – da den betreffenden Künstlern weder die kapitalistische noch die sozialistische Gesellschaftsperspektive zusagt oder offensteht – als Unlust an der gesellschaftlichen Realität überhaupt konstituiert und deshalb gerade während der genuin künstlerischen, der Absicht nach gesellschaftskritischen Erkundung einer menschlichen Realität nur bei »reinen Formen«[78] und harmonischen, weil weltleeren technischen Konstellationen Zuflucht findet.[79] Damit ist gewiß nicht die Formel für »die abstrakte Kunst« überhaupt gefunden, die von der nicht einmal abstrakt-negativen Werbegraphik bis hin zum nicht mehr selbstzufrieden gegenstandslosen, sondern von konkreter Gegenstandszerstörung sprechenden *Guernica*-Bild Picassos reicht, wohl aber ein Versuch gemacht, die Kritik an der Gegenstandslosigkeit als Prinzip gegenwärtiger Kunstrichtungen über den bloßen Formalismusvorwurf hinauszuführen.

Dasselbe inhalts-, nicht nur formalismuskritische Instrumentarium vermag nun aber auch Hinweise für die Analyse des literatursprachlichen abstrakt-konkreten Gestaltens, die z. T. in enger personeller und theoretischer Verknüpfung mit der abstrakten Malerei entstandene Konkrete Poesie zu geben. Auch diese kann nicht schon deshalb, weil sie sich informativen und darstellenden Zwecken verschließt, als zweckfreier Ästhetizismus gebrandmarkt werden.[80] Ihr Anspruch besteht vielmehr darin, gerade durch Abstinenz »vom Anekdotischen und Subjektiven, vom Erzählen konsumierbarer Geschichten [. . .] die Basis jeder Gesellschaft, *vor* allen institutionellen Organisationen und dauerhafter als diese, nämlich die Sprache«[81], zu untersuchen und dabei »die allgemeinen Bedingungen, die Konstanten und Strukturen *möglicher* Verwirklichung von Realem, von Sinn- oder Bedeutungsvollem« zu reflektieren.[82]

Dieses wenngleich begrenzte, so doch legitime Interesse verfolgt die Konkrete Poesie nicht durch Darstellung einer historisch-konkret verorteten Sprachwelt, wie es etwa Karl Kraus in den *Letzten Tagen der Menschheit* versuchte; angestrebt wird vielmehr »ein Zurückgehen auf sprachlich Grundsätzliches. Die syntaktisch und semantisch komplexe Oberflächenstrukrur der Sprache [. . .] wird aufgeschlossen, unterwandert, reduziert und zugleich erweitert auf das hin, was diese Oberflächenstruktur trägt«.[83] Die Aufmerksamkeit gilt abstraktiv gewonnenen Einzelstrukturen der Sprache wie dem Wort oder der Syntax als »Vertextungsstruktur«.[84] Damit aber droht sowohl das Untersuchungsobjekt wie das Untersuchungsinstrument zerschlagen zu werden: die Sprachkomplexität, die nötig ist, um überhaupt

»Weltanschauungen« auszudrücken, wird von semantisch unterkühlten Konkreten Texten gar nicht erreicht. Spreche ich – im einzelnen u. U. witzigen und linguistisch aufschlußreichen – Formulierungen wie Jandls »die sonne ging auf und zu« oder Mons »aus den augen / aus dem Sinn / aus der traum«[85] z. B. mit Gisela Dischner den Charakter von Ideologiekritik zu[86], so habe ich vorweg Ideologie als Erklärungssystem für gesellschaftliche Zusammenhänge mit »klischiertem« oder »unreflektiertem« Gebrauch einzelner tradierter Vertextungsweisen identifiziert: nicht zufällig redet Dischner denn auch lax von »ideologische[n] oder schlicht stumpfsinnige[n]« Redensarten[87] und identifiziert Heißenbüttel »Vorurteile [. . .] und Verhärtungen«, die »im traditionellen Sprachzusammenhang konserviert« seien.[88] Der Klischeebegriff greift jedoch Ideologien gegenüber nicht nur strukturell zu kurz, er signalisiert auch eine bloß sprachimmanent verfahrende Sprachkritik, die innerliterarische »Abnützung« und »Innovation« vorschnell mit verfälschendem und erhellendem Realitätssinn von Sprache gleichsetzt.

Das Reduzieren von Sprache auf ihre Einzelsegmente und deren allgemeine »Vertextungsmöglichkeiten« kann in dem Augenblick zur formell radikalsten Ideologiekritik uminterpretiert werden, wo man die Kulmination falschen Bewußtseins und demnach auch falsches Handeln in der Tatsache des »Vertextens«, des Einspannens von Sprachmöglichkeiten für kommunikative Aussagen selbst zu entdecken glaubt. In diese Richtung deuten Äußerungen wie die Gomringers, welche Wort und Satz wie Individuum und Zwangsgemeinschaft gegeneinanderstellen: »das wort [. . .] besteht aus lauten, aus buchstaben, von denen einzelne einen individuellen markanten ausdruck besitzen [. . .] es verliert in gewissen verbindungen mit anderen worten seinen absoluten charakter. das wollen wir in der dichtung vermeiden.«[89] Ähnlich nennt Chris Bezzel »unser sprachsystem« ein »deutlich hierarchisches«, das »das system unserer sozialen hierarchien in allen abstufungen spiegelt«.[90] Engagierte Literatur, als darstellende Aneignung von Realität, wird in dieser Auffassung konsequenterweise als »repressiv«[91] bezeichnet: »intuitiv folgt daraus«, führt Bezzel seine Argumentation fort, »daß sich der revolutionäre schriftsteller mit den grundphänomenen der hierarchischen verfassung der sprache beschäftigen muß, bevor er in ihr seine revolutionären tendenzen zu realisieren versucht.«[92]

Der Begriff der Hierarchie oder Herrschaft wird hier so abstraktiv gefaßt, daß *Arbeit* mit Sprache nur als Manipulation, sprachliche Synthesis nur als Einengung von Sprachmöglichkeiten verstanden werden kann. Was der Literatur verbleibt, wenn sie sich derart der als »Zwang zu geläufigen Aussagen«[93] verschrieenen Auseinandersetzung mit konkreten, geistigen wie lebenspraktischen, Problemen entzieht, offeriert Siegfried J. Schmidt als Ideal der Visuellen Konkreten Poesie: in ihr seien »alle unmittelbar pragmatischen Mitteilungs- oder Wirkungsabsichten eines Autors [. . .] aufgehoben zugunsten einer elementaren demonstrativen Ver-Wirklichung der Bedingungen und Möglichkeiten sprachlicher Sinnkonstitution am isolierten Textmaterial. Im visuellen Text erscheint das Wirkliche, d. h. der in je individueller Textbildung verwirklichte sprachliche Sinn, rückgeführt auf das *Mögliche,* auf die Bedeutungspotentialität von Sprache, wie sie sich in Nullkontexten *zeigt,* aber nicht ausspricht.«[94] Die beste Möglichkeit, das Werkzeug Sprache zu untersuchen, besteht demnach darin, sie nicht zu gebrauchen; die größte Freiheit besitzt der, welcher sich nicht rührt: da er nur so die Fülle der Möglichkeiten nicht zugunsten einer bestimmten und deshalb, sieht man sie nur im Singular, natürlich »einseitigen« Tätigkeit aufgibt. Konkrete Poesie spricht dasselbe μὴ φῆναι τὸν ἁπάντα νικᾶ λόγον aus, mit der die abstrakte Malerei einst ins Leben trat. Nicht zufällig redet Chris Bezzel vom »rigorose[n] realitätsprinzip« nicht einer bestimmten, historischen Wirklichkeit, sondern »der wirklichkeit« überhaupt.[95]

Auch das Problem der Konkreten Poesie ist also nicht ein formalistisches Abstrahieren von den Erscheinungen der Realität, wie das dem konkretistischen Geschmack dünken mag; es ist vielmehr das Problem eines abstrakten Verwerfens der gesellschaftlichen Realität als ganzer. Da diese für die Vertreter der Konkreten Poesie nicht mehr als Feld der Selbstproduktion des Menschen erfahrbar ist, klaffen ihr Kunstproduktion und gesellschaftliche Produktion inhaltlich auseinander. Die linguistisch begonnene Diskussion des literarischen Abstraktionismus muß als geschichtsphilosophische Diskussion um eine abstrakt-utopische Literatur weitergeführt werden.

Realismus und Utopie

In der Einleitung eines Sammelbandes *Die Phantasie an die Macht. Literatur als Utopie* wendet sich der Herausgeber kritisch gegen »gefriergetrocknete Realismen, die auf Halde liegen, bis sie zur Anwendung kommen«, gegen »Agitprop und [. . .] einige besonders sklavische Dokumentliteraturen« und bezeichnet es als »ureigenste, aus gutem Grund unausgesprochene Funktion« der Literatur, den »sowohl zerstörerischen wie auch aufbauenden, auf jeden Fall aber erschütternden Zusammenprall der Imagination mit dem Faktischen darzustellen bzw. selber zu sein«. Das heiße »nicht Wertfreiheit und nicht Literatur im luftleeren Raum, auch nicht, daß sie, frei von Zwängen, nur noch sich selbst reproduziert. Vielmehr sucht sie die Reibung, den Konflikt und ist *auch* ganz Realität und Materie, aber sie ist auch das prinzipiell Andere, über sich selbst und die Realität Hinausweisende.«[96]

Dieser Argumentationskette zufolge ist also die utopische Dimension das Lebenselement von Literatur; sie weist imaginativ über Realität hinaus; das realistische Programm ist demgegenüber »aussichtslos« und bietet daher der literarischen Produktion auch keine aussichtsreiche Perspektive.

Verwandt damit kann erscheinen, was an anderer, prominenter Stelle über das Verhältnis von Kunst und Utopie gesagt wird: »Alles Wirkliche insgesamt, indem es Leben, Prozeß ist, hat einen Horizont. [. . .] Wo der prospektive Horizont ausgelassen ist, erscheint die Wirklichkeit nur als gewordene, als tote, und es sind die Toten, nämlich Naturalisten und Empiristen, welche hier ihre Toten begraben. Wo der prospektive Horizont durchgehends mit visiert wird, erscheint das Wirkliche als das, was es in concreto ist: als Weggeflecht von dialektischen Prozessen, die in einer unfertigen Welt geschehen, die überhaupt nicht veränderbar wäre ohne die riesige Zukunft: reale Möglichkeit in ihr.«[97]

Doch bei genauerem Hinsehen erweisen die scheinbaren Zwillinge sich als feindliche Brüder: Auch Ernst Bloch, von dem das zweite Zitat stammt, reklamiert zwar Möglichkeit als Gegenstand der Kunst, gegen am Boden kriechende Spottgestalt von Realismus. Er setzt aber diese nicht einfach der Realität gegenüber, ergreift Imagination nicht als Zauberstab, Realität denjenigen überlassend, die ihre gewordene Gestalt im Besitz haben, sondern sieht Möglichkeit als Moment einer nach ihr abzusuchenden Realität selbst. Und umgekehrt interessiert er sich nicht für Imagination als bloß geistige Realität, nicht für »alles Mögliche«, sondern hält Denkmögliches und Realmögliches auseinander: Nicht einer moderierten Phantasie, einem klassizistischen μηδὲν ἄγαν zuliebe, sondern um einer Phantasie mit praktischen Verwirklichungschancen willen: »Das Kannsein würde fast nichts bedeuten, wenn es folgenlos bliebe. Folgen hat das Mögliche aber nur, indem es nicht bloß als formal zulässig oder auch als objektiv vermutbar oder selbst als objektgemäß offen vorkommt, sondern indem es im Wirklichen selber eine zukunfttragende Bestimmtheit ist.«[98] Und so wenig diese Erkenntnistheorie das Andere, Potentielle anders denn als Tendenz und Latenz von natürlicher und gesellschaftlicher Geschichte selbst faßt, so wenig läßt sie als Kunsttheorie vom Kriterium des Realismus: »[. . .] die Frage nach der Wahrheit der Kunst wird philosophisch die nach der gegebenenfalls vorhandenen Abbildlichkeit des schönen Scheins, nach seinem Realitätsgrad in der keineswegs einschichtigen Realität der Welt. [. . .] Und die Antwort auf die ästhetische Wahrheitsfrage lautet: Künstlerischer Schein ist überall dort nicht nur bloßer Schein, sondern eine in Bildern eingehüllte, nur in Bildern bezeichenbare Bedeutung von Weitergetriebenem, wo *die Exaggerierung und Ausfabelung einen im Bewegt-Vorhandenen selber umgehenden und bedeutenden Vor-Schein von Wirklichem darstellen.*«[99] Auch der Begriff, der Utopie- und Abbildungsfunktion der Kunst verbindet, findet sich bei Bloch: es ist der der »realistischen Antizipation«.[100]

Indem Bloch aber nicht nur vom ästhetischen Schein, sondern vom *schönen* Schein als Vor-Schein spricht, wird zugleich deutlich, daß es literarische Antizipation nicht nur mit Möglichkeit zu tun hat, sondern mit auf Notwendigkeit antwortender Möglichkeit: sie ist keine wertfreie Prognose, kein »szenario writing« für verschiedenste strategische Zwecke, sondern interessiert sich für Lösungen von Problemen menschlicher Selbstverwirklichung. Dabei ist sie, als realistische, nicht auf die bürgerliche Zwerggestalt von Praxisorientierung, den Pragmatismus beschränkt: sie kennt nicht nur die Frage »Was werden wir essen, was werden wir trinken?«, die das Sichdurchschlagen der Individuen im alltäglichen Rahmen thematisiert, sondern weiß von der Zerschlagung dieses Rahmens selbst als realer Perspektive gesellschaftlicher Entwicklung. Daher will realistische Antizipation denn auch nicht Absage an die Utopie im uneingeschränkten Erfüllungssinn dieses Worts, sondern deren Rettung vor ihrer bloßen Traumgestalt und vor denen, die Utopie vor der Realität beschützen und damit zugleich die Realität vor der Utopie beschützen wollen. Utopie kann somit begriffen werden als die Extrapolation der Vorstellung eines Gelungenen, wie sie jedem menschlichen Arbeitsakt vorausgeht, zur Vorstellung gelungener Selbstproduktion des Menschen selbst; nicht bloße »Ausgeburt des Urpoetischen«, die »im Gefäß einer gebrechlichen Menschheit nie rein verkörpert werden« kann und ihre »eigentliche Existenz [...] daher im dichterischen Wort« hat[101], sondern »promesse de bonheur«; nicht Realismus ohne Ufer, wohl aber Realismus des anderen Ufers.

Von diesem qualitativen Inhalt literarischer Antizipation her ist zugleich einsichtig, daß die Scheidelinie zwischen konservativer und progressiver Kunst nicht, wie man die zitierte Passage aus *Literatur als Utopie* verstehen könnte, zwischen einer der Gegenwart verhafteten und einer die Zukunft imaginierenden Kunst verläuft; jene Grenze zieht sich ja auch durch die Zukunftsliteratur selbst. So erweist sich z. B. viele Science-fiction-Literatur, die die Masse heutiger »utopischer« Literatur ausmacht, ihren Zwecksetzungen nach als gänzlich antiutopisch. Sie verläßt nur Raum, Zeit und Technologie der Gegenwart, schreibt aber die Klassengesellschaft und ihre Verkehrsformen nicht wie die Schwarze Utopie anklagend, sondern gleichmütig fort. Allerdings kennt auch die konservative Utopie durchaus die veränderte soziale Realität und den Wunsch danach; doch nicht als realistische Antizipation eines Besseren, sondern als irreale Utopie der Peitsche und des Zuckerbrots, die sich wie Blinder und Lahmer aufeinander stützen – als Peitsche, indem sie den von ihr durchaus als möglich, aber als mögliche Gefahr erkannten Umsturz solcher Verhältnisse, in denen der Mensch ein verachtetes und geknechtetes Wesen ist, als Horrorvision ausmalt; als Zuckerbrot, indem sie sich historisch weiterwollenden Bedürfnissen als Weggenosse anbietet, sie aber alsbald – aus Dummheit oder Schlauheit – in Sackgassen geleitet.[102] Das reicht von der manifest perversen Erfüllung von Solidaritätsbedürfnissen in Sujets, die von kollektiver Verbrecherjagd schwärmen, bis hin zur Trivialutopie vom

Millionär werdenden Tellerwäscher, die – nach quantitativen wie nach qualitativen Kriterien unrealistisch – Millionen die Chance freier Entfaltung innerhalb der herrschenden Sozialverfassung vorgaukelt. Mit »moderne Märchen« sind solche Erzählungen gänzlich unzureichend bezeichnet; vielmehr eignet Märchen durchaus ein utopischer Takt, den die ideologische Mythologie, der Kitsch, verletzt: »Märchen«, bemerkt in diesem Sinn Hermann Bausinger, »erzählen vom Glück, aber geben nicht eigentlich vor, Probleme zu lösen; in den trivialen Erzählungen dagegen ist Wert gelegt auf realistische Problematisierung, die dann *scheinbar* aufgelöst wird.«[103] Auch hier geht es der Kritik also nicht um ein »Zu weit gehen« der literarischen Phantasie, sondern um das Kriterium immanenter Stimmigkeit von Ausgangsproblem und angebotener Lösung.

Diese Stimmigkeit, mithin realistisches Antizipieren, ist nun freilich kein Postulat, das abstrakt und überhistorisch an die Literatur gerichtet werden könnte. Denn keineswegs läßt sich in jeder geschichtlichen Situation das als notwendig Erfahrene auch als reale Möglichkeit erfassen: nichtideologische Lösung von Konflikten, berechtigtes »happy end« war häufig genug nur durch *utopistische Antizipation* möglich, die über vage Zielvorstellungen und illusionäre Verwirklichungsvorschläge nicht hinauskam.

Diese Einsicht ist die unerläßliche Bedingung dafür, gerade etwa den Hauptwerken der frühbürgerlichen Literatur gerecht zu werden. Exemplarisch hat das Lukács an Goethes *Wilhelm Meister* entwickelt. Dieser Roman gestaltet die humanistische Ausbildung einer Person; sie kann für Goethe, realistischerweise, nur eine praktische sein: »Die menschliche Persönlichkeit kann sich nach Goethes Anschauung nur handelnd entfalten. Handeln bedeutet aber stets eine tätige Wechselwirkung der Menschen innerhalb der Gesellschaft.«[104] Ebenso klar sieht Goethe jedoch, daß die Darstellung einer praktisch-gesellschaftlichen Einlösung humanistischer Ideale innerhalb der damaligen Epoche pure Ideologie wäre, daß »die bürgerliche Gesellschaft, die er vor Augen hat, insbesondere das miserable und unentwickelte Deutschland seiner Tage, sich nie und nirgends in der Richtung der gesellschaftlichen Verwirklichung dieser Ideale bewegt«.[105] Andererseits schützt ihn vor bloßer – und sei's romantisch-überschwenglicher – Resignation die Überzeugung, daß die Verwirklichung von

Humanität in der weiteren Entwicklung der bürgerlichen Gesellschaft – und für Goethe innerhalb dieser Gesellschaft – möglich ist, ohne daß ihm das bereits als konkrete Perspektive präsent wäre. »Goethe gestaltet nun gemäß dieser widerspruchsvollen Grundlage seiner Gesellschaftskonzeption eine Art ›Insel‹ innerhalb der bürgerlichen Gesellschaft« – eben die Gesellschaft im Turm, die Wilhelm Meisters Erziehung übernimmt. Dies ist zweifellos eine utopische Konstruktion. »Es wäre aber oberflächlich«, so führt Lukács aus, »darin bloß eine Flucht zu sehen. Der Gestaltung eines in der bürgerlichen Gesellschaft notwendig utopisch bleibenden Ideals wie des Humanismus muß notwendig ein gewisser Fluchtcharakter anhaften. Denn kein Realist kann diese Verwirklichung mit der realistischen Gestaltung des *normalen Ablaufs* der Geschehnisse in der bürgerlichen Gesellschaft vereinen.«[106]

Die Überlegung, daß unrealistische, nämlich utopistische Antizipation historisch die realistischste Problemlösung darstellen kann – wie sie Lukács hier auch in der doppelten Verwendung des Realismusbegriffs ausdrückt –, ist freilich nicht nur für die mehr oder weniger moderierten Utopismen Goethes gültig: sie bedeutet auch die historische Legitimation weit ausschweifenderer Phantasien. In diesem Sinn nennt z. B. Friedrich Engels in seiner Schrift über den deutschen Bauernkrieg das revolutionäre Programm der plebejischen Fraktion in diesem Krieg zwar ein »gewaltsames, phantastisches«, das »beim ersten Versuch der praktischen Anwendung [. . .] in die beschränkten Grenzen, die die damaligen Verhältnisse allein zuließen«, habe zurückfallen müssen, zugleich aber eine »aus der Lebenslage der plebejischen Fraktion sehr erklärliche Antizipation auf die spätere Geschichte«: »Die Plebejer waren damals die einzige Klasse, die ganz außerhalb der offiziell bestehenden Gesellschaft stand. Sie befand sich außerhalb des feudalen und außerhalb des bürgerlichen Verbandes. [. . .] Aus dieser Stellung erklärt es sich, warum die plebejische Fraktion schon damals nicht bei der bloßen Bekämpfung des Feudalismus und der privilegierten Pfahlbürgerei stehenbleiben konnte, warum sie, wenigstens in der Phantasie, selbst über die kaum empordämmernde modern-bürgerliche Gesellschaft hinausgreifen, warum sie, die vollständig besitzlose Fraktion, schon Institutionen, Anschauungen und Vorstellungen in Frage stellen mußte, welche allen auf Klassengegensätzen beruhenden Gesellschaftsformen gemeinsam sind.«[107] Eine ähnliche Konstellation ergibt sich Jahrhunderte später für die frühe Arbeiterbewegung: die Entwicklung der bürgerlichen Gesellschaft, als Entwicklung eines objektiven Potentials realer Selbstverwirklichung, erlaubt den ersten Vertretern dieser Bewegung zwar, die angestrebte Zukunft vollends als innerweltliche zu artikulieren und ihr auch relativ konkrete Konturen zu geben; die »wirklichen Bedingungen der Bewegung« sind jedoch, wie Marx im *Bürgerkrieg in Frankreich* schrieb, noch »von utopischen Fabeln umwölkt«. Marx ist freilich weit entfernt davon, diese Fabelbildungen als bloße Hirngespinste zu verspotten: »Alle sozialistischen Gründer von Sekten«, schreibt er, »gehören einer Zeit an, in der weder die Arbeiterklasse genügend geübt und organisiert war durch die Entwicklung der kapitalistischen Gesellschaft selbst, um auf der Bühne der Weltgeschichte als historischer Akteur aufzutreten, noch die materiellen Bedingungen ihrer Emanzipation in der alten Welt selbst genügend herangereift waren. Ihr Elend bestand, aber noch nicht die Bedingungen für ihre eigene Bewegung.« Nichts einsichtiger deshalb als der Versuch, »die fehlenden historischen Bedingungen der Bewegung durch phantastische Bilder und Pläne einer neuen Gesellschaft zu kompensieren«, aus der Idee der Gleichheit oder Gerechtigkeit heraus deduzierte Konstruktionen in die Gesellschaft hineinpflanzen zu wollen, statt aus den noch allzu lösungsfernen realen Widersprüchen der Gesellschaft heraus zu operieren. Erst »von dem Moment an, da die Bewegung der Arbeiterklasse Wirklichkeit wurde, schwanden die phantastischen Utopien, nicht weil die Arbeiterklasse das Ziel aufgegeben hatte, das diese Utopisten anstrebten, sondern weil sie die wirklichen Mittel gefunden hatte, sie zu verwirklichen, weil an die Stelle phantastischer Utopien die wirkliche Einsicht in die historischen Bedingungen der Bewegung trat«.[108]

Freilich schwand utopistische Antizipation damit nicht überall; aber wo sie überlebt, ändert sich ihr Stellenwert. Streng heißt es gerade im Rehabilitationszentrum der Utopien der Vergangenheit, dem *Prinzip Hoffnung* Blochs: »Seit Marx ist der abstrakte Charakter der Utopien überwunden; Weltverbesserung geschieht als Arbeit in und mit dem dialektischen Gesetzeszusammenhang der objektiven Welt, mit der materiellen Dialektik einer begriffenen, bewußt hergestellten Geschichte. Seit Marx ging bloßes

Utopisieren, von immer noch lebendigem Teilwerk in einigen Emanzipationsbestrebungen abgesehen, zu reaktionären oder überflüssigen Spielformen über. Diese ermangeln zwar nicht der Verführung, sind mindestens zur Ablenkung brauchbar, doch eben deshalb sind sie bloße Ideologien des Bestehenden geworden, unter kritisch-utopischer Maske.«[109]

Unmittelbar in einen literaturtheoretischen Kontext gestellt, kann diese Kritik allerdings zu Mißverständnissen führen. Vor allem ist sie auf Inhalte, nicht auf Darstellungsweisen bezogen. Das heißt auf der einen Seite, daß sie gewiß nicht nur auf solche Literatur zielt, die sich – wie weiland frühbürgerliche Staatsromane – mit utopistischen *Gesellschaftskonstruktionen* beschäftigt: das Problem des Utopismus ist vielmehr das partiell irrealistischer Realitätskritik überhaupt. Auf der anderen Seite versagt diese Kritik der literarischen Darstellung auch nicht den Panthersprung in die Zukunft, die Nutzung jener genuin künstlerischen Fähigkeiten, »das Unhaltbare verschwunden/Schon beseitigt«, »das schwer vorstellbare Neue/Schon funktionierend«[110] zu zeigen. Bilder von Wunscherfüllung abrupt in die Gegenwart einzusprengen, heißt nicht zwangsläufig inhaltliche Unvermitteltheit mit dieser oder Vergessen der zur Überbrückung der Kluft notwendigen Entwicklung, sondern vermag allererst deutlich zu machen, warum die Brücke zu beschreiten sich lohnt.

Die Kunstfunktion allerdings ausschließlich auf ein solches säkularisiertes Damaskus beschränken, sie nur als »Ahnung vom Kommenden«[111] verwenden zu wollen, wäre letztlich doch eine geheime Fortschreibung des Dualismus von »realitätsgerechtem« Denken des Bürgers und realitätsgebundenem Denken des Künstlers, also der schlechten Alternative von Arbeit ohne Traum und Traum ohne Arbeit darin – einem Träumen, das bei allem Verwerfen der Realität immerhin weltklug genug ist, den Bescheid darüber zu verweigern, ob die von ihm anvisierten »Möglichkeiten« die einer allerdings auf Hoffnungsbilder angewiesenen spätbürgerlichen Gesellschaft sind oder diese selbst transzendieren wollen. Brechts inzwischen so abgeblaßtes Schlagwort von der Darstellung einer »veränderbaren Welt« bekommt, allem scheinradikalen Hineinspringen in eine »veränderte Welt« gegenüber, eine neue Schärfe. Es schließt ein, daß nicht die bloße literarische Aneignung von Möglichkeiten, sondern des Verhältnisses von Wirklichkeit und Möglichkeit die literarische Produktion zum vielseitigen Instrument der Auseinandersetzung mit der Realität macht, das weder, ästhetizistisch, darauf vertraut, daß das »Mir nach«, welches das Bild des ganz Anderen der gesellschaftlichen Praxis zuruft, schon genügen werde, noch die Literatur und Kunst zum bloßen »Botschafter« der Utopie in der Gegenwart ernennt, der mit anderen ausländischen Diplomaten zwar die Immunität, aber auch die Pflicht der Nichteinmischung in innere Angelegenheiten des Gastlandes teilt.

Gestalt und Funktion der literarischen Darstellung einer »Welt«

Fiktionale Darstellung in der Literatur und im Rollen- und Planspiel

Kunstliterarische Darstellungsweise ist fiktional. Was unterscheidet sie von anderen fiktionalen Aneignungsweisen der Realität, von der »lebendigen« Erinnerung oder Wunschvorstellung, vom Traum, vom Kinderspiel? Es wäre zweifellos nicht sinnvoll, hier alle diese Gattungen in die Diskussion miteinzubeziehen. Nützlich für das Herausarbeiten der spezifischen Fähigkeiten fiktionaler Literatur dürfte es indes sein, sie mit solchen Fiktionsspielen zu vergleichen, die in der gegenwärtigen Kulturdebatte als Ergänzungen oder gar Alternativen zur Produktion und Rezeption von Kunstwerken genannt werden. Deshalb sollen im folgenden das *spontane Rollenspiel* und danach das *Planspiel* als idealtypische Modelle einer solchen nicht mehr literarisch-künstlerischen Spielpraxis untersucht werden.[112]

Die Diskussion der Möglichkeiten von Selbstspiel, improvisierendem Spiel, Rollen- oder Planspiel geht häufig von einer Kritik der »traditionellen« Produktkunst aus. Von dieser heißt es dann, daß sie Schauspieler wie Zuschauer einer Fremdbestimmung unterwerfe – den Schauspieler dadurch, daß ein »Stückeschreiber« ihm, der im Spiel endlich einmal seine Alltagsrolle ablegen könnte, nur ein neues Rollenkorsett verpasse[113]; den Zuschauer, indem er ihn mit fertigem Produkt und fertiger Reproduktion konfrontiere und so zum »passiven« Konsumenten mache. Erst das improvisierende Mitspiel als unmittelbares Zusammenfallen von Produzieren, Reproduzieren und Rezipieren einer Darstellung mache aus der Heteronomie eines Distributionsaktes einen Akt kommunikativer Freiheit: hier endlich, so liest man etwa, stünden die Spieler »nicht im Dienst des Autors. Sie hängen auch nicht an den Fäden eines Regisseurs, der [. . .] aus den Akteuren Marionetten macht«[114], und die Zuschauer müßten nicht mehr »von oben herab, also von der Bühne oder Tribüne herab, sich etwas sagen lassen«, sondern sie könnten nun »selbst etwas sagen, selbst bestimmen, was gespielt wird und *wie* es gespielt wird«.[115]

Doch, wie immer es mit der Selbstbestimmung im Mitspiel selber bestellt sein mag: geht denn überhaupt die Gleichung von Autordrama und Unfreiheit der Schauspieler- und Publikumsrolle auf? Zu antworten ist hier nicht nur, daß die Stückproduktion ja durchaus gemeinsame Arbeit derer sein kann, die dann auch Spieler und Zuschauer bei dessen Aufführung sind. Auch wo der Autor nicht aus der Reihe der Spieler oder Zuschauer stammt, heißt das ja keineswegs, daß das von ihm Produzierte nicht mit den Interessen von Spielern wie Zuschauern übereinstimmen oder zumindest in eine brauchbare Konstellation zu ihnen treten könnte; wo dies nicht der Fall ist, ist das eine Frage der konkreten Gesellschafts- und Kunstverfassung, nicht der dramatischen Kunstgattung als solcher. Was von der vorgeblichen Alternative von Freiheit und Abhängigkeit bleibt, ist die Differenz zwischen eigener praktischer Improvisation und reproduktiver oder rezeptiver Interpretation eines vorgegebenen Produkts. Und auch sie hat nichts mit mehr oder weniger Freiheitswillen zu tun, sondern entspricht qualitativ verschiedenen Funktionen von improvisiert-darstellendem Spiel und fiktionaler literarischer Darstellung, die nicht durch einander ersetzbar sind.

Zu vergegenwärtigen ist dies zunächst am spontanen Spiel, sei es nun als freies Improvisieren, als Selbst- oder als Rollenspiel angelegt. Hier bekommen »die Zuschauer [. . .] das zu sehen und zu hören, was den Spielern gerade einfällt. – Die Handlung entsteht aus den Beobachtungen und Erlebnissen, den Spekulationen, den Ängsten und den Wünschen der Stegreifspieler«.[116] Mögen hierbei Rahmenverabredungen über Rollen und Darstellungsgegenstände getroffen werden – indem z. B. Requisiten wie Helm, Schärpe, Brille und Stichworte wie Eitelkeit, Abscheu oder Mißtrauen gegeben werden[117] – oder mag die Handlung einfach aus dem bestehen, »was den Spielern gerade einfällt«[118]: das Resultat ist, wie es Vertreter des Rollenspiels richtig sehen, die »subjektive Wirklichkeit«[119] der Spieler. Dies ist nun freilich nicht so zu verstehen, als ob damit Darstellung von Realität durch freies Erfinden von Spielkonstellationen ersetzt werde. Vielmehr gibt ja auch das spontan-improvisierende Spiel Aspekte der Realität wieder, indem es Wünsche und Ängste, Kenntnisse und Verhaltensweisen der Spielenden offenbart. Das thematisch gebundenere Rollenspiel gar hält die Spieler an, Erfahrungen über ihr eigenes Verhalten und das sozialer Partner und Gegenspieler in der außerspielerischen Realität darzustellen. Es wäre hier wiederum verkürzt, von einer bloßen Absicht oder wenigstens einem bloßen Effekt des Sichausagierens, der psychischen Entspannung durch Spielfreude auszugehen; andererseits zielt es an den Möglichkeiten solchen spontanen Agierens vorbei, spricht man ihm die Funktion eines »Erkenne dich selbst«[120] oder der »Vermittlung von Aufklärung über soziale Zusammenhänge«[121] zu. Denn die gesellschaftliche Bedeutung von Verhaltensweisen springt ja keineswegs schon aus ihrer bloßen Vergegenwärtigung heraus. Sinn eines solchen Spiels kann es also nur sein, die gegenwärtige Gestimmtheit, die unmittelbaren Fähigkeiten der Spieler unverfälscht wiederzugeben: alles andere, die Prüfung der Realitätsadäquanz der vorgeführten Handlungs- und Sichtweisen, d. h. zugleich die Untersuchung des gesellschaftlichen Zusammenhangs, der Ursachen und Funktionen der im Spiel herbeizitierten Problemgegenstände, kann lediglich Thema einer dem Spiel folgenden Nachdiskussion sein. Soll sie ins Spiel selbst integriert werden, müßte dies sich seiner Stärke, eben der Spontaneität, begeben, die im Freilegen sonst latenter, nicht kommunizierter oder nicht beobachteter Subjektivität besteht.

Damit ist allerdings nicht behauptet, Rollenspiel bestehe lediglich in einem Nach-außen-Bringen eines schon je Vorhandenen, so daß es z. B. als »warming up« für eine therapeutische Behandlung oder als »brain-storming« für eine nachfolgende Lehr- oder Diskussionsveranstaltung gelten könne. Das spontane Spiel verdoppelt zweifellos nicht nur Denken und Verhalten der Beteiligten, es bedeutet zugleich die praktische Übung und Einübung in die am Spiel beteiligten Fähigkeiten. Dies können einzelne Fertigkeiten des Kommunizierens und Interagierens sein wie Ausdrucksfähigkeit, Sprech- und Diskutiervermögen, Konzentrations- und Reaktionsfähigkeit sowie überhaupt – worauf häufig verwiesen wird – Flexibilität des Denkens und Handelns[122]; es kann sich aber auch um komplexere und bereits dezidiert inhaltliche soziale Fähigkeiten wie Anpassungsfähigkeit, Durchsetzungsvermögen, Kompromißbereitschaft in Gruppen oder um ein bestimmtes Rollenverhalten als Ganzes handeln, die im Spiel trainiert werden. Dabei ist jedoch offensichtlich, daß es sich im einen Fall um, für sich gesehen, noch instrumentelle, formale Fähigkeiten handelt, die in unterschiedlichste inhaltlich-soziale Funktionen eingebaut werden können und, wiewohl sie oft mit dem Begriff der »kreativen Fähigkeit« belegt zu werden pflegen, gewiß in dieser Form noch kein komplex-kreatives, sozial innovatives Verhalten bedeuten. Wo es aber um das Einüben bereits inhaltlich geprägter Denk- und Verhaltenszusammenhänge gehen soll, ist das spontane Rollenspiel nicht nur als Anleitung zu realistischem Handeln insuffizient – keineswegs kann Handeln in der Realität durch Vermittlung von fixen Rollenmustern gelehrt werden –, sondern in sich selbst fragwürdig. Denn der Weg zur Übernahme bestimmten Denkens und Verhaltens geschieht in einem solchen Stegreifspiel nicht durch die Vergegenwärtigung seiner praktischen Bedeutung, sondern den Mitvollzug einer Spielkonstellation. Liegt in dieser der Akzent auf freiem Spieldurcheinander, so kann die wesentliche – und durch pures quid-pro-quo zustande gekommene – Erfahrung nur die von der »Unbeständigkeit der menschlichen Beziehung«[123] sein, der man geistesgegenwärtig gewachsen sein müsse; improvisiert man aber Problemlösungen, so liegt es nahe, das für adäquat anzunehmen, was innerhalb der Spielanlage den einzelnen zum Erfolg oder alle zu einem Kompromiß führte. Mit Glück mag die erspielte Lösung in manchen Fällen auch realitätsadäquat sein, sie ist jedenfalls nicht Reflexionsgegenstand des Spiels selbst.[124]

Von hier aus läßt sich nun eine der wesentlichen Differenzen zwischen fiktionaler literarischer Darstellung und Rollenspiel genauer bestimmen. Das spontane Improvisationsspiel vermag – auf teils legitime, teils prekäre Weise – einzelne kognitive, kommunikative und interaktive *Fähigkeiten* in ihrer *Allgemeinheit* zu trainieren; es ersetzt aber gerade nicht, was literarische Fiktion ermöglicht, nämlich die Rekonstruktion von Realität unter einer bestimmten Problemperspektive, d. h. die Anwendung von allgemeinen Wahrnehmungs-, Denk- und Darstellungsfähigkeiten in der historisch besonderen Erfahrung einer bestimmten Lebenskonstellation. Das Rollenspiel bietet dem Spielenden die Gelegenheit, seine individuelle Sicht auf Probleme auszudrücken; hier ist es zu begrüßen, wenn die Spieler beim Darstellen auch einer fremden »Rolle« immer wieder in ihre »Alltagsrolle« hineinrutschen[125], insofern gerade die Unmittelbarkeit des Ausspielens der eigenen Individualität die Voraussetzung dafür ist, am Spielerlebnis z. B. psychotherapeutisch oder politisch anzusetzen. In der literarischen Darstellung hingegen ist es nicht um die Darstellung individueller Gestimmtheit, sondern um deren Bedeutung zu tun; entsprechend gilt das Kriterium der »Echtheit«, wie oben erläutert, bei der literarischen Fiktion nicht dann für erfüllt, wenn eine individuelle Haltung oder Meinung »echt« wiedergegeben wird, sondern wenn die Darstellung selbst eine realistische individuelle Haltung zu vermitteln imstande ist.

Daß dieser literarische Zweck, nicht eine spontane individuelle Haltung, sondern deren Funktion oder Dysfunktion zu zeigen, nicht durch bloßes Ausagieren erfüllt werden kann, führt eben zur Form der literarischen Tätigkeit als *Arbeit*, die – als geistige Arbeit überhaupt – das Hinausgehen über die spontane Apperzeptions- und Denkweise des Alltags, als künstlerische Arbeit die, um mit Hegel zu reden, »Ineinanderarbeitung des vernünftigen Inhalts und der realen Gestalt«[126] zur Aufgabe hat: die »verdammteste[n] Ernst, intensivste Anstrengung«[127] also nicht als unfreie Verdoppelung der Arbeits- und Alltagswelt darstellt, sondern gerade als notwendige Bedingung dafür, über deren Erfahrungsmöglichkeiten hinauszugehen.[128]

Nun läßt sich hier einwenden, daß spontane Rollen- oder Selbstspiele nicht die einzigen Möglichkeiten des Mitspiels darstellen. Erinnert werden könnte an eine Art von Rollenspiel als *Planspiel*, das schon per definitionem nicht die »Kreativität« des Improvisierens zum Selbstzweck hat, sondern Fallbeispiele zu dem Zweck aufgreift, realistisches Handeln in konkreten Situationen zu üben. Potentiell eingeschlossen ist hierbei, daß das Spielthema vorher diskutiert wird und die Spieler sich jeweils ihren Part stofflich erarbeiten. Daß auch in einem solchen Spiel vor allem das Sichverhalten in bestimmten Situationen und weniger gesellschaftliche und historische Bedingungen dieser Situationen im Vordergrund stehen, muß dann nicht in personalistische und rollentheoretische »Konflikttheorien« und »Konfliktlösungen« münden, wenn dem Spiel eine intensive Nachdiskussion folgt, die die Motive von Motiven freizulegen und das Spiel in übergreifende Zusammenhänge zu stellen vermag. Es ließe sich also behaupten, das Planspiel – obwohl nicht das spontane Rollenspiel – sei als eine optimale Verbindung von Selbstartikulation und konkret-gegenstandsbezogener Realitätsaneignung anzusehen. Indem es die situative Passivität des Kunstpublikums einem fertigen Produkt gegenüber aufhebe, schließe es die Gefahr aus, die derart vorgesetzte »fertige Welt« als bloße Kunstwelt in einer auch lebenspraktisch passiven Haltung zu »konsumieren«.

Unleugbar bleibt gewiß, daß das literarische Produkt – hier: das dargestellte Spiel – nicht für die eigene Aktion des Zuschauers, auch nicht für sporadische Interventionen, offen ist, bemerkbar gerade dann, wenn es – wie z. B. Peter Handkes *Publikumsbeschimpfung* – eine aktuelle Einbindung in Raum und Zeit der Darstellung fingiert, Reaktionen des Publikums jedoch lediglich als Störung eines eben doch vorab festgelegten Ablaufs erscheinen müssen. Es mag auch zutreffen, daß dieses Ausschließen aktiven Mitspiels das individuelle Involviertsein des Zuschauers oder die Verknüpfung des gespielten Dramas mit seiner eigenen Lebenspraxis situativ weniger zwingend macht als manches Rollen- oder Planspiel. Das enthebt freilich nicht davon, den funktionellen Sinn dieser Kommunikationsform aufzusuchen und ihn gegen potentiellen Mißbrauch abzuwägen.

Die gänzlich divergenten Zwecke von improvisiertem Mitspiel und Nachspiel eines literarischen Produkts zeigen sich bei einem auch nur flüchtigen Blick auf die verschiedene Art von *Darstellung* in diesen Gattungen. Eine Verzögerung beim Planspiel kann anzeigen, daß es einem Mitspieler im Augenblick schwerfällt, eine sinnvolle, problembezogene Reaktion auf die Aktion eines anderen zu finden; in der literarischen Fiktion ist eine solche Verzögerung stets ein Bedeutungselement, das eine bestimmte Situation interpretiert – und zwar nicht nur aus der Sicht einer Figur, sondern vor allem aus der Sicht des diese Figur gestaltenden Autors. Daher ist es falsch, die ästhetische Spezifik des Mitspiels darin zu sehen, daß hier »der herkömmliche ästhetische Bereich – nach der Definition des 19. Jahrhunderts – [. . .] entweder aufgegeben oder doch so ergänzt und verändert [wird], daß soziale und politische Inhalte zur Vernachlässigung der Formgebung führen«.[129] Es geht nicht um elitäre oder populäre Formen, nicht um ein Mehr oder Weniger an ästhetischer »Überhöhung« von Inhalten, sondern dort um ein fiktionales Spiel, das eine Handlungsmaxime oder Handlungsweise zu finden bemüht ist, hier um eine fiktionale Darstellung, die zugleich eine Haltung zu jener Maxime und Handlungsweise gestaltet. Will die Planspiel-Handlung den Spielern ermöglichen, Erfahrungen über den gespielten Stoff zu machen, so will die Dramenhandlung das Machen von Erfahrungen zeigen. Möchte das Planspiel das an einem Gegenstand Wesentliche – im Beisein von Zuschauern oder nicht – durch Konfrontation verschiedener sachbezogener Spielparts herausfinden, so übergibt die künstlerische Darstellung dem Publikum ein Produkt zur Beurteilung, das in allen seinen Momenten die einheitliche Struktur einer – keineswegs nur als logische zu denkenden und in sich selbst keineswegs notwendig einheitlichen – »Beweisführung« offenbart. Die erste Szene schon exponiert nicht einfach den Stoff, sondern die Problemperspektive, aus der er gesehen wird; Proportionen der Handlung, Stillage, Stilwechsel sind als in sich stimmige Interpretation angelegt. Die Rolle im Spiel ist entsprechend nicht mit der der soziologischen Rollentheorie und auch nicht mit der im Mitspiel zu verwechseln: sie ist nicht unmittelbare Wiedergabe von Individualität, sondern Individuierung der Dramenbedeutung als ganzer: »Figur« eines darzustellenden Problems.[130] Die vorgängige *Erarbeitung* einer kohärent perspektivierten Darstellung und ihre Kristallisation zu einem *Produkt,* das die ebenso kohärente *Reproduktion* durch die Darsteller verlangt, erweisen sich als Voraussetzungen dafür, die spezifischen Funktionen literarischer Fiktionalität zu erfüllen. Diese Funktionen werden nun noch genauer zu analysieren sein.

Literarische Darstellung einer »Welt« und Verhältnis von Kunst und Wissenschaft

Spricht man von kunstliterarischer Darstellung als einer eigenen »Welt«, so bewegt man sich auf einem bereits abgesteckten Diskussionsfeld. Es ist vor allem Georg Lukács gewesen, der den Begriff der künstlerischen »Welt« im Zusammenhang einer Widerspiegelungstheorie der Ästhetik entfaltet hat: entsprechend hat auch die Kritik an Lukács, vor allem in der Interpretation der inzwischen »Brecht-Lukács-Debatte« genannten Auseinandersetzung, sich auf den »Welt«-Begriff und die spezifische Ausprägung, die dieser bei Lukács erhält, bezogen. Erinnert sei insbesondere an die beinahe schulbildend zu nennenden Analysen von Helga Gallas über die Diskussionen zwischen Bredel, Ottwalt, Brecht auf der einen und Lukács auf der anderen Seite.[131] Es scheint uns sinnvoll, zur Konkretisierung unserer Frage nach der Spezifität literarischer Produktion an den Stichworten dieser Diskussion entlangzugehen.

Die Lukácssche Theorie geht von der These aus, die »Hauptforderung an alle nicht auf abstrakten Formprinzipien basierenden, also mehr als bloß dekorativen Künste« sei »das Schaffen einer ›Welt‹, ein solches Fixieren der widergespiegelten Wirklichkeit, daß die das Werk aufbauenden vollendeten Bestimmungen zu einem abgeschlossenen und abgerundeten konkreten und sinnfälligen Abbild der Totalität der objektiven Bestimmungen der Wirklichkeit werden«.[132] Bei aller Verschiedenheit der quantitativen und qualitativen Auswahl von Wirklichkeitsmerkmalen gebe es gleichwohl »bestimmte Kategorien, ohne welche eine ›Welt‹ überhaupt nicht gestaltet werden könnte. [. . .] Dazu gehört auch der raum-zeitliche Charakter der objektiven Wirklichkeit«. Lukács spricht von einem Quasiraum und einer Quasizeit der fiktionalen literarischen Darstellung.[133] Sodann unterscheidet er die Vorgehensweisen von Kunst und von Wissenschaft: »Die Wissenschaft erfaßt Gesetzmäßigkeiten von Zusammenhängen, die Kunst zeigt in einem sinnfälligen unmittelbar erlebbaren Abbild die lebensmäßigen Erscheinungsformen im menschlichen Leben.«[134] Auch die künstlerische Gestaltung sei auf das Hervorheben des Wesentlichen aus; doch zeige »diese Verallgemeinerung [. . .] eine entgegengesetzte Richtung wie die der Wissenschaft. Die Aufhebung sowohl des Einzelnen wie des Allgemeinen in die Besonderheit läßt im Kunstwerk eine einheitliche Gegenständlichkeit entstehen, in der die Gesetze des Lebens sich unabtrennbar mit den unmittelbaren Erscheinungsformen des Lebens vereinigen«.[135] Auf einzelne Genres angewandt, bedeutet dies z. B., daß Drama und Roman »in der Gestaltung eines bestimmten Einzelfalles die darin enthaltene Typik an Charakteren und Situationen« künstlerisch herausarbeiten sollen.[136]

Die Kritik an der Lukácsschen Theorie hat nicht bestritten, daß die zitierten Merkmale für bestimmte Richtungen der Kunst durchaus zutreffen. Sie hat jedoch in Zweifel gezogen, ob diese Richtungen nicht gerade das verfehlen, was, mit Brechts Kriterien, Realismus heißen kann.

Konzentrieren wir uns, um eines einheitlichen Gegenstandes willen, auf die Gallassche Argumentation. Ihr können wir den Vorwurf entnehmen, Lukács' Gestaltungsprinzip bedeute die »Ausschaltung aller Elemente, die die Illusion, es handele sich in der Literatur um empirische Wirklichkeit, um ›Leben‹, stört«[137]; ihr Ziel sei »eine möglichst umfassende Fiktion von Wirklichkeit [. . .], in die der Leser wie in ein reales Geschehen eingefangen wird«.[138] Damit wird Lukács in die Nähe der bürgerlichen Illusions- und Einfühlungsästhetik gerückt, der die Kunstwelt – mit den kritischen Worten Boris Arvatovs – dazu dienen soll, »in der Vorstellung gesellschaftliche Bedürfnisse [zu befriedigen], die in der Wirklichkeit nicht realisiert werden«[139] und dabei »zu passivem Gefallen an der Illusion erzieht und aus dem Leben wegführt«.[140] Wo aber, dies die zweite Stufe der Kritik, dennoch ein »Transfer« von der fiktiven in die reale Welt versucht wird, muß Gallas zufolge dessen gesellschaftliche Wirkung notwendig beschränkt sein. Sie sucht diesen Vorwurf mit einer kurzen Analyse des Tolstoischen Romans *Auferstehung* zu belegen, den Lukács selbst als Beispiel der von ihm gemeinten Gestaltungsweise in die Debatte eingeführt hatte.[141] »Daß die Aristokratin«, paraphrasiert Gallas diesen Roman, »so einfach die Freilassung einer politischen Gefangenen erreicht, wird dem Leser keineswegs den Klassencharakter des zaristischen Justizwesens klarmachen, ja nicht einmal die Korruptheit der Handlungsweise dieser Aristokratin wird er sehen. Denn – nach Lukács mit jeder Gestalt mitfühlend, miterlebend und ihrem Schicksal mit Interesse folgend – wird der Leser vielmehr Sympathie für die Handlungsweise der Aristokratin empfinden und im übrigen auf das Liebeserlebnis gespannt sein, das sie erwartet. Über die Befreiung der Gefangenen wird er ein Gefühl der Erlösung verspüren und nicht weiter darüber nachdenken. Zurück bleibt allenfalls die moralische Empörung über den Staatsanwalt, der sie verhaften ließ, und ein Gefühl der Bewunderung für den jungen Aristokraten, der sich so tapfer für ihre Befreiung einsetzte.«[142]

In dieser Charakterisierung stecken mehrere analytisch trennbare Einwände gegen die Lukácssche Aufforderung, »alle gesellschaftlichen Zusammenhänge in individuelle Gestalten und deren Konflikte« zu übersetzen.[143] Zunächst ist es der, daß das Miterleben und Mitfühlen, das hier ermöglicht wird, im wesentlichen ein Mit*erleben* und Mit*fühlen* sei, d. h. der distanzierten, die Probleme auf eine politisch-allgemeine oder begrifflich-theoretische Ebene hebenden Erkenntnis entbehre; angewandt wird damit die Brechtsche Kritik an einem Schauspieler, der »dem Zuschauer nur die Gelegenheit zu einem Erlebnis verschaffen« will und so »nur die Einbildungskraft des Zuschauers [entlädt], statt seinen Kenntnissen etwas hinzuzufügen, was mehr ist«.[144] Zugleich moniert Gallas das bloße *Mit*erleben und *Mit*fühlen mit den handelnden Figuren, den »Helden«: das hinwiederum kann als

Anspielung auf die Brechtsche Kritik der Einfühlung verstanden werden, die dem Zuschauer nicht erlaube, über die Perspektive der Figuren selbst hinauszusehen – eine Argumentation, die Brecht bekanntlich auf die Darstellung positiver Helden ausdehnte, da man auch ihnen nicht blind vertrauen dürfe.[145] Schließlich geht es Gallas um das Gestalten individueller Charaktere überhaupt; sie nämlich »verhinder[e] gerade, was Lukács selbst fordert: für den Leser über die vordergründigen Tatbestände hinaus die Hintergründe, das Wesen, die ›treibenden Kräfte‹ sichtbar zu machen. Die Übersetzung in ›sinnlich erfaßbare‹ Gestalten ist letztlich identisch mit der Personalisierung der Probleme und Widersprüche, die die klassische bürgerliche Erzähltradition kennzeichnet«.[146]

Liest man diese Ausführungen nur als Lukácskritik, mögen sie zumindest immanent stringent erscheinen. Versucht man sie jedoch unter dem Aspekt zu befragen, was denn nun die Spezifität der Kunst sei, und betrachtet man sich überdies Gallas' Alternativen zu der von Lukács geforderten Darstellungsweise, ergeben sich Unklarheiten. Die Kritik einzelner literarischer Gestaltungsweisen wechselt in dieser Arbeit unter der Hand zu Programmatiken hinüber, die nur als Sprengung des Rahmens fiktionaler Kunst überhaupt verstanden werden können. So wird das Literaturprogramm der »Linken Front der Künste« in der Sowjetunion, das Gallas dem Lukácsschen als positiv gegenüberstellt, als »Angriff [. . .] auf die hergebrachte Romanform à la Tolstoj mit durchgehender Fabel, erfundener Handlung und individuellen Charakteren« bezeichnet[147]; fiktionale und geschlossen-individualisierende Darstellungsweise sind hier in einem Atemzug genannt und verworfen. An anderer Stelle kontaminiert Gallas, wie es in ihrem parataktischen Eintreten für »Dokumentation, Montage und Bericht« ebenso wie für »Brechts Episches Theater« angelegt ist, die Konzeptionen des Parabelschreibers Brecht und des Reportageromanciers Ottwalt: »Ottwalt schien [. . .] verwirklichen zu wollen, was der LEF und Tretjakov gefordert hatten: eine Literatur der Fakten, der wahren Begebenheiten. Nach Brechtschem Vorbild sollte der Leser nicht durch Identifikation in den Zustand des Konsumenten versetzt, sondern durch Aufklärung über die Zustände des Justizwesens der Weimarer Republik zu politischen Einsichten geführt werden.«[148] Die Analogie täuscht darüber hinweg, daß einer These wie der Ottwalts gegenüber, der im Klassenkampf befindliche Arbeiter entscheide sich »vor der Alternative: Tatsache oder dichterische Gestaltung [...] unbedingt für die Tatsache«[149], Brecht und Lukács auf der Seite der Kunst vereint werden.

Ebenso ungeklärt wie das Verhältnis von Kunst- und Tatsachenliteratur bleibt die damit eng zusammenhängende Frage nach dem Verhältnis von künstlerischer und wissenschaftlicher Darstellungsweise. Zu Recht wehrt Gallas sich zwar dagegen, Montage und Kommentar seien per se als unkünstlerische Techniken zu verstehen, die nur »begrifflichen«, »abstrakten«, »wissenschaftlichen« Charakter hätten.[150] Aber dann kritisiert sie in prinzipieller Weise den Versuch, die Darstellungsmethoden von Wissenschaft und Kunst einander entgegenzusetzen[151] und begrüßt »Versuche, die Scheidungen zwischen den Gattungen aufzuheben, die Trennung zwischen Kunst und Wissenschaft zu sprengen«.[152] Diese Akzentuierung der Diskussion um Naturalismus und Episches Theater, um geschlossene oder offene Form kann den Eindruck erwecken, als stünde fiktionale Kunst als illusionistischer Block der verwissenschaftlichten Darstellungsweise – um sie, nicht um das Verarbeiten wissenschaftlicher Erkenntnisse geht es hier[153] – als einzig befreiender Möglichkeit gegenüber. Eine solche Kritik an Lukács tendierte ironischerweise dahin, zu dessen Ästhetik keine Alternativen zu formulieren, die dem Lukácsschen Verständnis der Eigenart der Kunst eine eigene Vorstellung von der Leistung gerade künstlerischer Gestaltungsformen entgegensetzen. Damit ginge auch das Instrumentarium dafür verloren, eine bei Lukács eventuell vorhandene Kontamination von prinzipiellen Einsichten in die künstlerische Aneignungsweise der Realität mit bestimmten Gestaltungspräferenzen auflösen zu können, oder, positiv ausgedrückt, bei aller Vorsicht gegenüber der Lukácsschen Ästhetik als System doch Lukácssche Einsichten zu nutzen, die von der bisherigen Diskussion um die Besonderheit der Kunst noch nicht eingeholt wurden.

Was damit gemeint ist, läßt sich vielleicht verdeutlichen, indem wir sowohl die von Lukács als auch die gegen ihn entwickelten Termini zur Untersuchung einiger Merkmale der »antiaristotelischen« und »antilukácsschen« Theorie und Praxis Brechts einsetzen.

Gallas – die hier, wie gesagt, nur für verbreitete Auffassungen steht – hat Lukács' Forderung nach dem Darstellen einmaliger, individueller Situationen und lebendiger Menschen als personalistisch und illusionistisch bezeichnet. Ihr stellt sie die Brechtsche Dramentechnik deshalb entgegen, weil diese sich vornehme, »das Allgemeine, nämlich den über das Individuelle hinausweisenden Zusammenhang, *bewußt* zu machen«.[154] Daran, das haben wir an früherer Stelle gezeigt, ist gewiß richtig, daß Brecht sich gegen eine illusionistische Naturlebendigkeit gewandt hat, welche nur »das Leben noch einmal« präsentiert; anders als für Gallas ist allerdings für Brecht damit das Thema Lebendigkeit der literarischen Abbildung nicht beendet. Seine Ansicht, »ohne Vorgänge unter Menschen nachzuahmen, können wir unsere Kunst überhaupt nicht ausüben«[155], spezifiziert er an anderer Stelle ausdrücklich: Theater bestehe darin, »daß lebende Abbildungen von überlieferten oder erdachten Geschehnissen zwischen Menschen hergestellt werden«.[156] Damit wird die Alternative zwischen Individualität und Allgemeinheit des künstlerischen Gegenstands in ihrer pauschalen Form hinfällig: denn »Vorgänge« oder »Geschehnisse« haben jeweils einen in sich geschlossenen Charakter als einzigartige Situation. »Auch die Parabelform [dient] nicht dazu, gewissermaßen das Gesellschaftlich-Gesetzmäßige, das Allgemeine, das Wesen von Lebenserscheinungen lediglich ›zu demonstrieren‹. Die Aneignung des Wahrheitsgehalts einer künstlerischen Aussage vollzieht sich auch bei der Parabel oder der Märchenkomödie über die Begegnung mit einem einmalig-besonderen Vorgang.«[157] Individuell, obschon nicht im Sinn von psychologisch feingezeichnet, sind notwendigerweise auch die Subjekte der dargestellten Handlungen, sollen sie dem Brechtschen Anspruch genügen, »daß man eine sich selbständig bewegende Figur vor sich hat, die alle Lebendigkeitsansprüche befriedigt, und doch immer noch imstande ist, über sie zu denken oder über sie zu empfinden«.[158] Dies heißt aber, daß die »›Übersetzung‹ von allgemeinen ökonomischen, politischen und gesellschaftlichen Zusammenhängen in ›konkrete Handlungen konkreter Menschen‹« nicht zu einem Spezifikum der Lukácsschen Programmatik gemacht werden kann.[159] Die Lukácssche Formulierung, im Kunstwerk als mimetischem würde »das Erscheinende in seiner unmittelbaren Phänomenalität zum Träger des Wesens«[160], sagt in dieser Allgemeinheit noch nichts anderes als Brechts Satz, das »Theater arbeite [. . .] Szenen heraus, in denen Menschen sich so verhalten, daß die sozialen Gesetze, unter denen sie stehen, sichtbar werden«.[161] Auch die in philosophischer Begrifflichkeit vorgetragene Unterscheidung, Lukács fordere eine »spontane dialektische Einheit von Wesen und Erscheinung im Kunstwerk«[162], während es Brecht »nicht um die Aufhebung des Widerspruchs von Wesen und Erscheinung, vielmehr um das Herausstellen dieses Widerspruchs« gehe[163], erweist sich so als nicht praktikabel. Die Darstellung selbst der theoretischsten Probleme im Medium von »Szenen«, »Vorgängen«, »lebenden Abbildungen« bedeutet ja nichts anderes als ein Bestehenlassen des realen Zusammenhangs zwischen Einzelerscheinung und Gesetzlichkeit; »das Abstrahieren zu ermöglichen« impliziert keine Annäherung von künstlerischer und wissenschaftlicher Darstellungsweise, sondern bewegt sich innerhalb der besonderen fiktionalen Darstellungsmethode, den gesellschaftlichen Kausalkomplex nicht als solchen, sondern in seiner Wirkweise zu untersuchen.[164]

Auch die Brechtsche Darstellungsweise behält ja bei, was man einen vom Naturalismus der abgebildeten Erscheinungen strikt zu trennenden *Naturalismus der Situationsform* der Erscheinungen nennen könnte. Erst wenn dies anerkannt ist, kann sinnvoll über die Differenzen der Kunstprogrammatik von Brecht und Lukács gehandelt werden. Diese Differenzen berühren sowohl das Thema des darzustellenden Gegenstands, das Verhältnis von Individuum und Gesellschaft, als auch die beabsichtigte Wirkweise des Gestalteten. Geht man diesen beiden Aspekten nach, so kommt man zugleich der besonderen Funktion der literarischen Produktion für die menschliche Selbstproduktion ein gutes Stück näher.

Das Problem des Gegenstands der literarischen »Welt«

Versucht man, in einem ersten Schritt, zu eruieren, was Lukács' Postulat des unmittelbaren Aufgehens eines Allgemeinen in individuellen Erscheinungen für literarische Konsequenzen haben könnte, sind vorab einige gängige Mißverständnisse aufzulösen.

Gestaltung des »Wesens« in »Erscheinungen« der Kunst muß keineswegs als die Methode, alles »Gedankliche« in »Bilder« auszulösen, begriffen werden. Zu Recht kritisiert Gallas in diesem Zusammenhang Wittfogel, der unter Berufung auf Hegel die

Wissenschaft als die Region der »gedanklichen Abstraktion«, die Kunst als die der »sinnenmäßige[n] Anschaulichkeit«[165] bezeichnet hatte. Doch zum einen geböte es die historische Gerechtigkeit, die Hegelsche, in der Tat allzu enge Koppelung von Kunst und bloßer »Vorstellung« nicht bloß als antiwissenschaftliche Gefühlsduselei, sondern als Gegenschlag gegen die jahrhundertelange Gefangenschaft der Kunst als Magd von feudaler Theologie und Wissenschaft zu begreifen. Zum andern kann Lukács mit dem Wittfogelschen Diktum – wie repräsentativ es für dessen Kunstauffassung ist, sei hier dahingestellt – nicht identifiziert werden. Denn Lukács wendet sich gerade gegen Hegels Tendenz, »de[n] Begriff [. . .] der Philosophie vor[zu]behalten«: »Darin ist ohne Frage eine unzulässige Einschränkung des Gebiets der Kunst enthalten. Da sie dieselbe Wirklichkeit wie Wissenschaft und Philosophie widerspiegeln soll, da sie in dieser Widerspiegelung ebenso universell ist, ebenso auf Totalität ausgeht wie diese, kann sie jener Sphäre, jenes Niveaus der objektiven Wirklichkeit und ihrer subjektiven Spiegelung, deren Inhalt, Form, Umkreis usw. der Terminus Begriff bezeichnet, unmöglich entbehren.«[166] Dieses Einbeziehen nur begrifflich zu fassender Probleme ändert jedoch nichts an ihrer nichtwissenschaftlichen Darstellung in der Kunst: »Freilich erscheinen solche konkret allgemeinen Begriffe, Gedanken, Weltanschauungen usw. in der Kunst stets als in die Besonderheit aufgehoben; d. h. Gegenstand der künstlerischen Gestaltung ist nicht der Gedanke an sich, nicht dieser in seiner unmittelbar rein objektiven Wahrheit, sondern so, wie er in konkreten Situationen konkreter Menschen als konkreter Faktor wirksam wird.«[167]

Ist es in der Frage des Verhältnisses der Kunst zu »Vorstellung« und »Begriff« für den Realismus nötig, über Hegel hinauszugehen, so erweist sich bei der Frage, ob die Forderung des Gestaltens individueller Fälle ein naturalistisches oder ein psychologistisches Detaillieren erfordere, das Lukács »angelastete« Hegelianertum gerade als Überwindung einer auf die »sinnliche Einzelheit« kaprizierten Kunst; denn Hegel insistiert darauf, daß das Kunstwerk als »ein Objekt, das nur für die theoretische Seite des Geistes ist«, »obschon es sinnliche Existenz hat, in dieser Rücksicht dennoch eines sinnlich-konkreten Daseins und einer Naturlebendigkeit nicht [bedarf], ja [. . .] sogar auf diesem Boden nicht stehenbleiben« solle.[168] In diesem Sinn fordert auch Lukács kein

Aufgehenlassen des Wesentlichen im empirischen Einzelnen, sondern im von ihm so genannten »Zwischenreich des Besonderen«.[169]

Wenn Lukács also, der Gallasschen Paraphrase nach, verlangt, »der Schriftsteller müsse [...] das Wesen der Wirklichkeit in einer marxistischen Analyse zuerst *gedanklich aufdecken,* das so Erarbeitete aber sofort wieder *künstlerisch zudecken*«[170], meint dies keineswegs die in der Tat »paradoxe«[171] Forderung, die Lebensunmittelbarkeit müsse wiederhergestellt werden; es bestätigt vielmehr zum einen, daß auch Lukács Wissenschaft als notwendiges Mittel der künstlerischen Ausbildung ansieht, und verlangt zum anderen lediglich »eine gestaltete Oberfläche des Lebens, die, obwohl sie in jedem Moment das Wesen klar durchscheinen läßt (was in der Unmittelbarkeit des Lebens selbst nicht der Fall ist) doch als Unmittelbarkeit, als Oberfläche des Lebens erscheint«.[172] Unmittelbarkeit ist hier die der sonst nur mittelbar zu eruierenden Allgemeinbedeutung von Geschehnissen, nicht unmittelbares Wiedergeben von Erscheinungen.

Nun kann das von Lukács geforderte Auswählen und Verdichten der Realität in der Kunst freilich auf verschiedene Weise geschehen – was im Kapitel über Realismus und Abstraktion bereits behandelt wurde, wird hier unter dem Aspekt des »Welt«-Charakters der literarischen Darstellung noch einmal bedeutsam. Lukács selbst hat seine Formulierung, die literarische Darstellung fordere »eine konkrete Darstellung konkreter Menschen in konkreten Beziehungen zur Außenwelt«[173], bekanntlich u. a. an Balzac exemplifiziert. In einer Analyse der *Verlorenen Illusionen* schreibt er lobend: »[Das] ›Gesellschaftlich-Allgemeine‹ tritt bei Balzac nie direkt in den Vordergrund. Seine Menschen sind nie bloße ›Figuren‹, die bestimmte Seiten der zu beschreibenden gesellschaftlichen Wirklichkeit ausdrücken. Die Gesamtheit der gesellschaftlichen Bestimmungen drückt sich ungleichmäßig, kompliziert, verworren, widerspruchsvoll in dem Gewirr von persönlichen Leidenschaften und zufälligen Geschehnissen aus.«[174] An anderer Stelle nennt Lukács das Problem der großen Epik und der Tragödie das »Erwecken einer Welt des Scheins, in der eine [...] sehr begrenzte Anzahl von Menschen und Menschenschicksalen das Erlebnis der Totalität des Lebens erwecken muß«.[175] Diese Betonung des Ineinander von Einzelschicksalen und gesellschaftlicher Gesamtsituation spezifiziert, was Lukács unter »Einheit von Wesen und Erscheinung« gestalterisch vorschlägt: nicht das parabolische Aufrichten eines »sekundären« Bedeutungsbereichs, wie es Brecht vorzieht, sondern das, was wir mit Naumann u. a. »heuristisches Modell« genannt haben.

Die Konsequenzen hieraus zeigen sich in der auch von Gallas erwähnten Debatte zwischen Lukács und Ottwalt. Am Ottwaltschen Justiz-Reportageroman *Denn sie wissen, was sie tun* kritisiert Lukács, die Verbindung von tatsachenorientierter Reportage und Romanform vermeide zwar die »skeptisch-lyrische Willkür des Psychologismus«[176], setze aber in umgekehrter Verzerrung die Gesellschaft »rein« dem Individuum gegenüber. Künstlerisch bedeute dies, daß die Gestaltung des Romanelements bei Ottwalt, das Verfolgen der Laufbahn eines Richters, »abstrakten, politisch-juristischen Absichten [folge], die in der Handlung nicht verankert sind. [. . .] Die Hauptgestalt – und noch mehr die Nebengestalten – ist nichts als ein Demonstrationsobjekt für die Vorführung sachlicher Inhalte«.[177] Dem stellt Lukács die Darstellungsweise der *Auferstehung* gegenüber, in welcher »die Geschikke [der] Gestalten von ihrer ›Psychologie‹ nicht trennbar sind: die Charaktere entwickeln sich an diesen, aus diesen Handlungen und Geschehnissen, infolge dieser Handlungen und Geschehnisse; andererseits existieren diese [. . .] nur als Handlungen, die gerade diese Menschen getan, als Geschehnisse, die gerade diesen Menschen passiert sind«.[178]

Nun teilt auch Gallas die Meinung, das Ineinander von personaler Handlung und dokumentarisch-systematischem Stoff, wie es Ottwalt versuche, sei keine glückliche Kombination: »Eine Möglichkeit«, schreibt Gallas, »diesen Widerspruch [zwischen zwei verschiedenen Konstruktionsprinzipien] zu lösen, hätte der Vorschlag gewiesen, den Sprung von einer Darstellungsweise zur anderen, von der Handlung zum ›Kommentar‹ nicht durch seine Einkleidung in eine konventionelle Fabel zu verwischen, sondern bewußt hervorzuheben; auf das Schema des traditionellen Entwicklungsromans zu verzichten und eine Art Montagetechnik anzuwenden. Lukács wies [. . .] in die entgegengesetzte Richtung: nicht Verzicht auf das Schema des Entwicklungsromans, sondern Auflösung der nichtintegrierten Teile in dieses Schema, in ›Beziehungen zwischen Menschen‹, die – abweichend von der Marxschen Begründung dieser Beziehungen in den herrschenden Produktionsverhältnissen – nach Lukács psychologisch motiviert und nicht überraschend erscheinen sollten.«[179] Gallas zitiert zum Beleg ihrer Auffassung eine Passage aus der Antwort Ottwalts an Lukács: »Wenn ich mir zum Beispiel die Aufgabe stellte, einen Bauernroman zu schreiben, so müßte ich die Ursachen der Agrarkrise aufzeigen, müßte also vor allem die internationale Verflechtung der Agrarwirtschaft darstellen.« Dazu aber sei Lukács' Konzept der individualisierenden Gestaltung unfähig: »Kann ich zur Not noch ›individuell‹ einen ostfriesischen Bauern mit dem Generaldirektor des Kalisyndikats ›verknüpfen‹, so würde die Komposition schlechthin idiotisch werden müssen, wenn jetzt auch noch der Manager des kanadischen Weizenpools in den Aufbau einer Gestaltung nach der Art der hergebrachten Romanform hineingepreßt werden sollte.«[180] *Mit* Ottwalt schließt Gallas daraus zwingend auf die Notwendigkeit des Verzichts auf »geschlossene Handlung«, *gegen* ihn auf die Unabdingbarkeit der Montage statt der geschlossenen Handlung.[181] Vordergründig fällt hierbei allerdings auf, daß Gallas die Antwort von Lukács auf jenes Ottwaltsche Beispiel gar nicht erwähnt; diese bricht nämlich gerade die von Gallas mitunterschriebene Alternativsetzung auf. »So wie er die Frage stellt«, schreibt Lukács, »hat Ottwalt zweifellos recht. [. . .] Aber die Fragestellung selbst ist falsch. Hier liegt die bereits nachgewiesene Verwechslung von Totalität mit Summe von ›Tatsachen‹ zugrunde.«[182] Der Direktor des Kalisyndikats oder gar der Manager des Weizenpools müßten gar nicht in eine Handlung hereingenommen werden, da es möglich sei, bei intensiver Gestaltung allgemeine Probleme einer Gesellschaftsordnung in einem kleinen Ausschnitt der Realität – Vorgängen in einer Fabrik oder einem Dorfkollektiv z. B. – darzustellen.[183]

Lukács meint damit nicht, daß einzelne Geschehnisse in einer Fabrik oder in einem Dorf komplexere soziale Zusammenhänge unmittelbar evident machen könnten; ja er sagt ausdrücklich, »die Wahrscheinlichkeit [spreche] [. . .] sehr dagegen, daß in der empirischen Wirklichkeit Kombinationen von Einzelzügen so vorkommen könnten, daß sie durchgehende, die glückliche Vereinigung des Wesentlichen, die treibenden Kräfte klar zeigenden und zugleich sinnlich-konkret wirksamen Züge aufweisen würden«.[184] Gemeint ist vielmehr die Fähigkeit der Literatur, durch Herstellung einer fiktionalen literarischen Welt sowohl die Begrenztheit der Tatsachenliteratur wie die notwendige begriffliche

Abstraktheit einer Wissenschaft von den sozialen Gesetzen überwinden zu können.

Lukács' Antikritik hat damit zweifellos eine Schwäche der Ottwaltschen Argumentationsweise aufgedeckt; es wäre jedoch voreilig zu glauben, die erörterte Problemstellung selbst sei mit Lukács' Antwort bereits einer befriedigenden Lösung zugeführt. Was in der bisher interpretierten Diskussion um Gestaltungsweisen zu kurz kommt, ist die Vielgliedrigkeit dessen, was in ihr immer nur allgemein als »Realität der Gesellschaft« erscheint, und die entsprechende Vielfalt – was keineswegs heißt: Beliebigkeit – möglicher Darstellungsaufgaben der Literatur.

Die Intention der Ottwaltschen Reportageromane z. B., dies muß – so banal es ist – explizit gemacht werden, ist die Darstellung einzelner gesellschaftlicher Handlungsbereiche und eine agitatorische Zuspitzung dieser Darstellung. Es geht um ästhetisch gestaltete Informationen und Aufrufe, die das Funktionieren z. B. der bürgerlichen Justiz oder, in Ottwalts bezeichnendem Beispiel, den ökonomisch-politischen Komplex »Agrarkrise« zum Gegenstand haben. Sowohl die in dieser Literatur gezeigten Personen als auch die Adressaten dieser Literatur sind primär als Mitglieder von Klassen angesprochen; der Akzent wird dabei auf den Nachweis gelegt, daß private Geschicke durchaus ihre benennbaren sozialen Ursachen haben und deshalb mehr als privat sind. Gewiß wäre es möglich, dieselben Tatsachen und Zusammenhänge auch in individualisierender Manier und in geschlossener Handlung vorzustellen, würden Zeitdauer, Raum und Personal des Romangeschehens nur weit genug ausgedehnt; zu gewaltsamen Fiktionen wie der von Ottwalt zitierten persönlichen Verknüpfung von ostpreußischen Bauern und amerikanischen Konzernchefs müßte es dabei gar nicht kommen, es könnten vermittelnde Personen mit wiederum eigenen Schicksalen eingeführt werden. Aber eine solche – durchaus literarisch sinnvolle – Epopöe des modernen Zeitalters würde unzweifelhaft einen agitatorisch gezielten und politisch aktuellen »turning point« verhindern. Der Gebrauch von Techniken wie der Montage und der Verzicht auf psychologisierende oder detailhaft-individualisierende Darstellungsweise ist hier nicht allein – wie auch für andere Zwecke – möglich, sondern geradezu unabdingbar.

Doch auch das Zurückgehen auf einzelne Gesetze der gesellschaftlichen Produktions- und Lebensweise z. B. in politischer

Tendenzliteratur darf nicht zur Folge haben, daß die Individuen nur noch als Ausführende einer ökonomischen Automatik dargestellt werden, die sich über ihren Köpfen vollzieht. Es ist nicht unbillig, wenn Lukács Ottwalt ein Moment von kleinbürgerlichem Antikapitalismus unterstellt, da er den Psychologismus durch eine ebenso fetischistische Anklage gegen »Bewegungsgesetze« der bürgerlichen Gesellschaft ersetze und nicht mehr imstande sei, »in den ›Dingen‹ des gesellschaftlichen Lebens Beziehungen von Menschen (Klassenbeziehungen)« zu erblicken.[185]

Diese Kritik kann nicht mit dem Ansinnen identifiziert werden, einzelne Individuen als geschichtsmächtige Persönlichkeiten aufzufassen. Sie reklamiert zunächst nur die Tatsache, daß »die soziale Umwelt der Menschen [. . .] ihnen nur so weit als unabhängige Macht gegenüber[steht], soweit dies die notwendige Erscheinungsform der sozialen Umwelt in der kapitalistischen Gesellschaft ist«.[186] Es geht hier also nicht darum, literarisch eine »Versöhntheit« von Individuum und Gesellschaft an die Wand zu malen, sondern darum zu zeigen, daß z. B. noch die Ablösung der Gesetze des Marktes von der Beherrschbarkeit durch die betroffenen Individuen die Folge eines vorgängigen eigenen Wirtschaftshandelns dieser oder anderer Individuen darstellt.

Gewiß ist Gallas zuzubilligen, daß Lukács mit seiner Kritik an Ottwalts Auffassung von der Bedeutung des Individuums in der Gesellschaft indirekt auf Brecht zielte. Freilich ist das der Brecht der *Maßnahme* und von *Mann ist Mann:* Sätze wie »Sie werden den Boden, auf dem Sie stehen / Wie Schnee unter Ihren Füßen vergehen sehen«[187], mögen tatsächlich einen materialistischen Fatalismus eher als die Eingriffsmöglichkeit der Individuen in die gesellschaftlichen Vorgänge akzentuieren. Diese Einseitigkeit aber wird vom späteren Brecht selbst überwunden. Jenseits der Alternativen bürgerlicher Geschichtsauffassung, die – der privatistischen und eben dadurch letztlich fremdbeherrschten Organisation ihrer Praxis entsprechend – zwischen Schicksals- und Heldengläubigkeit schwankt, findet Brecht seinen Standort: »Wenn du die Notwendigkeit einer Reihe von Tatsachen feststellst, so vergiß nicht, daß du selbst auch eine dieser Tatsachen bist, und bestimme die Notwendigkeit möglichst genau, sie braucht nämlich, um eine Notwendigkeit zu sein, ganz bestimmtes Handeln.«[188] Werner Mittenzwei hat dargetan, wie Brecht von *Mann ist Mann* bis zum *Galilei* Interesse auch an den »inneren Kämpfen« in den Individuen gewann, ohne diese als bloß psychische zu verstehen.[189] Will Gallas die Beziehungen zwischen Menschen »in den herrschenden Produktionsverhältnissen« *statt* »psychologisch motiviert« sehen[190], so vermerkt Brechts *Arbeitsjournal* anläßlich Max Plancks Satz, es sei »unmöglich, das innere eines körpers zu sondieren, wenn die sonde größer ist als der ganze körper«: »auch der historische materialismus weist diese ›unschärfe‹ in bezug auf das individuum auf.«[191]

Angesichts dieser Dialektik von Individuum und Gesellschaft und unter der Voraussetzung, daß allerdings die Entwicklung der Individuen der Zweck gesellschaftlichen Fortschritts sei und nicht umgekehrt, ist es das legitime Interesse jeder um soziale Gesetze bekümmerten Literatur, nicht nur Einzelfälle auf die in ihnen wirksamen Gesetzmäßigkeiten zu untersuchen, sondern mit zwar nicht inhaltlich, aber der Fragerichtung nach entgegengesetztem Untersuchungsinteresse darzustellen, wie gesellschaftliche Gesetze und individuelle Entscheidungen zusammenwirken, ja in welcher Weise sich allgemeine Zusammenhänge auf die Existenz von Individuen auswirken. Dies aber ist die Konzeption, die Lukács z. B. in Balzacs *Verlorenen Illusionen* zu erkennen glaubt: »Die Bestimmung der einzelnen Menschen und Situationen erfolgt jedesmal aus der Gesamtheit der gesellschaftlich bestimmenden Kräfte, nie einfach und direkt. So ist dieser so tief allgemeine Roman zugleich und untrennbar der Roman eines einzigen eigenartigen Menschen.«[192] *Diese* Eigenart der Balzacschen Darstellungsweise schlicht als »hergebracht« zu bezeichnen und dieses Wort, in einem oberflächlichen Verständnis von Modernität, kurzum als Verdikt zu gebrauchen, verfehlt das keineswegs nur bürgerliche Projekt, z. B. ökonomische, politische und kulturelle Wirkfaktoren in der Momentaufnahme des historischen Augenblicks und aus der Perspektive eines in dieses Ensemble in bestimmter Weise verstrickten Individuums zu gestalten.[193]

An diesem Punkt angelangt, können wir die Bedeutung der intensiv analysierten, da den inhaltlichen Sinn methodischer Fragen verdeutlichenden Debatte um Brecht, Ottwalt und Lukács für unsere Zwecke resümieren. Die Fähigkeit der Produktion einer fiktionalen »Welt«, so läßt sich jetzt erkennen, ist es, den »Personalismus« quasi von innen aufzubrechen. Die Fiktion gestattet es, das direkte Verbleiben bei der einmaligen Totalität »Individuum« mit einer ebenso direkten Darstellung der für wesentlich gehaltenen überindividuellen Zusammenhänge, der gesellschaftlichen Totalität, zu verknüpfen. Die fiktionale Konstruktion, die sich weder an das historische Detail noch an das seinen Erscheinungen nach Mögliche halten muß, erlaubt, mit Lukács' Worten, eine »Verallgemeinerung, die objektiv wie subjektiv die Individualität vertieft und bereichert, aber nie aus ihr herausführt«.[194] Die »Welt« der Literatur vermag vom Inhalt jeder gegebenen Einzelerfahrung des Alltags zu abstrahieren, ohne die Form der individuellen Erfahrung zu verlassen. Das heißt umgekehrt, daß die historisch-gesellschaftliche Totalität unmittelbar in der Perspektive der Entwicklung einzelner Individuen gezeigt werden kann; inhaltlich gesprochen: daß das Problem des Fortschritts der menschlichen Selbstproduktion und der dazu nötigen historischen Veränderungen sich direkt mit dem Interesse des Individuums verbinden läßt.

Damit ist konkretisiert, was Brechts Satz, realistisch sei, was realistisches Denken, Fühlen und Handeln ermögliche, für die künstlerisch-literarische Produktion bedeutet: Realistische Kunst sucht eben nicht nur, »das Allgemeine, nämlich den über das Individuelle hinausweisenden Zusammenhang, *bewußt* zu machen«[195]; sie meint, als auch inhaltlich gesellschaftliche Produktion, ebensowenig ein bloßes »Erkenne dich selbst«. Den Gegensatz zwischen beidem – wie ihn noch Mittenzweis Brecht-Lukács-Aufsatz von 1968 suggeriert[196] – löst sie, das Individuelle in seinem sozialen Zusammenhang gestaltend und diesen Zusammenhang aus der Perspektive der Individuen beleuchtend, gerade auf. »Es ist Kunst nötig«, sagt der späte Brecht, »damit das politisch Richtige zum menschlich Exemplarischen werde.«[197]

Die Gegenwärtigkeit der literarischen Welt und deren Stellung in der Selbstproduktion des Menschen

Von einer direkten Vermittlung individueller und gesellschaftlich-allgemeiner Perspektiven der menschlichen Praxis in der literarischen Darstellung zu reden, läßt allerdings eine wesentliche Frage offen, nämlich die, ob der Begriff der Produktion einer »Welt« nur das situativ darstellende Substrat des literarischen Inhalts bezeichnet, oder ob er meint, die Literatur solle es nach dem Motto »Bilde, Künstler, rede nicht« mit dem Konstruieren fiktiver Situationen genug sein lassen. Die Frage nach den Differenzen zwischen Brecht und Lukács scheint sich also in der Frage zu erneuern, ob das *unmittelbare Nacherleben* von fiktiven Situationen, wie man es als Postulat der Lukácsschen Ästhetik entnehmen zu können glaubt[198], oder die Durchdringung des Gestalteten mit Formuliertem, wie sie Brecht fordert, eine »eingreifende« Literatur ermöglicht.

Die Problematik des »Erlebens« in der Kunstrezeption ist gerade in der Auseinandersetzung mit der Lukácsschen Ästhetik häufig diskutiert worden: Naumann u. a. werfen Lukács z. B. vor, mit seiner »These vom eigentlichen rezeptiven Akt als unmittelbarer Hingabe [. . .] bleib[e] ein Kern der Illusionsästhetik erhalten. Lukács bedenkt [. . .] alle jene Formen mit einem Vorwurf, die nicht auf die Suggestion der unmittelbaren Hinnahme, auf die Kontemplativität des Miterlebens hinauswollen – ob es sich nun um das Essayistische handelt oder das Rhetorische, um direkt auf die Kämpfe zielende Formen oder um allzu große Rationalität«.[199] Im Kontext unserer Analyse kann es jedoch nicht darauf ankommen, primär jene Kritik an Lukács zu prüfen – so dringend es wäre, schon als communis opinio über Lukács etablierte Vorstellungen zu befragen[200] –; erhellend für das hier verhandelte Problem der Spezifität literarischer Produktion ist es aber zu untersuchen, wie sich denn Brechts Episches Theater zum »Miterleben« einer »lebensmäßigen Erscheinungsform« verhält.

Brecht, davon kann als bekannt ausgegangen werden, genügt es nicht, »daß ein Vorfall nur eben vorfällt«[201]: er verlangt »irgendein kommentarisches Element in der Darstellung«[202], um – wie es an anderer Stelle heißt – »aus dem Spaß [. . .] etwas Lehrhaftes, Direktes herauszuarbeiten«.[203] Ein genauerer Blick kann im wesentlichen zwei Funktionen des Kommentars unterscheiden: als »verfremdende«, »gestische« Spiel- und Sprechweise will er dem Publikum die Haltung eines distanzierten Betrachters bewußt inszenierter Modelle erleichtern; als »abstrahierender« Kommentar will er das Gezeigte auf Zusammenhänge durchsichtig machen.

Nun nennt es Brecht seine Intention, »auch den Akt des Zeigens zu einem künstlerischen« zu machen.[204] Das aber bedeutet, interpretiert man den Satz von Brechts Praxis her, offensichtlich mehr, als daß der Kommentar nur deshalb nicht rein »begrifflich« oder »wissenschaftlich« ist, weil er »in Form von Songs, Zwischentexten bzw. -szenen« erscheint.[205] Vorab ist der Brechtsche Kommentar keine allgemein-wissenschaftliche oder politisch-konstatierende »Ergänzung« der fiktionalen »Welt« von außen. Er spannt, zum Beispiel, eine Situation erst auf:

»Herr Bertolt Brecht behauptet: Mann ist Mann . . .«[206]
[. . .]
»Herr Bertolt Brecht hofft, Sie werden den Boden, auf dem Sie stehen
Wie Schnee unter Ihren Füßen vergehen sehen
Und werden schon merken bei dem Packer Galy Gay
Daß das Leben auf Erden gefährlich sei.«[207]

Der Zuschauer geht also nicht »blind« in die Handlung hinein; sie wird als thetisch begrenztes Experiment angekündigt. Die Vagheit des einleitenden Kommentars aber respektiert die Konkretion der Handlung selbst: auf seine Fragen zugeordnet, gibt die Handlung ihm doch erst die Antwort. Auch der resümierende Kommentar bleibt der Perspektive des Gezeigten eingeordnet:

»Da sagte ich mir: von den sicheren Dingen
Das Sicherste ist der Zweifel.«[208]

So begründet die Begbick in *Mann ist Mann* ihre Haltung aus dem Erlebten und gibt somit nicht nur die These, sondern das Problem ihres Zustandekommens wieder.

»Verkommenheit, voreiliges Gerücht!
Sei widerlegt durch ihr elend Gesicht!«[209]

macht in der *Heiligen Johanna* lediglich eine in der Handlung selbst geleistete Widerlegung – die der Behauptung von »der Armen Schlechtigkeit« – explizit; gezeigt wird auf eine ihrerseits gezeigte und nicht eine außerliterarische Situation: das Bewußtmachen des Bühnenvorgangs, nicht das Berichten über die Realität außerhalb macht den Zeigegestus des epischen Theaters aus.[210]

Doch nicht nur thematisch, auch der Darstellungsform nach addiert sich der Brechtsche Kommentar nicht einfach zur fiktionalen »Welt« als »Erläuterung« hinzu. Wenn es in Brechts Jasager eingangs heißt: »Ich bin der Lehrer«[211], so unterscheidet sich diese Redeweise sowohl von einer »illusionistischen« Exposition, die z. B. ein »Grüß Gott, ich bin der Lehrer« in den dramatischen Dialog einflicht, als auch von einer außerfiktionalen Einführung im Stil eines »Ich spiele den Lehrer«. Das Zeigen der Fiktionalität separiert sich also nicht als eigene Welt des Schauspielers gegenüber der der gespielten Figur. Dieselbe Doppelheit repräsentiert z. B. Galy Gays Schlußmonolog in *Mann ist Mann:*

»Und schon fühle ich in mir
Den Wunsch, meine Zähne zu graben
In den Hals des Feinds
Urtrieb, den Familien
Abzuschlachten den Ernährer
Auszuführen den Auftrag
Der Eroberer.«[212]

Die inhaltlich paradoxe einsichtige Uneinsichtigkeit dieses Bekenntnisses hält genau die Waage zwischen einer Spielweise, die das Publikum zur Identifikation mit suggestiv auftretenden Helden einlädt[213], und der distanzierten Analyse eines Sachverhalts. Diskursiv hat der späte Brecht diese Gestaltungsweise so erörtert:

»P.: Doch es bleibt dabei: Wir erlauben dem Publikum nicht, voll mitzuleben mit den Helden.
R.: Nicht blind mitzuleben.
P.: Aber sie sollen nicht nur betrachtet werden?
R.: Nein.«[214]

»Als ich eine Theorie aufstellte«, sagte Brecht 1955 in einem Gespräch, »brauchte ich wieder die Einfühlung, denn ich brauchte sie ja auf der Bühne auch. [...] Ich brauchte beides. [...] Wenn ich eine Theorie aufstelle, so muß ich die eines dialektischen Theaters aufstellen. Dann kann ich nicht sagen: Entweder – oder. Nicht ja oder nein. Sondern Einfühlung und Nicht-Einfühlung. Der vorherrschende Gegensatz ist Nicht-Einfühlung: das, was Spaß macht, das, was Vergnügen bereitet, das, was auch die Belehrung gibt, ist nicht die Einfühlung. Die ist nur ein notwendiger Prozeß.«[215]

Die Brechtsche Verfremdung und Kommentierung versucht also, der *»Einfühlung«* als einem bloßen *Fühlen* wie einem bloßen inhaltlichen *Mitgehen* mit den gezeigten Haltungen entgegenzusteuern. Aufgehoben wird dadurch potentiell, was man das Mitschwimmen mit dem Miterleben nennen könnte, nicht aber das *Miterleben* selbst.[216] Es ist deshalb so wichtig, auf dieser Tatsache zu beharren, weil die Kategorie des Miterlebens – keineswegs nur, irrationalistisch oder irrationalismuskritisch, den Gegenpol zu bewußter oder inhaltlich distanzierter Rezeption bezeichnend – unerläßlich ist, um die besondere Funktion der künstlerisch-literarischen Produktion zu erfassen. Wenn es – um nicht nur anhand der dramatischen Literatur zu diskutieren – in Brechts *Caesar*-Roman heißt: »*Heute* entwickelte sich in der Klientelstunde [. . .] folgender Dialog [. . .]«[217], so bedeutet diese nur kunstsprachlich mögliche Fügung[218] das direkte Einbeziehen des Lesers in eine fiktive – gleichwohl nicht per se »illusionierende« – Gegenwärtigkeit. Heißt es in *Wanderers Nachtlied* eingangs »Über allen Gipfeln / Ist Ruh'«, so berichten diese Zeilen nicht von einer Tatsache, sondern beteiligen – wie es im dann folgenden »In allen Wipfeln / Spürest Du« explizit wird – den Leser unmittelbar am Verhältnis der fiktiven Autorsubjektivität zu einer von ihr imaginierten Situation. Hier überall vermag der Rezipient, fiktives »Subjekt der Praxis«[219], die dargestellt wird, und ihr gegenüberstehender Betrachter zugleich, jene Haltung einzunehmen, die Brecht sein Stück *Die Mutter* anschauenden Arbeitern zuschrieb:

»Sie benützten eifrig die seltene Gelegenheit
Ohne dringlichste Gefahr den üblichen Vorfällen beizuwohnen, und somit
Die Muße, sie zu studieren und sich das eigene Verhalten zurechtzulegen.«[220]

Die Besonderheit der literarisch dargestellten »Welt« besteht demnach nicht nur darin, daß sie fingierte Situationen gestaltet, in denen sich das Interesse an einmaligen Vorgängen und damit an der Einmaligkeit der Individuen direkt mit dem Interesse an den historischen Zusammenhängen individueller Existenz verbinden läßt; als Fiktion der Gegenwärtigkeit der geschilderten Situationen vermag die Literatur vielmehr Erkenntnisse und Erfahrungen, die dem *Inhalt* nach die Alltagserfahrung in Extension und interpretativer Intension überschreiten, in der *Form* unmittelbarer Einbeziehung zu vermitteln. Zweifellos kann die Kunstrezeption dieser Fähigkeit der Darstellung wegen als funktional kompensatives, im Gehalt selbstzweckhaftes »zweites Leben im hiesigen« gebraucht und mißbraucht werden. Das freilich spricht nicht gegen Kunst als die unersetzbare Möglichkeit, »einen jeden Menschen in die Lage [zu versetzen], alles, was die Menschheit getan oder erlitten, erobert oder preisgegeben hat, mit seinem Selbstbewußtsein in einen innig-organischen Zusammenhang zu bringen, es – in einem weiten Sinne des Wortes – als Element seines eigenen Daseins, seiner eigenen Welt, seines eigenen Selbstbewußtseins zu erleben.«[221] Erlebt wird dabei eben nicht eine Welt von Erscheinungen als solche, auch nicht ein bloßes lebensvolles Modell, das nach außen bringt, was die Welt im Innersten zusammenhält, sondern eine beurteilende Darstellung von Lebensproblemen. Die Beurteilung ist dabei nicht auf Einzelaspekte, auf Atteste wie wahr und unwahr, gut und schlecht, nützlich und nutzlos beschränkt; bewertet wird – auf direkte Weise in den Darstellungscharakteren der Schönheit und der Häßlichkeit – die dargestellte »Welt«, ein Modell des Lebens der Individuen als Ganzes: die Perspektive ist die des zusammenhaltenden Selbstzwecks aller materiellen und ideellen Zwecke, nämlich der Produktion der Individuen selber. Fiktionale Literatur befragt in diesem Sinn Wirklichkeit und Möglichkeit der Gattungsgeschichte nach Wirklichkeit und Möglichkeit der Selbstverwirklichung der Individuen; und sie macht dabei die historischen Zeugnisse des Willens zu ihr, die Zeugnisse ihres Scheiterns, die aufblitzenden und nach Mehr schmeckenden Momente des Gelingens sowie ihre künftigen Gefahren und Chancen zum *tua res agitur* des Lesenden. Sie bereichert damit, ihrer Möglichkeit nach, die individuelle Absicht und Ansicht von Selbstverwirklichung durch die Erfahrungen der Gattung – und dies nicht nur so, daß sie deren unmittelbare Bedeutsamkeit für ihn jeweils rhetorisch affirmiert, sondern durch das involvierende fiktionale Gestaltungsmedium selbst.

Daß Kunstliteratur die Frage »Wie kann ich leben?« stellt und sie mit einer Gestaltung realer Lebensmöglichkeiten – oder des diesen Entgegenstehenden – verbindet, ist wohl auch der Grund dafür, daß ostentativ mißglückte Literatur, der Kitsch zum Beispiel, nicht nur formal ungenügend oder sachlich falsch, sondern auch peinlich oder lächerlich erscheint. Dieselbe Fragerichtung der Kunst ist es freilich, welche in Kunstgestalt daherkommender negativer Ideologie über den sinnlichen Reiz hinaus die Aura des humanistischen Bemühens zu geben imstande ist, dem Rattenfang die schmeichelnden Töne leiht, der statt ans andere Ufer bloß ins Wasser führt. Die Gefahr und das Rettende in ihr sind nicht zu trennen.

Anmerkungen

I. Literarische Produktion und Literaturprozeß

1 Herausgeber waren Paul Alverdes und Karl Benno von Mechow. Zu den Mitarbeitern des ersten Heftes gehörten u. a. Emil Strauß, E. G. Kolbenheyer, H. F. Blunck, R. G. Binding und Max Mell.

2 In seinem Vorwort zum ersten Heft der Zeitschrift schreibt von Mechow: »Wir erkennen in der Führung des deutschen Volkes durch Adolf Hitler, durch den im Leibes- und Seelenkampf geläuterten Soldaten des alten und des neuen deutschen Reiches die leidenschaftliche Liebe nicht allein zum zeitlich sichtbaren Volksgenossen, dem durch Gesundung und Kraft, durch die endliche Wiederherstellung seiner Ehre das Leben als das Leben in einem wahren Vaterlande wieder teuer und köstlich gemacht werden muß, sondern auch zu jenen uralten, immer neuen Reichtümern der Seele, die in heiligem Wechselspiel als letzter Gewinn allem Handeln und Trachten des deutschen Volkes entsprossen sind, um zu Segen und Aufwärtssteigerung immer wieder auf den Einzelnen zurückzukehren. Entgegen der Meinung einer verzweifelten, sogenannten ›Geistigkeit‹, die sich innerlich schon längst, äußerlich auch durch die Auswanderung von der Volksseele gelöst hat, sprechen wir getrost hier vom ›Inneren Reich‹, und nennen eine neue Zeitschrift, die der deutschen Dichtung und der deutschen Kunst dienen will, nach diesem Wort.« (Karl Benno von Mechow, a.a.O., S. 7 f.)

3 Karl Marx/Friedrich Engels, *Die deutsche Ideologie, MEW* Bd. 3, S. 30.

4 Als Äußerung Brechts zitiert in: *Produktive Brecht-Nachfolge. Interview mit Manfred Wekwerth, in: Weimarer Beiträge,* Jg. 1973, H. 2, S. 27-45, hier S. 28.

5 »Stendhal flehte denjenigen, der sein Tagebuch finden sollte, inständig an, es nicht zu lesen. Warum hat er es nicht zerstört? Weil er bei der Niederschrift sich selbst schon als künftigen Leser vorstellte: ›Es ist dazu bestimmt, mich von meinen Lächerlichkeiten zu heilen, wenn ich es 1920 wieder lesen werde.‹« (Manfred Naumann u. a., *Gesellschaft – Literatur – Lesen,* Berlin und Weimar 1973, S. 57.)

6 Damit ist zugleich gesagt, daß das Theorem von der prinzipiellen Kommunikativität von Literatur die qualitativen Differenzen in deren historischen Erscheinungsformen – und d. h. vor allem die potentiell antagonistische Kommunikationsweise innerhalb bestimmter Gesellschaftszustände – nicht verdecken darf. Weder läßt sich der Adressatenbezug der Literatur einfach als »dialogisches« Verhältnis von Autor und Leser bezeichnen (so Hans Robert Jauß, *Literaturgeschichte als Provokation.* Frankfurt/Main 1970, S. 171), noch kann man gar davon reden, daß »[›d]ie Autoren«, wie Harald Weinrich einmal behauptet, grundsätzlich »für eine bestimmte Leserschaft« schreiben. (Harald Weinrich, *Für eine Literaturgeschichte des Lesers,* in: *Merkur,* 21. Jg. 1967, S. 1026-1038, hier S. 1027).

7 G. W. F. Hegel, *Ästhetik.* Bd. I, a.a.O., S. 79. – Zum Aspekt der Adressatenbezogenheit der Kunst bei Hegel cf. Thomas W. H. Metscher, *Hegel und die philosophische Grundlegung der Kunstsoziologie,* in: *Literaturwissenschaft und Sozialwissenschaften. Grundlagen und Modellanalysen,* Stuttgart 1971, S. 13-80, hier v. a. S. 43-50.

8 Cf. z. B. Hauke Stroszeck, *Zur kunstwissenschaftlichen und kommunikationswissenschaftlichen Grundlegung der Literaturwissenschaft,* in: *Literaturwissenschaft. Eine Einführung für Germanisten,* Frankfurt/Main-Berlin-Wien 1972, S. 127-168.

9 Ebda., S. 160.

10 Ebda., S. 157.

11 Stroszecks Ausführungen kranken u. a. daran, daß er das Insistieren auf der »qualitative[n] Besonderheit des literarischen Kunstwerks« lediglich als Ausdruck einer Wertung, nicht einer analytischen Differenzierung zu verstehen vermag. (Cf. ebda., S. 133, passim.)

12 Freilich gibt es hier Übergänge. Ein Lied im Marschrhythmus dient sowohl der Schrittordnung der Marschierenden wie dem Zweck, eine bestimmte Einstellung zum Marschieren zu vermitteln. Von Kunstcharakter sollte aber nur dort gesprochen werden, wo eine bloße Signalfunktion zugunsten der Darstellung eines geistig-emotionellen Gehalts überschritten wird.

13 S. J. Schmidt, *Literaturwissenschaft als Forschungsprogramm,* in: *Linguistik und Didaktik* 2, 1971, H. 5, S. 51 f. – Zitiert nach Dieter Breuer, *Einführung in die pragmatische Texttheorie,* München 1974, S. 73. – Breuer möchte Schmidt dieser Definition wegen in »die ehrwürdige Tradition der philosophischen Ästhetik« einordnen und ihn zu den Verfechtern einer »Zweckfreiheit der Kunst« rechnen (ebda.). Diese Folgerung deutet auf einen verkürzten Pragmatismus des Breuerschen kommunikationswissenschaftlichen Ansatzes, der kompliziertere Pragmatiken gar nicht mehr als solche erkennen kann.

14 Bertolt Brecht, *Gesammelte Werke in 8 Bdn.*, Frankfurt/M. 1967, S. 393.

15 Habermas unterscheidet »kommunikatives Handeln«, in welchem die Geltung von Sinnzusammenhängen naiv vorausgesetzt wird, um Informationen, d. h. handlungsbezogene Erfahrungen auszutauschen, vom »Diskurs«, in dem »problematisierte Geltungsansprüche zum Thema gemacht« werden. Cf. Jürgen Habermas, *Vorbereitende Bemerkungen zu einer Theorie der kommunikativen Kompetenz,* in: Jürgen Habermas/Niklas Luhmann, *Theorie der Gesellschaft oder Sozialtechnologie – Was leistet die Systemforschung?,* Frankfurt/Main 1971, S. 115. – Gegen die Identifikation von Literatur und Diskurs hat Hans Dieter Zimmermann vorgebracht, Reflexion sei »nicht [. . .] einziger Zweck« der Literatur: sie könne vielmehr »alle Formen der Kommunikation der ersten Ebene [gemeint ist damit die unmittelbare intersubjektive Kommunikation, B.J.W.] aufnehmen, wiedergeben, ›nachahmen‹, also auch die der Reflexion . . .« (Hans Dieter Zimmermann, *Vom Nutzen der Literatur,* Frankfurt/Main 1977, S. 99.) Die Formulierung »darstellender Diskurs« sucht dagegen deutlich zu machen, daß die künstlerisch-literarische Aneignungsweise der Realität nicht (nur) diskursiv ist, ihre »Darstellungen« aber dennoch den Zweck der Analyse und Bewertung des Dargestellten haben.

16 Kommunikation, schreibt Dieter Wunderlich, entstehe nicht durch »ein Befolgen von Regeln, sondern [ist] eine kreative Verstehensleistung«. (Utz Maas/Dieter Wunderlich, *Pragmatik und sprachliches Handeln,* Frankfurt/Main ³1974, S. 66.) Diese Leistung selbst läßt sich nicht in die »Entstehung einer Vorstellung« und »Kodierung einer sprachlichen Struktur« einteilen. (Ebda., S. 57.) – »Die vorschnelle Fassung der Sprache als einem Mittel der Kommunikation, durch die Sprache ganz in Mitteilung aufgeht, unterschlägt die in der Grammatik eingebildeten Formen des Denkens, die wiederum aus den Gegenständen, mit denen das Denken sich befaßt, hervorgehen.« (Karl Held, *Kommunikationsforschung – Wissenschaft oder Ideologie? Materialien zur Kritik einer neuen Wissenschaft,* München 1973, S. 100.)

17 Cf. Hauke Stroszeck, *Zur kunstwissenschaftlichen und kommunikationswissenschaftlichen Grundlegung der Literaturwissenschaft,* a.a.O., S. 158.

18 Edgar Allan Poes *Werke,* übersetzt von Hella Moeller-Bruck und Hedwig Lahmann, Bd. I, Minden 1914, S. 279.

19 Autorenkollektiv, *Zur Theorie des sozialistischen Realismus.* Berlin/DDR 1974, S. 658.

20 Ebda.

21 G. W. F. Hegel, *Die Vernunft in der Geschichte,* Berlin 1966, S. 35 f.

22 Paul Valéry, *Windstriche. Aufzeichnungen und Aphorismen,* Frankfurt/Main 1959, S. 90.

23 Karl Marx/Friedrich Engels, *Die deutsche Ideologie,* a.a.O., S. 35.

24 Karl Marx, *Ökonomisch-Philosophische Manuskripte, MEW* Ergänzungsband I, S. 541.

25 Ebda., S. 544. – Die Begriffe Arbeit und Produktion sind nicht eindeutig voneinander zu trennen. (Cf. als Beispiel für ihren synonymen Gebrauch bei Marx: Karl Marx, *Grundrisse der Kritik der politischen Ökonomie,* Berlin/DDR 1953, S. 395.) Allerdings läßt sich bei »Arbeit« eine Nuance zur Tätigkeit selbst, bei »Produktion« eine zum Ergebnis dieser Tätigkeit feststellen. (Cf. ebda., S. 505.) Ein Begriff wie »produktive Arbeit« bestätigt das: Produktiv ist die Arbeit dann, wenn sie den Reichtum einer Gesellschaft vermehrt.

26 Cf. auch: »Der Geist hat von vornherein den Fluch an sich, mit der Materie ›behaftet‹ zu sein, die hier in der Form von bewegten Luftschichten, Tönen, kurz der Sprache auftritt.« Karl Marx/Friedrich Engels, *Die deutsche Ideologie,* a.a.O., S. 30.)

27 G. W. F. Hegel, *Ästhetik,* Bd. I, a.a.O., S. 94.

28 Cf. dazu u. a. Wolfgang von Einsiedel, *Vorbemerkung* zu: ders., Hrsg., *Die Literaturen der Welt,* Zürich 1964. – Desgl. Gert Kalow, *Poesie ist Nachricht. Mündliche Tradition in Vorgeschichte und Gegenwart,* München 1975.

29 Sicherlich ist »bis in die Gegenwart [. . .] die Verbreitung eines Kunstwerks unabhängig von der dinglichen Gestalt: selbst ein Roman läßt sich noch heute in öffentlichen Lesungen unters Publikum bringen . . .« (Hannelore Schlaffer, *Kritik eines Klischees: ›Das Kunstwerk als Ware‹,* in: Heinz Schlaffer, Hrsg., *Erweiterung der materialistischen Literaturtheorie durch Bestimmung ihrer Grenzen. Literaturwissenschaft und Sozialwissenschaften* 4. Stuttgart 1974, S. 265-287, hier S. 272. Jedoch ist die Lesung der Ausnahmefall heutiger Romanverbreitung; sie ist zudem nur Vorlesen einzelner Passagen eines Werks, das selbst zu lesen sie den Zuhörer meist gerade animieren will.

30 Bertolt Brecht, *Der Dreigroschenprozeß,* in: ders., *Gesammelte Werke,* Bd. 18, Frankfurt/Main 1967, S. 158.

31 Karl Marx, *Randglossen zum Programm der deutschen Arbeiterpartei, MEW* Bd. 19, S. 15.

32 Hans Dieter Zimmermann, *Vom Nutzen der Literatur,* a.a.O., S. 70.

33 Der Begriff »literarische Produktivkräfte« meint Produktivkräfte der literarischen Produktion; er unterstellt nicht, daß die Literatur gesellschaftliche Produktivkraft sei. (Cf. dazu das Kapitel *Zum Charakter der gesellschaftlichen »Produktivität« von Literatur.*)

34 Bertolt Brecht, *Notizen über realistische Schreibweise,* in: ders., *Gesammelte Werke,* Bd. 19, a.a.O., S. 361 und 360.

35 Helga Gallas, *Marxistische Literaturtheorie,* Neuwied und Berlin 1971, S. 177.

36 Problematisch, wie noch zu sehen sein wird, ist z. B. Gallas' Versuch, die Produktionstheorie der Literatur als Konkurrenz einer Auffassung darzustellen, die Literatur als vom gesellschaftlichen Sein abhängige Form des Bewußtseins versteht. (Cf. Helga Gallas, *Marxistische Literaturtheorie,* a.a.O., S. 175.)

37 Eine Untersuchung setzt saubere Untersuchungsinstrumente voraus. Was ist überhaupt unter dem oft als Hendiadyoin, oft als Synonym gebrauchten Begriff

»Material- und Technikentwicklung« zu verstehen? Zu unterscheiden ist zunächst ein weiter und ein enger Gebrauch des Materialbegriffs. Dabei wird einmal unter Material all das verstanden, was der einzelnen literarischen Arbeit als verfügbares Mittelarsenal vorausliegt: der literarische »Wortschatz« im weitesten Sinn, mithin auch die literarischen Techniken. Das andere Mal steht Material für die Gattung oder die Gattungen von Zeichenträgern, in denen sich literarische Bedeutungen ausdrücken: die Sprache, die Schrift, in der Theaterkunst freilich auch der menschliche Körper und dingliche Requisiten. – Der Begriff der literarischen *Technik* führt, insbesondere wenn zugleich immer auf Abhängigkeiten von materiellen und literarischen Produktivkräften hingewiesen wird, nicht selten zu Unklarheiten. Er meint in der Literatur natürlich keinen praktisch-materiellen Vorgang, auch nicht den der Niederschrift mit Tinte auf Papier, sondern einen Aspekt der geistigen Tätigkeit selbst. Das literarische Produkt ist ja kein bloßes Agglomerat von Bedeutungen, sondern die Organisation von Bedeutungsträgern zu Darstellungen von Bedeutungen. Die literarische Tätigkeit enthält insofern auch als geistige ein *praktisch-geistiges,* eben auch *technisch* zu nennendes Moment. Literarische Techniken in diesem Sinn vermitteln Bedeutungen mit bestimmten Darstellungsmaterialien, Darstellungsmedien und -situationen für Adressaten der Darstellung. Sie bewegen sich dabei auf verschiedenen, Makro- wie Mikroebenen der Textstruktur: so läßt sich von der sprachlichen Grammatik als *Basaltechnik* der Literatur, von dramatischen und epischen Grundprinzipien als *Gattungstechniken* sowie von zahllosen Arten von *Einzeltechniken* reden, angefangen beim Spannungsaufbau in größeren wie kleineren Einheiten, über die Technik des Witzerzählens bis hin zum Monolog oder zu einzelnen Figuren und Tropen der Rede.

38 »Es ist ohne weiteres zu erwarten«, schrieb Brecht, »daß Dampfmaschine, Mikroskop, Dynamo und so weiter, Öltrust, Rockefeller-Institut, Paramountfilm und so weiter, in der literarischen Technik Entsprechungen haben, die sowenig wie alle diese neuen Erscheinungen selber einfach mit dem kapitalistischen System zu beerdigen sind.« (Bertolt Brecht, *Gesammelte Werke,* Bd. 19, a.a.O., S. 360.)

39 Eisler schrieb: »Das Hammerklavier ermöglichte eine andere Art von Musik als das Cembalo, die Wagnersche Instrumentation ist ohne das Ventilhorn undenkbar. In unserer Zeit sind durch den Tonfilm, die Schallplatte, die Radiosendung, schließlich durch die [. . .] Veränderung der sozialen Darbietungsform neue Produktionsprobleme entstanden, die sich mit dem Hinweis auf die Größe Beethovens und die Fäulnis des Monopolkapitalismus allein nicht lösen lassen.« (Hanns Eisler/Ernst Bloch, *Die Kunst zu erben,* in: Hanns Eisler, *Musik und Politik. Schriften 1924-1948,* Leipzig 1973, S. 408.)

40 Es geht hier wohlgemerkt nicht – wie im ersten Kapitel – um Fortschritte in der Reproduktion und Distribution von Literatur, also in Druck-, Verlags- und Buchhandelswesen z. B., sondern nur um die technisch-materialer Komponenten der Werkkonstitution selbst.

41 Georg Lukács, *Skizze einer Geschichte der neueren deutschen Literatur,* Neuwied und Berlin 1963, S. 171.

42 Bertolt Brecht, *Notizen über realistische Schreibweise,* a.a.O., S. 360 f.

43 Die Trennung der Bezugsaspekte von Technikwandlungen ist nur analytisch. Real können diese Wandlungen natürlich Reaktionen auf Veränderungen in mehreren Darstellungsfaktoren darstellen.

44 Der Einfluß der industriellen Arbeitswelt und ihrer Produkte, moderner Verkehrsverhältnisse usw. liegt bei Fähigkeiten wie Wahrnehmungsschnelligkeit auf der Hand. Freilich ist er über die jeweilige soziale Organisationsform der technisier-

ten Tätigkeiten vermittelt: genannt seien nur Arbeitstempo und Verkehrschaos. (Cf. dazu das Kapitel *Sozialer Ursprung der Chockerfahrung*, in: Bernd Jürgen Warneken, *Der Flipperautomat. Ein Versuch über Zerstreuungskultur*, in: J. Alberts u. a., *Segmente der Unterhaltungsindustrie*, Frankfurt/Main 1974, S. 66-129, hier S. 104-111.) Einsichtig sollte zudem sein, daß z. B. eine Fähigkeit wie gesteigerte Geistesgegenwart auch mit so etwas wie vervielfältigten sozialen Kontakten und vervielfältigten Tätigkeitsinteressen zusammenhängt.

45 Fritz Giese schrieb in seinem Buch *Girlkultur* 1925 über die »Kultur der Motorik durch den Film«: »Wie wenig unsere Leute in diesem Sinne auffassen, erhellt aus Studien, die jedermann machen kann, wenn er wissenschaftlich das Publikum im Film beobachtet und nachsieht, welche Zeit vergeht, bis ein Witz verstanden oder ein gekurbelter Zusammenhang voll erfaßt wird. Sehr kennzeichnend und für unsere Frage wesentlich ist dabei die Entdeckung, daß beim amerikanischen Film die Titel kürzer stehenbleiben und daß die Situationen viel eher wechseln. Unser Publikum kam anfänglich nicht mit und die deutschen Einfügungen müssen oft künstlich in der Zeitdarbietung verlängert werden. [. . .] Das Auffassungstempo der amerikanischen Menge muß entschieden viel frischer, beschleunigter, die allgemeine Intelligenz labiler sein als unsere. Und die Umstellungsfähigkeit auf Situationswechsel ist drüben zweifelsohne, wenn die Filmbeobachtungen recht haben, erheblich gewandter (daß dies richtig sei, erweisen nebenbei bemerkt auch vergleichende Untersuchungen auf experimentell-psychologischem Gebiete).« (Fritz Giese, *Girlkultur. Vergleiche zwischen amerikanischem und europäischem Rhythmus und Lebensgefühl*, München 1925, S. 52.)

46 Walter Benjamin, *Was ist das epische Theater? Eine Studie zu Brecht*, in: ders., *Versuche über Brecht*, Frankfurt/Main 1966, S. 13.

47 Bertolt Brecht, *Über experimentelles Theater*, in: ders., *Gesammelte Werke*, Bd. 15, a.a.O., S. 289 f.

48 Bertolt Brecht, *Arbeitsjournal*, hrsg. von Werner Hecht, Berlin/DDR o. J., S. 229.

49 Bertolt Brecht, *Kleines Privatissimum für meinen Freund Max Gorelik*, in: ders., *Gesammelte Werke*, Bd. 15, a.a.O., S. 469.

50 »Die epische Dramatik mit ihrem Nummerncharakter, ihrer Trennung der Elemente, also des Bildes vom Wort und der Wörter von der Musik, besonders aber ihre belehrende Haltung, hätte für den Rundfunk eine Unmenge praktischer Winke. Aber ihre rein ästhetische Anwendung würde zu nichts als einer neuen Mode führen . . .« (Bertolt Brecht, *Der Rundfunk als Kommunikationsapparat*, in: ders., *Gesammelte Werke*, Bd. 18, a.a.O., S. 132.)

51 Bertolt Brecht, *Anmerkungen zur Oper »Aufstieg und Fall der Stadt Mahagonny«*, in: ders., *Gesammelte Werke*, Bd. 17, a.a.O., S. 1014 f.

52 Bertolt Brecht, *Die Not des Theaters*, in: ders., *Gesammelte Werke*, Bd. 15, a.a.O., S. 152.

53 Bertolt Brecht, *Schriften zum Theater*, Bd. 1, a.a.O., S. 255.

54 Bertolt Brecht, *Notizen über realistische Schreibweise*, a.a.O., S. 360.

55 Bertolt Brecht, *Bemerkungen zum Formalismus*, in: ders., *Gesammelte Werke*, Bd. 19, a.a.O., S. 317.

57 Zu ähnlichen Tendenzen beim frühen Brecht und ihrer späteren Korrektur cf. Werner Mittenzwei, *Brechts Verhältnis zur Tradition*, Berlin/DDR 1972.

58 Das Problem der Herausbildung der zur literarischen Produktion fähigen Arbeitskraft bewegt sich auf zwei Ebenen, die nicht miteinander konfundiert werden dürfen. Die erste betrifft die objektiv-historischen Vorbedingungen der

Entfaltung des literarischen Subjekts, seine Lebens- und Arbeitsvoraussetzungen; auf der anderen Ebene geht es um die Frage, wie es sich diese aneignet. Entsprechend dieser Unterschiedenheit von Qualifikationsbedingungen und Qualifikationsweise ergeben sich z. B. verschiedene Stoßrichtungen einer Kritik an irrationalen Genievorstellungen. Die eine verweist – wie die bekannte, gegen Stirner gerichtete Raffaelpassage der *Deutschen Ideologie* (*MEW* Bd. 3, S. 378) – auf die nicht vom »Genie« selbst produzierten Geniebedingungen in der gesellschaftlichen und künstlerischen Entwicklung – sie stößt dabei auch auf den rationalen Kern in der Auffassung vom Genie als einem passiv Empfangenden. Die andere Fragerichtung kritisiert die Auffassung, eine nicht weiter erklärliche Begabung sei es, die dem Autor eine objektiv gegebene Gunst der Stunde zu nützen gestatte.

59 G. W. F. Hegel, *Ästhetik,* Bd. I, a.a.O., S. 36.

60 Ebda., S. 37.

61 Karl Marx/Friedrich Engels, *Die deutsche Ideologie,* a.a.O., S. 37.

62 Der Rekurs auf diese lebenspraktischen Vorgaben literarischer Arbeit vermag auch rational aufzuklären, was im literarischen Arbeitsprozeß als »intuitive«, nämlich eingebungsartige Arbeitsweise auftritt und Vorstellungen befördert, die im vulgäridealistischen Bild vom »Kuß der Muse« zusammengefaßt sind. Die *Form* der Intuition, als nicht kontrollierbarer Tätigkeit, ist dabei durch die Beteiligung unbewußter Instanzen zu erklären; ihren *Inhalt* zu begreifen, bedarf es des Rückgriffs auf Individualgeschichte. »Was als Intuition und Eingebung erlebt wird, ist nur eine und sicher nicht unbedingt die wichtigste Phase der künstlerischen Arbeit. Ihr geht die Aufnahme und kritische Verarbeitung von Umweltinformationen voraus sowie die intensive gedankliche Problemanalyse.« (Günther K. Lehmann, *Vom Sinn und Unsinn der Intuition,* in: *tendenzen* 11. Jg., Dez./Jan. 1970/71, S. 272-275, hier S. 273.) Emphatischer als dieser Lehmannsche Hinweis auf vorgängige »Informationen« spricht eine Lukácssche Formulierung von der »Unmittelbarkeit« der schriftstellerischen Erlebnisweise als der »explosiven Äußerung [der] Vergangenheit« des Autors: »Das ganze bewußte und unbewußte Leben des Schriftstellers, seine intellektuelle und moralische Arbeit an sich selbst entscheidet darüber, was der Inhalt eines solchen Erlebnisses sein wird.« (Georg Lukács, *Brief an Anna Seghers vom 29. Juli 1938,* in: ders., *Essays über Realismus,* Neuwied und Berlin 1971, S. 356.) Den Zusammenhang zwischen der Qualität der Intuition und vorgängigen Erfahrungs- und Lernprozessen hält Tschaikowskys bekannter Satz fest, faule Leute hätten keine Inspirationen.

63 Georg Lukács, *Über die Besonderheit als Kategorie der Ästhetik,* in: ders., *Probleme der Ästhetik,* Neuwied und Berlin 1969, S. 696.

64 Ebda.

65 Hannes Schwenger, *Entwicklung eines Modells,* in: Arbeitsgruppe Autorenausbildung/Neue Gesellschaft für Literatur Berlin e. V., Hrsg., *Autorenausbildung. Tagungsberichte, Erfahrungen, Materialien,* Berlin 1973, S. 15-24, hier S. 17.

66 Karla Fohrbeck/Andreas Johannes Wiesand, *Berufsfeldstudie zur Autoren-Ausbildung bzw. Fortbildung,* in: Arbeitsgruppe Autorenausbildung/Neue Gesellschaft für Literatur Berlin e. V., Hrsg., *Autorenausbildung,* a.a.O. Eigene Paginierung, S. 45.

67 D. h. zugleich, daß der Mangel an vergleichbaren Literaturinstituten nicht speziellen Genieideologien der Literaturproduzenten, sondern eben auch den speziellen Mitteln ihrer Arbeit entspringt.

68 Hans Christoph Buch, *Literarisches Colloquium und Writers' Workshops.* Diskussionsbeitrag, in: Arbeitsgruppe Autorenausbildung/Neue Gesellschaft für

Literatur Berlin e. V., Hrsg., *Autorenausbildung,* a.a.O., S. 44-45, hier S. 44.

69 So die Mehrheit der bundesdeutschen »Belletristen«, d. h. Produzenten künstlerisch literarischer Werke. (Cf. Karla Fohrbeck/Andreas Johannes Wiesand, *Berufsfeldstudie zur Autoren-Ausbildung bzw. Fortbildung,* a.a.O., S. 56 f.)

70 Bertolt Brecht, *Die Diderot-Gesellschaft,* in: ders., *Gesammelte Werke,* Bd. 15, a.a.O., S. 306.

71 Ebda.

72 Ebda., S. 307.

73 Cf. auch Bertolt Brecht, *Vergnügungstheater oder Lehrtheater,* in: ders., *Gesammelte Werke,* Bd. 15, a.a.O., S. 268: »[...] ich schaue allerhand Leute krumm an, von denen mir bekannt ist, daß sie nicht auf der Höhe der wissenschaftlichen Erkenntnis sind, das heißt daß sie singen, wie der Vogel singt, oder wie man sich vorstellt, daß der Vogel singt. Damit will ich nicht sagen, daß ich ein hübsches Gedicht über den Geschmack einer Flunder oder das Vergnügen einer Wasserpartie nur deshalb ablehne, weil sein Verfasser nicht Gastronomie oder Nautik studiert hat. Aber ich meine, daß die großen verwickelten Vorgänge in der Welt von Menschen, die nicht *alle* Hilfsmittel für ihr Verständnis herbeiziehen, nicht genügend erkannt werden können.« – Ein Vergleich mit Hegel zeigt, wie konsequent historisch gedacht werden muß, wenn es um die Beurteilung von Stellungnahmen zum Verhältnis von künstlerischer und wissenschaftlicher Qualifikationen geht. Hegels Auffassung geht bekanntlich dahin, daß für die literarische Produktionsfähigkeit ein instinktartiges, allenfalls durch den »guten Geschmack« – nach Hegel eine Urteilsweise, der »die Tiefe der Sache [...] verschlossen« bleibt (G. W. F. Hegel, *Ästhetik,* Bd. I, a.a.O., S. 44) – geläutertes Naturvermögen nicht ausreiche: für die »inhalts- und gedankenvollen Darstellungen des Menschen, seiner tieferen Interessen und der Mächte, die ihn bewegen«, wie sie von der Literatur verlangt werden müsse, müßten auch »Geist und Gemüt« des Autors »selbst durch Leben, Erfahrung und Nachdenken reich und tief gebildet sein«. (Ebda., S. 39.) Gleichwohl hat Hegel diese geistige Bildung von einer wissenschaftlichen strikt unterschieden: sie könne, solle im Kunstwerk nicht »das Bildliche bloß als Zier und Schmuck den abstrakten Reflexionen angehängt« werden (ebda., S. 49.), nur in der »Art und Weise schon eines lebenserfahrenen, auch eines geistreichen, witzigen Mannes« geschehen, »der, obgleich er vollständig weiß, worauf es im Leben ankommt, was als Substanz die Menschen zusammenhält, was sie bewegt und die Macht in ihnen ist, dennoch diesen Inhalt weder sich selber in allgemeine Regeln gefaßt hat, noch ihn anderen in allgemeinen Reflexionen zu explizieren weiß, sondern, was sein Bewußtsein erfüllt, immer in besonderen Fällen, wirklichen oder erfundenen, in adäquaten Beispielen usf. sich und anderen klarmacht ...« (ebda., S. 50.) Zweifellos als eine Befreiung der Kunst nicht zuletzt von der Reglementierung durch feudalbürgerliche Gelehrsamkeit gedacht, hat Hegels Konzeption der auf die »Lebenserfahrung« beschränkten Autorqualifikation im »wissenschaftlichen Zeitalter« etwas Altväterlich-Naives: die Gestalt des Peeperkorn in Thomas Manns *Zauberberg,* die wie nach Hegels Beschreibung entworfen scheint, hat das schon in den zwanziger Jahren signalisiert. Hegels These vom Sekundärwerden der Kunst als Erkenntnismedium nimmt diese Tendenz freilich bereits zur Kenntnis, beruht aber auf der Prämisse, daß zur Herstellung einer gleichrangigen Koexistenz von Kunst und Wissenschaft keine Mittel gefunden werden könnten. Gerade um diese aber bemüht sich, durchaus hoffnungsvoll, eine Konzeption wie die Brechts.

74 Treffend charakterisiert eine Bemerkung Trotzkis über den russischen Lyriker Pil'njak das hier gemeinte Verhältnis von wissenschaftlicher und künstlerischer

Ausbildung der literarischen Arbeitskraft: »Wenn Pil'njak den güterwaggon beschreibt, dann spürt man den meister, den künftigen meister, den möglichen künftigen meister. [. . .] aber man erhält nicht jene befriedigung, die gegensätze löst, die das höchste merkmal eines kunstwerkes ist. Zweifel bleiben und verdichten sich sogar zum teil. Wozu dieser zug? Wozu dieser waggon? Und was führen sie in sich – von Rußland und für Rußland? Niemand verlangt von Pil'njak eine historische analyse des güterwagens vom standpunkt des alltags und im blickwinkel der zeit . . . Aber wenn Pil'njak selbst den güterwaggon und seinen zusammenhang mit dem gang der ereignisse begriffen hätte, dann hätte sich das auch auf den Leser übertragen.« (Leo Trotzkij, *Literatur und Revolution,* Berlin 1968, S. 71.)

75 Karla Fohrbeck/Andreas Johannes Wiesand, *Berufsfeldstudie zur Autoren-Ausbildung bzw. Fortbildung,* a.a.O., S. 30. – Zu wenig deutlich wird bei dieser Formulierung noch, daß es nicht nur der sammelnden Tätigkeit der Wissenschaft bedarf, die der wachsenden, den Gesichtskreis der jeweiligen Autorenpraxis übersteigenden Vergesellschaftung von Literatur korreliert, sondern auch ihrer analytischen Qualität, damit Fortschritte im Erklären und Verstehen von kommunikativen Prozessen, Leserbedürfnissen und Leserverhalten möglich werden.

76 Cf. Jean Paul Sartre, *Was ist Literatur?* Reinbek b. Hamburg 1965.

77 Hans Robert Jauß, *Literaturgeschichte als Provokation,* a.a.O., S. 168.

78 Ebda., S. 171.

79 Ebda., S. 173.

80 Ebda.

81 Ebda., S. 171.

82 Karl Marx, *Grundrisse . . .,* a.a.O., S. 12 f.

83 Gerade die so verstandene Produktionstheorie ist ein Korrektiv auch solcher marxistischer Literaturanalysen, welche als ihren Gegenstand lediglich einen Kanon von literarischen Werken und nicht die wirkliche Geschichte dieser Produkte angesehen haben. Ihr Interesse an dieser Geschichte ist freilich nicht nur ein bloßes Instrument der Werkinterpretation, die sie als durch die Leserschaft ständig neu vollzogene reformuliert, sondern vor allem ein Interesse an einer Literaturgesellschaft, in welcher die Quantität und die Qualität der literarischen Rezeption zunehmen.

84 Karl Marx, *Grundrisse . . .,* a.a.O., S. 15. – Dieser These wird Jauß in einer Antwort auf die zuerst in *Das Argument,* Jg. 1972, H. 72, S. 360-366, veröffentlichte Rezension seines Aufsatzes *Literaturgeschichte als Provokation der Literaturwissenschaft* schon deshalb nicht gerecht, weil er bei »Produktion als Ausgangspunkt« augenscheinlich statt »literarische Produktion« »gesellschaftliche Produktionsweise« assoziierte. (Cf. Hans Robert Jauß, *Racines und Goethes Iphigenie. Nachwort: Die Partialität der rezeptionsästhetischen Methode,* in: *Neue Hefte für Philosophie,* Jg. 1973, H. 4, S. 30-46, hier S. 35.)

85 Die Beziehung von literarischer Produktion und Rezeption wird hier also nur als Beziehung zwischen Lektüreinhalt und Leserbewußtsein diskutiert. Dabei ist vorausgesetzt, daß Rezeption von Literatur natürlich andere als geistige Vorgänge einschließt, die für ihre Funktion wie für ihren Inhalt von entscheidender Bedeutung sind. Gemeint ist damit zum einen, daß das Zustandekommen der Lektüre praktisch-materielle Möglichkeiten und nicht nur literarische Interessen auf seiten der Leser zur Voraussetzung hat. Das bedeutet z. B. überall dort, wo Literatur nicht kostenlos angeboten wird, daß nicht einfach das literarische, sondern nur das zahlungsfähige Bedürfnis zum Werk findet: »Durch die jahrhundertelangen Gepflogenheiten des Handels mit Geschriebenem«, bemerkt Brecht, »bekam der Schrei-

bende den Eindruck, sein Kunde oder Besteller, der Mittelsmann, gebe das Geschriebene an alle weiter. Er dachte: ich spreche, und die hören wollen, hören mich. In Wirklichkeit sprach er; und die zahlen konnten, hörten ihn.« (Bertolt Brecht, *Fünf Schwierigkeiten beim Schreiben der Wahrheit.* In: ders., *Gesammelte Werke,* Bd. 18, a.a.O., S. 229.) Von einer Rezeptionstheorie, die nur von Literatur und Leser spricht, wird diese Verpuppung des werdenden Lesers zum Käufer meist vornehm ausgespart.

Zum andern ist auch das Lesen selbst keine nur innergeistige Tätigkeit. Zur Lesesituation gehören die psychische und physische Verfassung des Lesers, die verfügbare Zeit und das lokale und personale Umfeld des Lesens. Die Bedeutung dieser Faktoren schließt aus, zur Erklärung bestimmter Lesegewohnheiten nur auf Ideologie- oder Geschmacksprobleme zu rekurrieren.

Was z. B. manipulative Unterhaltungsliteratur genannt wird, verdankt seinen Erfolg nicht nur dem inhaltlichen Anknüpfen an ideologische oder psychische Bedürfnisse der Abnehmer – die dann freilich »nach Art des Verlagshauses« be- und mißhandelt werden –, sondern auch Textmerkmalen wie Satzkürze, inhaltlich – z. B. durch Dialogreichtum – oder drucktechnisch aufgelockertem Text und revuehaftem, additivem Aufbau, welche allesamt in per se legitimerweise auf die Situation in Arbeitspausen, in Massenverkehrsmitteln, die notwendig dekonzentrierte Rezeption vor dem Fernseher usw. zugeschnitten sind.

86 Theodor W. Adorno, *Ästhetische Theorie,* Frankfurt/Main 1970, S. 396.

87 *Kulturpolitisches Wörterbuch,* Berlin 1970, Stichwort *Kulturerbe,* S. 298.

88 Harald Weinrich, *Für eine Literaturgeschichte des Lesers,* a.a.O., S. 1031.

89 Hauke Stroszeck, *Zur kunstwissenschaftlichen und kommunikationswissenschaftlichen Grundlegung der Literaturwissenschaft,* a.a.O., S. 164.

90 »Das Gespräch des Künstlers mit denen, für die er sein Werk schafft, beginnt nicht erst dann, wenn das Werk dem Publikum zugänglich geworden ist. Dieses Gespräch, und sei es mit einem vorgestellten, hypothetischen Leser oder Zuschauer, findet beim Künstler von der Entstehung der Idee bis zu dessen Umsetzung statt. Der Schriftsteller, Maler oder Regisseur orientiert sich auf ein bestimmtes Rezeptionsmodell.« (Boris Meilach, *Die Kunstrezeption – Forschungsaspekte und Untersuchungsmethoden,* in: *Sowjetwissenschaft,* Abt. Kunst und Literatur, Jg. 1971, H. 2, S. 140-155, hier S. 141.)

91 Jan Mukařovský, *Kapitel aus der Ästhetik,* Frankfurt/Main 1970, S. 146. – Cf. die Formulierung bei Manfred Naumann u. a., *Gesellschaft-Literatur-Lesen,* a.a.O., S. 309: »Texte werden erkennbar als besondere Hervorbringungen, als Gegenstände, die prinzipiell nicht ohne Subjekt existieren, die aber Objektivität durch ihre Einbettung in gesellschaftliche Systeme und in bezug auf gesellschaftliche Fähigkeiten erhalten.«

92 »Ästhetische Erkenntnis« sagt Metscher zutreffend, »spielt sich in der Relation Produzent(Autor)-Produkt(Werk)-Rezipient [. . .] ab. Der primäre Gegenstand der Literaturwissenschaft ist das literarische Produkt selbst, als objektivierte ideologische Bewußtseinsform verstanden. Dieses allein ist das vermittelnde Moment des Verhältnisses von Produzent, Produkt und Rezipient.« (Thomas Metscher, *Ästhetik und Abbildtheorie,* in: *Das Argument,* Jg. 1972, H. 77, S. 919-976, hier S. 966.)

93 Manfred Naumann u. a., *Gesellschaft-Literatur-Lesen,* a.a.O., S. 352 f. – Besonders deutlich wird das an fremdsprachlicher Literatur und an Werken, die sich auf eine dem Leser unbekannte Realität, z. B. die Vergangenheit, beziehen. Aber auch bei aktuellen Sujets zeigt sich die Abhängigkeit selbst eines bloß »kulinarischen« Genusses von vorgängigen Kenntnissen schon an Kleinigkeiten. So hat

Hitchcock erwähnt, wie sehr in seinem Film *Der Mann, der zuviel wußte* das Spannungserlebnis nur durch die Fähigkeit des Partiturlesens ganz zur Geltung kommen konnte. Die Kamera zeigt die Entwicklung eines geplanten Mordanschlags durch das Vorführen einer Orchesterpartitur, die von einem Musiker umgeblättert wird, bis zuletzt jener Instrumentaleinsatz erscheint, bei dem die Tat – wie vorher angekündigt – geschehen soll. (Cf. François Truffaut, *Mr. Hitchcock, wie haben Sie das gemacht?*, München 1973, S. 227.)

94 Karl Marx, *Grundrisse* . . ., a.a.O., S. 13 f.

95 Jauß' Begriff des »Erwartungshorizonts« macht auf diese Vermittlung aufmerksam. Allerdings steht der Begriff bei Jauß in einem Zusammenhang, der eigens diskutiert werden müßte. Insbesondere ist Erwartung allzu sehr als nur innerliterarisch geprägte aufgefaßt. – Cf. dazu Bernd Jürgen Warneken, Rezension von Hans Robert Jauß' *Literaturgeschichte als Provokation*, a.a.O.

96 Cf. Manfred Naumann u. a., *Gesellschaft-Literatur-Lesen*, a.a.O., S. 87. – »Indem die Sprache die Grenzen zwischen den Begriffen Rezeption und Wirkung nicht eindeutig markiert, bewahrt sie mit den beiden Begriffen etwas von der Zweiseitigkeit des Verhältnisses auf, das sich in der Lektüre einstellt. Der Begriff Rezeption ist vom Leser aus gebildet: Er besagt, daß der Leser sich das Werk als Gegenstand ›nimmt‹, der ihm gegeben ist. Der Begriff Wirkung dagegen akzentuiert die Werkseite.« (Ebda.) – Weniger glücklich scheint es mir, »Wirkung das vom Text bedingte, Rezeption das vom Adressaten bedingte Element der Konkretisation oder Traditionsbildung« zu nennen. (So Hans Robert Jauß im Nachwort zu seinem Aufsatz *Racines und Goethes ›Iphigenie‹*, a.a.O., S. 33.) Rezeption geschieht durch den Adressaten, ist aber nicht ausschließlich durch ihn bedingt.

97 Karl Marx, *Grundrisse*, a.a.O., S. 14. – Scheinbar paradox läßt sich sogar sagen, daß das Produkt die uneigennützige Fähigkeit habe, den Konsumenten durch die Möglichkeiten, – und nicht nur durch die Mängel –, die es ihm offeriert, gegen sich selbst zu mobilisieren: die Rezeptionsbedürfnisse über das vom Werk letztlich Befriedigbare hinauszutreiben. Eine frühe Theaterrezension Brechts bringt dies Phänomen auf die Formel: »Wenn sich nicht zugleich mit der Leistung des Künstlers auch meine Ansprüche steigerten, würde ich einfach schreiben: er war ausgezeichnet.« (Bertolt Brecht, *Augsburger Theaterkritiken 1918-1922, in: ders., Gesammelte Werke*, Bd. 15, a.a.O., S. 25.)

98 Cf. Karl Marx, *Das Kapital*, Bd. I, *MEW* Bd. 23, S. 192.

99 Cf. Manfred Naumann u. a., *Gesellschaft-Literatur-Lesen*, a.a.O., S. 87.

100 Utz Riese, *Gedanken zum Problem »Kunst als gesellschaftliches Verhältnis«*, in: *Weimarer Beiträge* Jg. 1973, H. 6, S. 195-200, hier S. 199.

101 Ähnliches gilt für den Zusammenhang von Konsumtion und Produktionswissen. »Der Kunst liegt ein Können zugrunde«, sagt Brecht, »und es ist ein Arbeitenkönnen. Wer Kunst bewundert, bewundert eine Arbeit [. . .] Und es ist nötig, etwas von dieser Arbeit zu wissen, damit man sie bewundern und ihr Ergebnis, das Kunstwerk, genießen kann.« (Bertolt Brecht, *Betrachtung der Kunst und Kunst der Betrachtung*, in: ders., *Gesammelte Werke*, Bd. 18, a.a.O., S. 273.) Die vorsichtige Formulierung »etwas von dieser Arbeit zu wissen« bewahrt der Forderung an den Rezipienten die notwendige Differenziertheit.

102 Manfred Naumann u. a., *Gesellschaft-Literatur-Lesen*, a.a.O., S. 349.

103 »Was assoziiert wird, ist in den Kunstgattungen unterschiedlich, ebenso das Maß der Inanspruchnahme der ausfüllenden Phantasie des Rezipierenden. So sind die Anforderungen, die in der Filmkunst an die Vorstellungskraft des Rezipierenden gestellt werden, quantitativ geringer als in der Literatur. Der Film liefert die

Örtlichkeit mit, in der etwa ein Dialog zwischen zwei Menschen stattfindet, das literarisch Erzählte gibt nur mehr oder weniger spärliche Andeutungen der Lokalität, aus denen sich der Leser ein Bild der Umgebung zu machen hat.« (Horst Redeker, *Zu Besonderheiten des gesellschaftlichen Verhältnisses Kunst,* in: *Weimarer Beiträge,* Jg. 1972, H. 4, S. 70-95, hier S. 81.)

104 Cf. Manfred Naumann u. a., *Gesellschaft-Literatur-Lesen,* a.a.O., S. 348.

105 Ebda., S. 359.

106 Georg Lukács, *Ästhetik* (Taschenbuchausgabe) Bd. II, Neuwied und Berlin 1972, S. 268.

107 Goethes Klage, daß es nur wenige Personen gebe, »die das Gebilde eigentlich sehen, genießen, und denken wollen, sondern meist nur solche, die ein Werk obenhin ansehen, dabei aber Beliebiges denken und nach ihrer Art etwas dabei empfinden und genießen wollen«, markiert den Beginn der industriellen Massenliteratur. In ihr treffen die Lesefreiheit des zum Individuum gewordenen Gesellschaftsmitglieds und die mangelnde Ausbildung für die Kunstrezeption widersprüchlich aufeinander. (Johann Wolfgang Goethe, *Sämtliche Werke,* Jubiläums-Ausgabe, Hrsg. Eduard von der Hellen, Stuttgart und Berlin 1902-1907, Bd. 33, S. 115.)

108 Johann Wolfgang Goethe, ebda.

109 Cf. Wolfgang Iser, *Die Appellstruktur der Texte. Unbestimmtheit als Wirkungsbedingung literarischer Prosa,* Konstanz 1970.

110 Diese Gefahr z. B. bei Iser, ebda., S. 5, 8, 24 und passim.

111 Wolfgang Iser, *Überlegungen zu einem literaturwissenschaftlichen Studienmodell,* in: *Konstanzer Blätter zu Hochschulfragen,* VII, 1969, S. 25-39, hier S. 29.

112 Zit. nach Hans Günther, *Grundbegriffe der Rezeptions- und Wirkungsanalyse im tschechoslowakischen Strukturalismus,* in: *Poetica,* Jg. 1971, S. 224-243, hier S. 229.

113 Manfred Naumann u. a., *Gesellschaft-Literatur-Lesen,* a.a.O., S. 314.

114 Bertolt Brecht, *Arbeitsjournal,* a.a.O., S. 381.

115 Beide Aspekte zuerst emotional vermischend, sie dann aber doch auseinanderhaltend, macht ein Brief Marxens an Lassalle die gemeinte Problematik deutlich. Zuerst schreibt Marx: »Alle power of analysis Dir eingeräumt, kannst Du mit *Deinen* Augen herausfinden, was *meine* Augen lasen, und namentlich kannst Du die Umstände herauslesen, unter denen meine Augen lasen? Um mir zu beweisen, daß ich falsch las, müßtest Du erst die Leser und dann die Bedingungen der Leser äquivalisieren . . .« Am Schluß des Briefs dann aber: »Ich gestehe Dir, sans phrase, daß ich, als Mann auf dem Pulverfaß, eine Kontrolle der Umstände über mich erlaubte, die an einem animal rationale nicht ziemt.« (Karl Marx, Brief an Ferdinand Lassalle vom 7. November 1862, *MEW* Bd. 30, S. 636 f.)

116 Ernst Bertram im programmatischen Teil seiner Nietzsche-Biographie, den Robert Weimann in seinem bekannten Aufsatz *Gegenwart und Vergangenheit in der Literaturgeschichte* zum Gegenstand einer prinzipiellen Auseinandersetzung macht. – Cf. Robert Weimann, *Literaturgeschichte und Mythologie. Methodologische und historische Studien,* Berlin und Weimar 1971, vor allem S. 23 ff.

117 Cf. Wolfgang Iser, *Die Appellstruktur der Texte,* a.a.O., z. B. S. 13.

118 Ernst Bloch, *Das Prinzip Hoffnung,* Frankfurt/Main 1959, S. 496.

119 Ebda.

120 H. Ihering, *Die zwanziger Jahre,* Berlin 1948, S. 165.

121 Bertolt Brecht, *Einschüchterung durch die Klassizität,* in: ders., *Gesammelte Werke,* Bd. 17, a.a.O., S. 1276.

122 Robert Weimann, *Literaturgeschichte und Mythologie,* a.a.O., S. 196.

123 Wolfgang Iser, *Die Appellstruktur der Texte,* a.a.O., S. 34. – Ergänzung in der Klammer: Ebda., S. 33.

124 Ebda., S. 34.

125 Um das Weiterleben eines Kunstwerks oder einer Kunstepoche im menschlichen Gedächtnis zu erklären, sind konkrete Studien über Entstehungszeit, Werkbedeutung und Nachwirkungsepochen vonnöten. Jauß' »Problemlösung«, Werke der Vergangenheit erschienen uns deshalb noch sprechend, »weil die *Form,* verstanden als Kunstcharakter, der die praktische Funktion als Zeugnis einer bestimmten Zeit überschießt, über den Wandel der Zeiten hinweg die *Bedeutung* [. . .] offen und damit gegenwärtig hält« (Hans Robert Jauß, *Racines und Goethes Iphigenie,* Nachwort, a.a.O., S. 33.), ist demgegenüber entwaffnend blauäugig. Form ist keine Frischhaltepackung für verderbliche Ware; wo ein Kunstwerk in die Nachwelt hinein- und nicht einfach »über den Wandel der Zeiten hinweg«-wirkt, spricht die Form vielmehr die reale Bedeutung ihres Inhalts als eines selbst lebendig gebliebenen aus.

126 Cf. Hans Robert Jauß, *Racines und Goethes Iphigenie, Nachwort,* a.a.O., S. 32 f.

II. Literarische Produktion und gesellschaftliche Entwicklung des Menschen

1 Karl Marx, *Ökonomisch-Philosophische Manuskripte,* a.a.O., S. 537.

2 Helga Gallas, *Marxistische Literaturtheorie,* a.a.O., S. 175.

3 Ebda., S. 175 f.

4 Karl Marx, *Ökonomisch-Philosophische Manuskripte,* a.a.O.

5 Dabei ist nochmals hervorzuheben, daß diese Fähigkeitenentwicklung und Bedürfnisbefriedigung durch literarische Tätigkeit für Produzenten und Rezipienten unterschiedlich vor sich geht. Beide entwickeln und befriedigen Bedürfnisse und Fähigkeiten der künstlerischen Aneignung der Wirklichkeit – der Autor zugleich mit solchen der Darstellung und Selbstdarstellung, der Leser im Verbund mit solchen der Rezeption. Beide »produzieren sich selbst« mittels Literatur, aber sie produzieren nicht deckungsgleiche oder auch nur reziproke Fähigkeiten. Das heißt, daß der häufige verärgerte Appell von Autoren an Kritiker, nur Bessermachen gelte, nicht stechen kann. Es ist für eine Theorie der subjektiven Entfaltung durch Literatur festzuhalten, daß diese natürlich nur dort partiell realisiert ist, wo noch Mitglieder der Literaturgesellschaft lediglich als Leser an ihr teilzuhaben imstande sind.

6 Herbert Marcuse, *Über den affirmativen Charakter der Kultur,* in: ders., *Kultur und Gesellschaft I,* Frankfurt/Main 1965, S. 63.

7 Friedrich Engels, *Anteil der Arbeit an der Menschwerdung des Affen,* in: ders., *Dialektik der Natur, MEW* Bd. 20, S. 444.

8 Karl Marx, *Das Kapital,* Bd. I, a.a.O., S. 192 f.

9 Cf. Karl Marx, *Lohnarbeit und Kapital, MEW* Bd. 6, a.a.O., S. 407.

10 Hartmut Lüdtke, *Freizeit in der Industriegesellschaft,* Opladen 1972, S. 28.

11 Karl Marx, *Grundrisse . . .,* a.a.O., S. 504 f.

12 Ebda., S. 505.

13 Ebda., S. 387.

14 Marx fügt hinzu: »Die Arbeit der materiellen Produktion kann diesen Charakter nur erhalten, dadurch daß 1) ihr gesellschaftlicher Charakter gesetzt ist, 2) daß

sie wissenschaftlichen Charakters, zugleich allgemeine Arbeit ist, nicht Anstrengung des Menschen als bestimmt dressierter Naturkraft, sondern als Subjekt, das in dem Produktionsprozeß nicht in bloß natürlicher, naturwüchsiger Form, sondern als alle Naturkräfte regelnde Tätigkeit erscheint.« (Ebda., S. 505.) – Engels resümiert im *Anti-Dühring*, nötig und möglich sei »eine Organisation der Produktion [. . .], in der einerseits kein einzelner seinen Anteil an der produktiven Arbeit, dieser Naturbedingung der menschlichen Existenz, auf andre abwälzen kann; in der andrerseits die produktive Arbeit, statt Mittel der Knechtung, Mittel der Befreiung der Menschen wird, indem sie jedem einzelnen die Gelegenheit bietet, seine sämtlichen Fähigkeiten, körperliche wie geistige, nach allen Richtungen hin auszubilden und zu betätigen, und in der sie so aus einer Last eine Lust wird«. (Friedrich Engels, *Anti-Dühring, MEW* Bd. 20, a.a.O., S. 273 f.)

15 Karl Marx, *Grundrisse* . . ., a.a.O., S. 505. – Damit ist natürlich nicht gemeint, daß materielle in geistiger Arbeit aufgehen könne. Leitbild – und nicht nur Gegenbild – materieller Tätigkeit kann die künstlerische z. B. insofern sein, als sie eine notwendige innere Vielfalt in jedem Einzelmoment der Betätigung aufweist, Entwicklung des Produkts und Entwicklung des Produzenten hier also nicht radikal auseinanderfallen, und insofern sie immer – wie variabel das konkret auch sein mag – die Verwirklichung eigener Zwecksetzungen des Arbeitenden miteinschließt, gesellschaftliche Tätigkeit und individuelle Lebenstätigkeit in ihr also nur bedingt in Gegensatz zueinander treten können.

16 Karl Marx, *Grundrisse* . . ., a.a.O., S. 599.

17 Ebda.

18 Ebda., S. 305.

19 Karl Marx, *Ökonomisch-Philosophische Manuskripte*, a.a.O., S. 539.

20 Karl Marx, *Das Kapital* Bd. III, *MEW* Bd. 25, S. 828.

21 Bertolt Brecht, *Arbeitsjournal*, a.a.O., S. 138 f.

22 Hans Robert Jauß, a.a.O., S. 157.

23 Wolfgang Jonas u. a., *Die Produktivkräfte in der Geschichte* Bd. I, Berlin/DDR 1969, S. 33 f.

24 Karl Marx, *Theorien über den Mehrwert, MEW* Bd. 26.1, S. 271. – Der sarkastische Ton dieser Passage wendet sich nicht gegen Musik als – auch für den Hörer – »brotlose Kunst«: »Ist die Musik gut und versteht der Hörer Musik«, schreibt Marx, »so ist die Musikkonsumtion höher als die Champagnerkonsumtion, obgleich die Produktion des letzteren eine ›produktive Arbeit‹ ist und die der erstern nicht.« (Ebda., S. 271) Die Gleichsetzung geistiger und materieller Produktion als beidemal produktive Arbeit drücke, so Marx, lediglich »dem Bourgeois gegenüber [. . .] den Servilismus aus, alle Funktionen für ihn darzustellen«. (Ebda., S. 262.) »Diese Menschen sind so unter ihre fixen Bourgeoisideen unterjocht, daß sie glauben würden, den Aristoteles oder den Julius Cäsar zu beleidigen, wenn sie dieselben ›travailleurs improductifs‹ nennten.« (Ebda., S. 259.) Daß die Furcht geistiger Produzenten, ob der Unproduktivität ihrer Produktion in der bürgerlichen Gesellschaft in Ungnade zu fallen, nicht unberechtigt ist, zeigt in äußerster Zuspitzung der imperialistische Krieg: »Wenn sich beispielsweise, wie mir berichtet wird, in Berlin eine Reihe von Stellen wochenlang mit der Frage beschäftigen, ob man das Wort Akkumulator nicht durch das Wort Sammler ersetzen solle [große Heiterkeit], und darüber umfangreiche Aktenbände angelegt werden [Gelächter], so habe ich den Eindruck – und ich glaube, auch das deutsche Volk teilt diesen Eindruck –, daß Personen, die sich im Kriege mit solchen Kindereien beschäftigen, nicht ganz *aus*gelastet sind und zweckmäßigerweise in eine *Munitionsfabrik* oder an die *Front*

geschickt werden [starker Beifall]«. (Josef Goebbels am 18. 2. 1943, nach Helmut Heiber, Hrsg., *Goebbels-Reden*, Bd. 2, Düsseldorf 1972, S. 193.)

25 Freilich sind das noch sehr allgemeine, an der Korrektur gröbster Konfusionen ausgerichtete Feststellungen; sie werden ungenügend, wenn es um die historisch präzisierte Frage nach dem literarischen Funktionsspektrum geht, das sich innerhalb der literarischen Tätigkeit als Nicht-Praxis zu bewegen vermag. Dabei zeigt sich dann, daß die Rede von Literatur als »gesellschaftlicher Produktivkraft«, so mißverständlich sie bleibt, in vielen Fällen keine idealistische Zustandsbeschreibung von literarischer Wirkung meint, sondern im Kontext eines spezifischen Literaturprogramms steht, das die »Reibungsverluste« zwischen literarischer Wirkung auf das Subjekt und gesellschaftspraktischer Wirksamkeit der so affizierten Subjektivität zu verringern sucht. Ein solches Programm meint eine Literatur, die nicht nur, als Agglomerat von ästhetischen Einzelreizen, ihren Adressaten selbst nur als Bündel verschiedenster Bedürfnisse »anspricht«, sondern sie auf ihre Bedeutung für den Adressaten als ganzen, als Subjekt synthetisiert, aber dies Subjekt nicht auf Ersatzbefriedigungen z. B. durch die Literatur selbst hinleitet, sondern es als Subjekt gesellschaftlicher Lebenspraxis versteht. Dabei kommt es nicht nur darauf an, lebenspraktische Wahrheiten niederzulegen, sondern die zum gegebenen Augenblick bedeutsamen, oder: die bedeutsamen zum richtigen Augenblick. Verlangt ist zugleich, wie Brecht in *Fünf Schwierigkeiten beim Schreiben der Wahrheit* notierte, »das Urteil, jene auszuwählen, in deren Händen die Wahrheit wirksam wird«, und »die List, die Wahrheit unter vielen zu verbreiten«, mit anderen Worten »praktikable Wahrheiten« zu schaffen, die Anschluß an die entscheidenden gesellschaftlichen Bewegungen zu finden vermögen. (Cf. Bertolt Brecht, *Gesammelte Werke*, Bd. 18, a.a.O., S. 229 und S. 231.)

»Wirklichkeitsbildend« im emphatischen Sinn kann Literatur freilich erst dann werden, wenn diese Verbreitung nicht mehr nur – wie Brecht im Exil dies noch schreiben mußte – Sache der »List« von wenigen ist, sondern die der vielfältigen Institutionen einer entwickelten Literaturgesellschaft. Deren Begriff darf dann wiederum nicht nur bedeuten, daß hier eine Gesellschaft der Literatur wirklich Heimrecht verleiht, sondern daß die Literaturgesellschaft im engeren Sinn sich nicht gegenüber der übrigen Gesellschaft verselbständigt: daß Literatur also nicht in einem von übriger Lebenspraxis mehr oder minder abgeschotteten Raum von Lesebedürfnissen und lesender Befriedigung vor sich geht, sondern literarische Interessen als Moment von Lebensinteressen entwickelt und literarische Inhalte jeweils mit den Erfordernissen der Lebenspraxis konfrontiert werden. (Cf. hierzu Kaspar Maase, *Leseinteressen der Arbeiter in der BRD*, Köln 1975, insbesondere S. 87-97.)

26 Karl Marx, *Thesen über Feuerbach*, *MEW* Bd. 3, S. 533-535, hier S. 535.

27 So Heinz Brüggemann, *Aspekte einer marxistischen Produktionsästhetik*, in: Heinz Schlaffer, Hrsg., *Erweiterung der materialistischen Literaturtheorie durch Bestimmung ihrer Grenzen*, a.a.O., S. 109-143; hier S. 111.

28 Boris Arvatov, *Kunst und Produktion*, München 1972, S. 28.

29 Ebda., S. 27.

30 Ebda., S. 27.

31 Ebda., S. 93.

32 Ebda., S. 23.

33 Cf. zur Begrenztheit des Alltagsdenkens- und handelns allgemein Agnes Heller, *Struktur des Alltagslebens*, in: dies., *Alltag und Geschichte*, Neuwied und Berlin 1970, S. 20-44. – Zum Verhältnis von Alltagsleben und Kunst insbesondere

Georg Lukács, *Ästhetik I*, Neuwied und Berlin 1972, darin: *Probleme der Widerspiegelung im Alltagsleben*, S. 9-54, und *Ästhetik II*, a.a.O., *Das homogene Medium, der ganze Mensch und der Mensch ganz*, S. 177-204.

34 Wider den Argwohn der Kunstverteidiger und die Hoffnung der Kunstgegner schreibt Arvatov »zum Problem der abbildenden Kunst«: »Man weist darauf hin, daß die Produktionskünstler nichts kennen wollen außer den gegenstandslosen Formen des Konstruktivismus, daß ihrer Ansicht nach die abbildende Kunst vom Proletariat abgelehnt werden muß. Noch einmal ganz von vorn: niemand von uns hat je etwas ähnliches gesagt. Das Mißverständnis steckt hier in folgendem: die Kritiker, in der Tradition der bürgerlichen Kunst lebend, verstanden den erbarmungslosen Kampf der Produktionskünstler gegen die Staffeleikunst, d. h. gegen die selbstgenügsame, kontemplative Form, als Kampf gegen die abbildende Kunst überhaupt.« Demgegenüber hätten die Produktionskünstler »gerade eine Reihe solcher durch ihre Abbildlichkeit wirkender künstlerischer Formen hervorgebracht: [. . .] Während sie die Staffeleikunst für Wohnung und Museum entschieden ablehnen, kämpfen sie für das Plakat, für die Illustration, die Reklame, die Fotografie und die Film-Montage, d. h. für die Arten einer *utilitär*-abbildenden Kunst, die Massencharakter haben, mit den Mitteln der maschinellen Technik ausgeführt werden und in enger Verbindung mit dem materiellen Alltag der städtischen Industriearbeiter stehen. In diesem Sinne sind die Produktionskünstler – Gebrauchskünstler.« (Ebda., S. 67 f.)

35 Ebda., S. 108.

36 Karl Marx, *Ökonomisch-Philosophische Manuskripte*, a.a.O., S. 517. – Schon dieser Satz deutet im übrigen das ganze Ausmaß des Mißverständnisses an, Marx begreife »die Tätigkeit des Menschen nur als instrumentales Handeln« und könne deshalb »das kommunikative Handeln nicht zureichend [erkennen]. Da es nicht völlig geleugnet werden kann, wird es als ein sekundäres vom instrumentalen Handeln abgeleitet. Literatur als wichtiges Mittel kommunikativen Handelns wird unwichtig, weil kommunikatives Handeln unwichtig ist.« (Hans Dieter Zimmermann, *Vom Nutzen der Literatur*, Frankfurt/Main 1977, S. 70.) Die Parole heißt hier »Haltet den Dieb«; sie unterschiebt dem Marxismus die bloß instrumentelle Vernunft, die den Kapitalismus beherrscht und freie Interaktion lediglich als Innerakion zuläßt.

III. Literarische Produktion als spezifische Aneignungsweise der Realität

1 Es läßt sich demnach von einer »doppelten Widerspiegelungsbeziehung« reden, in der literarische Darstellungen stehen: die erste meint Widerspiegelung des Problemgegenstands in der Realität, die zweite meint Widerspiegelung von gesellschaftlichen Erkenntnis- und Erfahrungsbedingungen, die in das Erkenntnisresultat eingehen. Werden beide Beziehungen nicht strikt auseinandergehalten, kommt es zu Konfusionen von Basis-Überbau- und Realismustheorie wie z. B. bei Jauß, der die Frage der »gesellschaftliche[n] Äquivalente« von Kunst zugleich mit dem Problem behandelt, inwieweit Literatur »Ereignisse der geschichtlichen Realität« (Hans Robert Jauß, *Literaturgeschichte als Provokation*, a.a.O., S. 158.) abbilde. Von hier ist es dann nicht mehr weit zu dem Mißverständnis, die Theorie von der Literatur als »Widerspiegelung der ökonomischen Basis« verlange vom Schriftsteller die bevorzugte oder ausschließliche Wiedergabe von Sachverhalten der Arbeitswelt oder der

Politischen Ökonomie.

2 Manfred Naumann u. a., *Gesellschaft-Literatur-Lesen,* a.a.O., S. 351.

3 Noch immer sind – teils ahnungslose, teils polemische – Verwechslungen der dialektisch-materialistischen Widerspiegelungstheorie mit der Widerspiegelungsvorstellung des frühbürgerlichen, mechanischen oder sensualistischen, Materialismus an der Tagesordnung. »Es gehört«, schreibt Georg Lukács, »zu den landläufigen ›Argumenten‹ gegen den dialektischen Materialismus, daß man seine Widerspiegelungslehre unbesehen und ohne Beweis mit der Theorie der photographischen Wiedergabe der Wirklichkeit identifiziert.« Lukács kritisiert diese Methode mit einem Hinweis auf den als Vertreter mechanistischer Positionen verschrieenen Lenin: »Die Erkenntnis«, schreibt dieser, »ist die Widerspiegelung der Natur durch den Menschen. Aber das ist keine einfache, keine unmittelbare, keine totale Widerspiegelung, sondern der Prozeß einer Reihe von Abstraktionen, der Formulierungen, der Bildung von Begriffen, Gesetzen etc.« (Georg Lukács, *Ästhetik I* (Taschenbuchausgabe) Bd. I, Neuwied und Berlin 1972, S. 165. – Das Leninzitat nach W. I. Lenin, *Aus dem philosophischen Nachlaß,* Wien-Berlin 1932, S. 101.)

5 Horst Redeker, *Zu Besonderheiten des gesellschaftlichen Verhältnisses Kunst,* a.a.O., S. 84.

6 Cf. Utz Maas/Dieter Wunderlich, *Pragmatik und sprachliches Handeln,* a.a.O., S. 117.

7 Bertolt Brecht, *Die Diderot-Gesellschaft,* a.a.O., S. 309.

8 Bertolt Brecht, *Kleines Organon für das Theater,* in: ders., *Gesammelte Werke,* Bd. 16, a.a.O., S. 698.

9 Bertolt Brecht, *Arbeitsjournal,* a.a.O., S. 111.

10 Ebda., S. 310.

11 Bertolt Brecht, *Kleines Organon für das Theater,* a.a.O., S. 698.

12 Bertolt Brecht, *Neue Technik der Schauspielkunst,* in: ders., *Gesammelte Werke,* Bd. 15, a.a.O., S. 364.

13 Bertolt Brecht, *Der Messingkauf,* in: ders., *Gesammelte Werke,* Bd. 16, a.a.O., S. 612.

14 Cf. Bertolt Brecht, *Neue Technik der Schauspielkunst,* a.a.O., S. 366.

15 Im *Messingkauf* schreibt Brecht: »DER DRAMATURG Verwendet nicht auch der *Surrealismus* in der Malerei eine Verfremdungstechnik? DER PHILOSPH Gewiß. Diese komplizierten und raffinierten Maler sind sozusagen die Primitiven einer neuen Kunstform. Sie versuchen den Betrachter zu schockieren, indem sie seine Assoziationen aufhalten, enttäuschen, in Unordnung bringen, etwa dadurch, daß eine Frau an der Hand statt Finger Augen hat. [. . .] Gerade indem die Hand keine Hand mehr ist, entsteht eine Vorstellung *Hand,* die mehr mit der gewöhnlichen Funktion dieses Instruments zu tun hat als jenes ästhetische Dekorativum, das man auf 10 000 Gemälden angetroffen hat. Oft freilich sind diese Bilder nur Reaktionen auf die untotale Funktionslosigkeit der Menschen und Dinge in unserm Zeitalter, das heißt, sie verraten eine schwere Funktionsstörung. Auch die Klage darüber, daß alles und jedes zu funktionieren habe, also alles Mittel und nichts Zweck sei, verrät diese Funktionsstörung. DER DRAMATURG Warum ist es eine primitive Verwertung des V-Effekts? DER PHILOSOPH Weil auch die Funktion dieser Kunst unterbunden ist in gesellschaftlicher Hinsicht, so daß hier einfach auch die Kunst nicht mehr funktioniert. Sie endet, was die Wirkung betrifft, in einem Amüsement durch den besagten Schock.« (Bertolt Brecht, *Der Messingkauf,* a.a.O., S. 612.)

16 Cf. z. B. Bertolt Brecht, *Arbeitsjournal,* a.a.O., S. 110. Brechtsche »Verfrem-

dung«, das Auffallendmachen durch Selektion, durch Änderung der Proportionen oder Verzerrung der Oberflächenstruktur der Realität ist also nur ein spezielles und bewußtes Ausarbeiten des aktiven Charakters jeder Aneignung zu einem realitätsangemessen aktivierenden Darstellen hin: Brecht spricht denn auch von Verfremdung nicht erst bei seinem Epischen oder Dialektischen Theater, sondern nennt z. B. das Pathos ein – wenn auch »billigstes« – Verfremdungsmittel (Bertolt Brecht, *Neue Technik der Schauspielkunst,* a.a.O., S. 366) oder sagt vom Vers allgemein, er mache »die Wörter unbekannt« (Ebda., S. 375), was mit der Aufgabe, Gewohntes neu und richtiger sehen zu machen, zusammenstimmt.

17 Manfred Naumann u. a., *Gesellschaft-Literatur-Lesen,* a.a.O., S. 454.

18 Bertolt Brecht, *Kleines Organon für das Theater,* a.a.O., S. 704.

19 Gero von Wilpert, *Sachwörterbuch der Literatur,* Stuttgart 1964, S. 130.

20 Richard Brinkmann, *Wirklichkeit und Illusion,* Tübingen [2]1966, S. 309.

21 Hans Norbert Fügen, *Die Hauptrichtungen der Literatursoziologie,* Bonn [3]1968, S. 101. – Gedacht werden mag dabei an Geschmackskriterien oder an Maßstäbe der immanent festzustellenden Werkkomplexität; nicht werk-, aber literatur- oder sprachimmanent bleiben auch Feststellungen der »Poetizität« von Literatur, die durch Vergleiche mit »konventioneller Sprache« gewonnen werden, oder – so wie das Jauß vorschlug – die Frage danach, wie sehr ein literarisches Werk den von Jauß vor allem innerliterarisch oder zumindest innergeistig definierten »Erwartungshorizont« der Rezipienten desavouiere. (Cf. Hans Robert Jauß, *Literaturgeschichte als Provokation,* a.a.O., und die Rezension des Verfassers, a.a.O., S. 365.) Eine Trennung des Aneignungs- und des Fiktionsaspekts *innerhalb* der Literatur nimmt Hans Norbert Fügen vor. Er bestreitet nicht, daß Literatur auch »Gegebenheiten der sozialen Wirklichkeit« enthalten könne; so hätten z. B. Untersuchungen gezeigt, daß der Sozialstatus von Heldinnen in amerikanischen Short stories sich mit dem der Amerikanerinnen gewandelt hätte. (Hans Norbert Fügen, *Die Hauptrichtungen der Literatursoziologie,* a.a.O., S. 118 und 115.) Doch nicht jede Literatur bilde in dieser Weise Gesellschaftliches ab und nirgends rühre dieser dokumentarische Inhalt an das eigentliche Wesen des literarischen Werks: »[. . .] die Eigenart des sozialen Phänomens Literatur besteht [. . .] gerade in dem eigenartigen Wirklichkeitsanspruch, durch welchen es sich seiner ganzen Intention nach einem außerhalb seiner bestehenden Wirklichkeitsmaß entzieht.« (Ebda., S. 118.) Fügen erklärt den »fiktiven Charakter der Literatur« – gemeint ist wohl: fiktionalen – zu ihrem »entscheidenden Kriterium« und schließt von hier aus: »Der Literatur ist das Privileg zugestanden, unwiderleglich zu sein.« (Ebda., S. 4 und S. 135.)

22 Cf. Hans Robert Jauß, *Literaturgeschichte als Provokation,* a.a.O., S. 158.

23 Cf. Hans Norbert Fügen, *Die Hauptrichtungen der Literatursoziologie,* a.a.O., S. 101.

24 Cf. Hans Robert Jauß, *Literaturgeschichte als Provokation,* a.a.O., S. 156; Hans Norbert Fügen, *Die Hauptrichtungen der Literatursoziologie,* a.a.O., S. 65.

25 Wolfgang Iser, *Die Appellstruktur der Texte,* a.a.O., S. 34.

26 Ebda., S. 12.

27 Manfred Wekwerth, *Theater und Wissenschaft,* München 1974, S. 100.

28 Peter Demetz, *Marx, Engels und die Dichter,* Frankfurt/Main und Berlin 1969, S. 113.

29 Hans Norbert Fügen, *Die Hauptrichtungen der Literatursoziologie,* a.a.O., S. 102.

30 Ebda., S. 99.

31 Ebda., S. 101.

32 Friedrich Engels, *Brief an Ferdinand Lassalle vom 18. Mai 1859, MEW* Bd. 29, S. 604.

33 Ebda.

34 Ebda. – Ganz ähnlich argumentiert Marx, wenn er Lassalle fragt, ob denn »das behandelte Thema passend zur Darstellung dieser Kollision war? Balthasar kann sich in der Tat einbilden, daß, wenn Sickingen, statt seine Revolte unter einer ritterlichen Fehde zu verstecken, das Banner eines Antikaisertums und offnen Kriegs gegen das Fürstentum aufgepflanzt, er gesiegt hätte. Können wir aber diese Illusion teilen? Sickingen (und mit ihm Hutten, mehr oder minder) ging nicht unter an seiner Pfiffigkeit. Er ging unter, weil er als *Ritter* und als *Repräsentant einer untergehenden Klasse* gegen das Bestehende sich auflehnte oder vielmehr gegen die neue Form des Bestehenden.« Und später: »Wolltest Du also die Kollision nicht einfach auf die im Götz von Berlichingen dargestellte reduzieren – und das war nicht Dein Plan –, so mußten Sickingen und Hutten untergehn, weil sie in ihrer Einbildung Revolutionäre waren [. . .] und ganz wie der *gebildete* polnische Adel von 1830 sich einerseits zu Organen der modernen Ideen machten, andrerseits in der Tat aber ein reaktionäres Klasseninteresse vertraten.« (Karl Marx, *Brief an Ferdinand Lassalle vom 19. April 1859, MEW* Bd. 29, S. 591.)

35 Cf. dazu Manfred Naumann u. a., *Gesellschaft-Literatur-Lesen*, a.a.O., S. 457: »Die Kriterien der Echtheit sind ein mehr oder weniger intuitives Maß dafür, inwieweit wir einen bestimmten Zusammenhang verschiedener Elemente und Beziehungen für in sich stimmig und für eine bestimmte Erscheinung charakteristisch halten: den Zusammenhang zwischen der Figur als einem Typus und als einer Individualität; den Zusammenhang zwischen Handeln und Verhalten der Figuren und ihren besonderen Verhältnissen; den Zusammenhang zwischen den besonderen Verhältnissen und der im Horizont der Darstellung erscheinenden Welt.«

36 Karl Marx, *Brief an Ferdinand Lassalle*, a.a.O., S. 590 f.

37 Ebda., S. 591 f. Die Empfehlung des »Shakespearisierens« statt des »Schillerns« – oft nur als literarische »Vorliebe« von Marx angesehen – zeigt im zitierten Kontext, daß Marx den Schillerschen Stil als Ausdruck idealistisch-personalistischer Einstellung interpretiert, während der Hinweis auf Shakespeares Dramatik sich offensichtlich der Meinung verdankt, daß hier die Destillierung konkret-historischer zu abstrakt-ideellen Problemen vermieden sei. Wie sehr der Verweis auf Shakespeare auch im 19. Jahrhundert progressive und keineswegs nur traditionsgebundene Gesinnung atmet, zeigt ein Blick auf eine Briefäußerung Büchners: »Was noch die sogenannten Idealdichter anbetrifft, so finde ich, daß sie fast nichts als Marionetten mit himmelblauen Nasen und affektiertem Pathos, aber nicht Menschen von Fleisch und Blut gegeben haben, deren Leid und Freude mich mitempfinden macht und deren Tun und Handeln mir Abscheu oder Bewunderung einflößt. Mit einem Wort, ich halte viel auf Goethe oder Shakespeare, aber sehr wenig auf Schiller.« (Georg Büchner, Brief an die Familie vom 28. Juli 1835, in: ders., *Werke und Briefe*, hrsg. v. Fritz Bergemann, Wiesbaden 1958, S. 399-401, hier S. 400.)

38 Bertolt Brecht, *Volkstümlichkeit und Realismus*, in: ders., *Gesammelte Werke*, Bd. 19, a.a.O., S. 326.

39 Bertolt Brecht, *Notizen über realistische Schreibweise*, a.a.O., S. 370.

40 Ebda., S. 371. – »Wenn der brave Soldat Schweijk in Haseks klassischer Erzählung, bevor er irgendwo hingeht, wo die Fabel ihn haben muß, erst noch ›etwas‹ in der unteren Stadt zu besorgen hat, so zeigt Hasek dem Schweijk gegenüber die gleiche realistische Menschenkenntnis (abgesehen von der souveränen Stellung zur eigentlichen Fabel, die eben nur etwas Besonderes in einem Allgemei-

nen, ein Abenteuer im Alltag ist), die er den Schweijk selber haben läßt, [...] das helle Auge des Unterdrückten dem Unterdrücker gegenüber, mit dem er leben muß, jenes feinfühligste Abtastungsvermögen seiner Schwächen und Laster, die profunde Kenntnis seiner [des Gegners] realen Bedürfnisse und Verlegenheiten, die ständige, wache Einkalkulierung des Unberechenbaren, Imponderablen und so weiter.« (Ebda., S. 370 f.)

41 Ebda., S. 371.

42 Ebda.

43 Ebda., S. 326.

44 Ebda., S. 371 f.

45 Ebda., S. 348.

46 Ebda., S. 349.

47 Ebda., S. 348.

48 Ebda., S. 349.

49 Bertolt Brecht, *Arbeitsjournal,* a.a.O., S. 352.

50 Manfred Naumann u. a., *Gesellschaft-Literatur-Lesen,* a.a.O., S. 472.

51 Ebda., S. 472.

52 In diesem Sinn lobt Engels z. B. »die burschikose Manier, in der Shakespeare oft die dénouements übers Knie bricht und den dabei – in der Wirklichkeit allerdings unumgänglichen – langweiligen Kohl abkürzt«. (Friedrich Engels, *Brief an Karl Marx vom 10. 12. 1873, MEW* Bd. 33, S. 101.)

53 Bertolt Brecht, *Arbeitsjournal,* a.a.O., S. 310.

54 Was das bedeutet, demonstriert eine Passage im *Arbeitsjournal,* in der Brecht zu dem finnischen Stück *Die junge Wirtin von Niskavouri* bemerkt: »die trilogie zeigt, wie der hof nicht für die menschen, sondern die menschen für den hof da sind; wie der besitz die familie formt und alle beziehungen der individuen vernichtet. die zeitungen sehen das aber keineswegs. grund: das werk ist in der naturalistischen manier verfaßt, so daß all dies nur hintergrund wird, es kommt alles nur vor, es kommt nicht nach vorn. die höhepunkte des dramas fallen nicht mit den höhepunkten oder nervenpunkten dieses stoffes zusammen. (bei SHAW wird der hauptstoff als gesprächsthema gebracht oder – in der Vorrede.)« (Ebda., S. 113.)

55 Bertolt Brecht, *Kleines Organon für das Theater,* a.a.O., S. 48.

56 Bertolt Brecht, *Über eine nichtaristotelische Dramatik,* a.a.O., S. 249.

57 Ebda., S. 248.

58 Bertolt Brecht, *Weite und Vielfalt der realistischen Schreibweise,* in: ders., *Gesammelte Werke,* Bd. 19, a.a.O., S. 348.

59 Aus den Notizen zum *Entwurf einer Darstellung des Standpunkts sozialistisch-realistischer Künstler auf dem Gebiet des Theaters,* abgedruckt in: Bertolt Brecht, *Schriften zum Theater,* Frankfurt/Main 1964, Bd. 7, S. 317.

60 Ebda.

61 Bertolt Brecht, *Über eine nichtaristotelische Dramatik,* a.a.O., S. 247.

62 Theodor W. Adorno, *Zur gesellschaftlichen Lage der Musik,* Teil I, in: *Zeitschrift für Sozialforschung,* Jg. 1932, S. 103-124, hier S. 124.

63 Cf. Bertolt Brecht, *Volkstümlichkeit und Realismus,* a.a.O., S. 322-331.

64 Hans Günther, *Funktionsanalyse der Literatur,* in: Jürgen Kolbe, Hrsg., *Neue Ansichten einer künftigen Germanistik,* München 1973, S. 174-184, hier S. 174.

65 Hans Robert Jauß, *Literaturgeschichte als Provokation,* a.a.O., S. 156. – Im übrigen geht Jauß' Ansicht, der sozialistische Realismus breche mit der »ursprünglich antinaturalistischen Position der marxistischen Theorie« und verpflichte sich dabei auf das »Mimesisideal« und die Ästhetik der »imitatio naturae« (Ebda.), nicht

nur am kritisierten Realismus, sondern auch am Charakter der Mimesis- oder »imitatio«-Theorien vorbei. Wie Friedrich Tomberg gezeigt hat, meinte der von Aristoteles entwickelte Mimesisbegriff nie die bloße künstlerische Nachahmung auch anderswie wahrnehmbarer Erscheinungen, sondern als »Mimesis von Handlung« die zugleich realistische und utopische Darstellung der Polisgesellschaft als eudaimonischer (cf. Friedrich Tomberg, *Mimesis der Praxis und abstrakte Kunst,* Neuwied und Berlin 1968, v. a. S. 11-29). Auch der Begriff der »imitatio naturae«, der insbesondere die Poetiken der Renaissance beschäftigte, will keine äußerliche Naturähnlichkeit der Kunst. Scaliger z. B. verstand die künstlerische »imitatio« als Wiedergabe der »universa perfectio«, welche »in ipsis naturae *normis* atque dimensionibus« (Hervorhebung von mir, B.J.W.) erkennbar sei. Bei Puttenham wird der Autor entsprechend als Einheit von »maker« und »imitator« bezeichnet, dazu berufen, die nicht außerhalb der Realität, aber auch nicht in ihren bloßen Erscheinungen erfaßbare Wahrheit zu gestalten. (Cf. Herbert Mainusch, *Dichtung als Nachahmung. Ein Beitrag zum Verständnis der Renaissancepoetik,* in: *Germanisch-Romanische Monatsschrift.* Neue Folge Jg. 1960, S. 122-138, hier insbes. S. 126 und S. 131.)

66 Bertolt Brecht, *Weite und Vielfalt der realistischen Schreibweise,* a.a.O., S. 346.

67 Karl Michael Balzer, *Tendenz und historische Wahrheit. Dramaturgische Notizen zu Eislers ›Johann Faustus‹,* in: *Materialien zu Hanns Eislers ›Johann Faustus‹,* Landestheater Tübingen 1974, S. 13-22, hier S. 14.

68 Bertolt Brecht, *Arbeitsjournal,* a.a.O., S. 381. – Zum Problem ahistorischer Abstraktionsbildungen im Drama cf. Bernd Jürgen Warneken, *Kritik am Viet Nam Diskurs,* in: Volker Canaris, Hrsg., *Über Peter Weiß,* Frankfurt/Main 1971, S. 112-130.

69 Theodor W. Adorno, *Ästhetische Theorie,* a.a.O., S. 433 f.

70 Ebda., S. 421.

71 Bertolt Brecht, *Zur bildenden Kunst,* in: ders., *Gesammelte Werke,* Bd. 18, a.a.O., S. 266-268.

72 Ebda., S. 266.

73 Ebda.

74 Ebda., S. 267.

75 Ebda., S. 268.

76 Ebda.

77 Ebda., S. 266 f.

78 »Das abstrakte Bild«, sagt z. B. Mondrian, »erhebt sich über die Sphäre des Körperlich-Zweckgebundenen in eine Sphäre, die man ›Geist‹ oder ›reine Form‹ oder ›Freiheit‹ benennen kann.« Kandinsky spricht von »urbildender Malerei«, die deshalb, weil sie »nichts mehr abbildet, [. . .] fähig [ist], [. . .] die Rhythmen des Alls gleichnishaft zu versichtbaren.« (Zitiert nach: Konrad Farner, *Der Aufstand der Abstrakt-Konkreten,* Neuwied und Berlin 1970, S. 47.)

79 Tomberg hat die abstrakte Kunst der Gegenwart als Resultat einer verzweifelten, in Wirklichkeitskritik umschlagenden Gesellschaftskritik beschrieben: »Wie immer aber auch die Wirklichkeit von der Kunst erfahren wird, und sei es noch so ›gesichtslos‹ und ›chaotisch‹, die Gegenstände der wirklichen Welt ästhetisch widerspiegeln, bedeutet: sie vermenschlichen und sie damit zu Repräsentanten der Eudaimonie machen. Um dem Schein der Eudaimonie nicht zu erliegen, muß die Kunst also nicht nur die Wirklichkeit als eine enthumanisierte widerspiegeln, sie muß auch die mit dieser Widerspiegelung erfolgte künstlerische Vermenschlichung rückgängig

machen. Und das heißt: sie muß die Gegenständlichkeit des Wirklichen überhaupt negieren und also sich selbst als Widerspiegelung aufheben.« (Friedrich Tomberg, *Mimesis der Praxis und abstrakte Kunst,* a.a.O., S. 69.)

80 Noch diejenigen Richtungen dieser Literatur, welche von vornherein die Bedeutungsfähigkeit der Sprache aufhoben, indem sie deren Zeichenträger lediglich nach lautlichen und graphischen Gesichtspunkten einsetzten, verkörperten dort eine relativ sinnvolle Sinnlosigkeit, wo sie zur Ankündigung der Ideologieverweigerung in bestimmten kulturellen Kontexten, also *inkohativ* und nicht als eigene Neuposition, fungierten.

81 Siegfried J. Schmidt, *Ästhetische Prozesse,* Köln 1971, S. 153 f.

82 Ebda., S. 141.

89 Helmut Heißenbüttel, *Anmerkungen zur konkreten Poesie,* in: *Text und Kritik,* Jg. 1970, H. 25, S. 19-21; hier S. 19.

84 Cf. Siegfried J. Schmidt, *Ästhetische Prozesse,* a.a.O., S. 141.

85 Zit. nach: *Text und Kritik,* a.a.O., S. 39.

86 Gisela Dischner, *Konkrete Kunst und Gesellschaft,* in: *Text und Kritik,* a.a.O., S. 37-41; hier S. 38.

87 Ebda.

88 Helmut Heißenbüttel, *Anmerkungen zur konkreten Poesie,* a.a.O., S. 21.

89 Eugen Gomringer, *Manifest »Vom Vers zur Konstellation«.* Zit. nach: Siegfried J. Schmidt, *Ästhetische Prozesse,* a.a.O., S. 159.

90 Chris Bezzel, *dichtung und revolution,* in: *Text und Kritik,* a.a.O., S. 35-36; hier S. 35.

91 Ebda.

92 Ebda.

93 Siegfried J. Schmidt, *Ästhetische Prozesse,* a.a.O., S. 153.

94 Ebda., S. 166.

95 Chris Bezzel, *dichtung und revolution,* a.a.O., S. 36.

96 Nicolas Born, Hrsg., *Die Phantasie an die Macht. Literatur als Utopie,* Reinbek bei Hamburg 1975, S. 9 f.

97 Ernst Bloch, *Das Prinzip Hoffnung,* a.a.O., S. 257.

98 Ebda., S. 271. – Die Karikatur der bloß objektgemäß offenen Möglichkeit, mit der arbeitsloses Spintisieren sich beschäftigt, enthält der jüdische Witz vom Rabbiner, der vor sich hinsinnt: »Wenn man einen unendlich großen See hätte, und nähme alle Bäume, die man zusammenholen könnte, und machte daraus *einen* Baum, und nähme dann alle Äxte, die man aufbringen könnte, und machte daraus *eine* Axt. Und hackte dann mit der Axt, die gemacht ist aus unendlich vielen Äxten, den Baum ab, der gemacht ist aus unendlich vielen Bäumen, so daß er in den unendlich großen See fiele – ui, gäb das einen Platsch.«

99 Ebda., S. 247. – Von einem »Realismus ohne Ufer«, wie ihn z. B. die »Theorie des sozialistischen Realismus« Bloch zuschreibt, ist bei ihm nicht die Rede. (Cf. Autorenkollektiv, *Theorie des sozialistischen Realismus,* Berlin/DDR 1974, S. 500.) Das *Prinzip Hoffnung* verwendet den Begriff der Uferlosigkeit sogar pejorativ, wenn es aufzeigt, wie »uferlos das bloß Denkmögliche« sein könne und wie sehr sachlich-objektiv Mögliches »kein uferloses, sondern ein jeweils benennbares und ein nach Maßgabe der bekannten Bedingungen gradweise angebbares« sei. (Ernst Bloch, *Das Prinzip Hoffnung,* a.a.O., S. 259.)

100 Wobei es, wie für die fiktionale Literatur wohl selbstverständlich, nicht um die Beschränkung auf realmögliche Erscheinungen, also um das Draußenhalten von Fabelwelten und Fabelwesen, auch nicht von »Formexperimenten«, geht, sondern

lediglich um die Realistik der vom Werk dargestellten Problemfigur selbst.

101 So Rudolf Sühnel im Artikel *Utopie* des Fischer-Lexikons *Literatur,* Bd. 2/2, Hrsg. Wolf-Hartmut Friedrich und Walther Killy, Frankfurt/Main 1965, S. 588.

102 Der Massenliteratur interpretatorisch zu folgen heißt deshalb nicht nur, wie das im Anschluß an Bloch geschehen ist, den »Spuren« der darin enthaltenen utopischen Wünschen zu folgen, sondern bedeutet auch, die Spur einer Entführung, ja Verschleppung dieser Wünsche aufzunehmen.

103 Hermann Bausinger, *Volkskunde,* Darmstadt o. J., S. 237.

104 Georg Lukács, *Goethe und seine Zeit,* in: ders., *Deutsche Literatur in zwei Jahrhunderten,* Neuwied und Berlin 1964, S. 75.

105 Ebda.

106 Ebda., S. 76. – Dieser Fluchtcharakter scheint Goethe selbst nicht verborgen geblieben zu sein. Lukács wenigstens versteht den Widerspruch, daß Goethe »einerseits die bewußte Leitung der Erziehung Wilhelms (und anderer) durch die Gesellschaft im Turm zum wichtigsten Faktor der Handlung macht, anderseits aber dieselbe Leitung, die Frage der Lehrbriefe usw., als ein halbes Spiel behandeln läßt«, als Ausdruck davon, daß Goethe »sich – wenigstens erlebnishaft – klar darüber [ist], daß er hier nicht die Wirklichkeit selbst schildert«. (Ebda., S. 84.)

107 Friedrich Engels, *Der deutsche Bauernkrieg, MEW* Bd. 7, S. 346.

108 Karl Marx, Erster Entwurf zum *Bürgerkrieg in Frankreich, MEW* Bd. 17, S. 557.

109 Ernst Bloch, *Das Prinzip Hoffnung,* a.a.O., S. 680. – Bloch hält sich hier eng an den Gedankengang des *Kommunistischen Manifests.* Dort heißt es über den »kritisch-utopischen Sozialismus und Kommunismus«: »In demselben Maße, worin der Klassenkampf sich entwickelt und gestaltet, verliert diese phantastische Erhebung über denselben, diese phantastische Bekämpfung desselben allen praktischen Wert, alle theoretische Berechtigung. Waren daher die Urheber dieser Systeme auch in vieler Beziehung revolutionär, so bilden ihre Schüler jedesmal reaktionäre Sekten [. . .]. Sie suchen [. . .] konsequent den Klassenkampf wieder abzustumpfen und die Gegensätze zu vermitteln. Sie träumen noch immer die versuchsweise Verwirklichung ihrer gesellschaftlichen Utopien, Stiftung einzelner Phalanstere, Gründung von Home-Kolonien, Errichtung eines kleinen Ikariens – Duodezausgabe des neuen Jerusalems –, und zum Aufbau aller dieser spanischen Schlösser müssen sie an die Philanthropie der bürgerlichen Herzen und Geldsäcke appellieren.« (Karl Marx/Friedrich Engels, *Manifest der Kommunistischen Partei, MEW* Bd. 4, S. 491.)

110 Bertolt Brecht, *Lehrgedichte von der Natur des Menschen,* in: ders., *Gesammelte Werke,* Bd. 10, a.a.O., S. 903.

111 Cf. Robert Jungk, *Kunst als Zukunft,* in: Olaf Schwencke u. a., Hrsg., *Plädoyers für eine neue Kulturpolitik,* München 1974, S. 94-102, hier S. 95.

112 Eine Darstellungsform wie das *Lehrstück* nimmt eine Zwischenposition zwischen literarischer Produktionskunst und ästhetischer Spielpraxis ein. Für den hier angestrebten Zugang zum Problem der Spezifik der kunstliterarischen Produktion bietet der Vergleich mit Rollen- und Planspiel deshalb die Chance größerer Plastizität. Zur Unterscheidung der Funktionen von Lehrstück und Zuschauerkunst cf. im übrigen Werner Mittenzwei, *Die Spur der Brechtschen Lehrstücktheorie. Gedanken zur neueren Lehrstück-Interpretation,* in: Reiner Steinweg, Hrsg., *Brechts Modell der Lehrstücke. Zeugnisse, Diskussion, Erfahrungen,* Frankfurt/Main 1976, S. 225-254.

113 Hoffmanns Comic Teater, *Will dein Chef von dir mal Feuer. Rollenspiele und was man damit machen kann,* Berlin 1974, S. 12.

114 Ebda., S. 13.

115 Paul Pörtner, *Spontanes Theater,* Köln 1972, S. 81.

116 Hoffmanns Comic Teater, a.a.O., S. 12.

117 Cf. Paul Pörtner, *Spontanes Theater,* a.a.O., S. 54.

118 Hoffmanns Comic Teater, a.a.O., S. 12.

119 Ebda., S. 13.

120 Paul Pörtner, *Spontanes Theater,* a.a.O., S. 66.

121 Lothar Krappmann, *Soziale Kommunikation und Kooperation im Spiel und ihre Auswirkungen auf das Lernen,* in: Benita Daublebsky, Hrsg., *Spielen in der Schule,* Stuttgart [2]1974, S. 190.

122 Hier sind ganz offensichtlich neue Qualifikationsanforderungen an die Arbeitskraft am Werk, die für den Rollenspiel-Boom der siebziger Jahre eine wesentliche Auslöserfunktion hatten.

123 Paul Pörtner, *Spontanes Theater,* a.a.O., S. 50.

124 Als grundsätzliche Analysen des Rollenspiels cf. Karl-Michael Balzer, *Freizeit-Reform? Zu herrschaftstechnischen und pseudoemanzipatorischen Praktiken der Spielbewegung,* in: J. Alberts u. a., *Segmente der Unterhaltungsindustrie,* Frankfurt/Main 1974, S. 244-300; sowie Frigga Haug, *Erziehung und gesellschaftliche Produktion: Kritik des Rollenspiels,* Frankfurt/Main 1977.

125 Cf. *Ästhetik und Kommunikation,* Jg. 1973, H. 13, Diskussion über den Theaterartikel in diesem Heft, S. 83-86, hier S. 84.

126 G. W. F. Hegel, *Ästhetik,* Bd. I, a.a.O., S. 276.

127 Karl Marx, *Grundrisse . . .,* a.a.O., S. 505.

128 Die Beförderung von Freiheit kann eine so fungierende Darstellung demnach nicht primär darin suchen, daß im Darstellungsmoment Produzenten und Reproduzenten der Darstellung eine freie und unreglementierte Interaktion verwirklichen, sondern in der Herstellung von Bildern, die das Problem freiheitlicher Praxis auch zu begreifen erlauben und damit eine nicht auf Spielaktionen und ihre Formen beschränkte Freiheit der gesellschaftlichen Praxis mitzubewirken trachten. Eine Konzeption, die das »Sichfreispielen« und die »Spielfreude« als emanzipativ gegen dieses Anstrengungs- und Disziplinmoment in der Kunst stellen will, koindiziert in Wahrheit als bloß aktiv-freizeitorientierte, neokompensative Strategie funktionell mit dem passiv-evasiven »Kunstgenuß«, den sie vordergründig kritisiert. Verbal antibürgerlich, fällt sie weit hinter das bürgerliche Kunstprogramm eines Schiller zurück, wonach die Kunst »den Menschen nicht bloß in einen augenblicklichen Traum von Freiheit [. . .] versetzen, sondern ihn wirklich und in der Tat frei [. . .] machen« soll. (Friedrich Schiller, *Über den Gebrauch des Chors in der Tragödie,* in: ders., *Werke in drei Bänden,* hrsg. v. Herbert G. Göpfert, Bd. III, München 1966, S. 472.)

129 Herbert Hohenemser, *Das Schauspiel sind die Zuschauer. Olympische Erfahrungen,* in: Olaf Schwencke u. a., Hrsg., *Plädoyers für eine neue Kulturpolitik,* a.a.O., S. 107-114, hier S. 108.

130 Sie darzustellen hat daher auch nichts mit dem »role-taking« in manchen Mitspielen zu tun, dem aktiven Sich-Hineindenken des Angestellten in den Chef z. B. Es birgt also auch nicht, wie man als Retourkutsche auf rollenspielorientierte Kunstkritik sagen kann, dessen Gefahr in sich, den Spieler durch lebenspraktische Einführung in einen anderen dessen Interessen zu unterwerfen.

131 Helga Gallas, *Marxistische Literaturtheorie,* a.a.O.

132 Georg Lukács, *Ästhetik II,* a.a.O., S. 247.

133 Ebda.

134 Georg Lukács, *Über die Besonderheit als Kategorie der Ästhetik,* a.a.O., S. 717.

135 Ebda.

136 Georg Lukács, *Ästhetik I,* a.a.O., S. 128.

131 Helga Gallas, *Marxistische Literaturtheorie,* a.a.O., S. 132.

138 Ebda., S. 128.

139 Boris Arvatov, *Kunst und Produktion,* a.a.O., S. 30.

140 Ebda., S. 68.

141 Es geht dabei um Lukács' Kritik an Ernst Ottwalts Justizreportageroman *Denn sie wissen, was sie tun. Ein deutscher Justiz-Roman,* Berlin 1931. (Cf. *Die Linkskurve,* Jg. 1932, H. 7, H. 8, H. 10 und H. 11/12.)

142 Helga Gallas, *Marxistische Literaturtheorie,* a.a.O., S. 134 f.

143 Ebda., S. 135.

144 Bertolt Brecht, *Über den Beruf des Schauspielers,* in: ders., *Gesammelte Werke,* Bd. 15, a.a.O., S. 408.

145 Bertolt Brecht, *Der Messingkauf,* a.a.O., S. 566.

146 Helga Gallas, *Marxistische Literaturtheorie,* a.a.O., S. 135.

147 Ebda., S. 124.

148 Ebda., S. 125.

149 Ernst Ottwalt, *›Tatsachenroman‹ und Formexperiment. Eine Entgegnung an Georg Lukács,* in: *Die Linkskurve,* Jg. 1932, H. 10, S. 21-26, hier S. 23.

150 Helga Gallas, *Marxistische Literaturtheorie,* a.a.O., S. 128.

151 Cf. ebda., S. 127.

152 Ebda., S. 118.

153 Das Mißverständnis, die Trennung von künstlerischer und wissenschaftlicher Darstellungsweise leugne oder bekämpfe den Einfluß von wissenschaftlichen Erkenntnissen auf Form und Inhalt der Literatur, findet sich explizit bei Ottwalt. (Cf. Ernst Ottwalt, *›Tatsachenroman‹ und Formexperiment,* a.a.O., S. 24 f.)

154 Helga Gallas, *Marxistische Literaturtheorie,* a.a.O., S. 170.

155 Bertolt Brecht, *Der Messingkauf,* a.a.O., S. 504.

156 Bertolt Brecht, *Kleines Organon für das Theater,* a.a.O., S. 663.

157 Autorenkollektiv, *Zur Theorie des sozialistischen Realismus,* a.a.O., S. 610.

158 *Da sind überall Schwierigkeiten. Brecht diskutiert mit Greifswalder Studenten,* in: *Weimarer Beiträge* Jg. 1973, H. 2, S. 10-26, hier S. 13.

159 Helga Gallas, *Marxistische Literaturtheorie,* a.a.O., S. 132.

160 Georg Lukács, *Ästhetik I,* a.a.O., S. 242.

161 Zitiert nach: Werner Hecht, Hans-Joachim Bunge, Käthe Rülicke-Weiler, *Schriftsteller der Gegenwart: Bertolt Brecht. Sein Leben und Werk,* Berlin/DDR 1971, S. 301.

162 Cf. Helga Gallas, *Marxistische Literaturtheorie,* a.a.O., S. 131.

163 Ebda., S. 166.

164 Kurzschlüssig ist es auch, bereits die Lukácssche These von der künstlerischen Einheit von Einzelfall und Gesetzlichkeit als harmonistische Forderung nach Wiederherstellung einer »verlorengegangene[n] Einheit« (Helga Gallas, *Marxistische Literaturtheorie,* a.a.O., S. 165.) zu interpretieren. Es sei an dieser Stelle dahingestellt, inwiefern jene Harmonie in Lukács' Ästhetik insgesamt eine Rolle spielt. Die Forderung nach gestalterischer Koinzidenz von Einzel- und Allgemeinproblem jedenfalls muß nicht per se die Forderung nach gestalteter »Versöhnung« von Gegensätzen zum Inhalt haben, sondern ist auch dann erfüllt, wenn ein Adliger z. B. als Vertreter von Klasseninteressen oder ein Arbeiter als Opfer des Lohnsystems

geschildert wird, das in der Erscheinung ausgedrückte »Wesen« also als antagonistisch erkannt bleibt.

165 Helga Gallas, *Marxistische Literaturtheorie,* a.a.O., S. 117.

166 Georg Lukács, *Über die Besonderheit als Kategorie der Ästhetik,* a.a.O., S. 714.

167 Ebda.

168 G. W. F. Hegel, *Ästhetik,* Bd. I, a.a.O., S. 47 f.

169 Georg Lukács, *Über die Besonderheit als Kategorie der Ästhetik,* a.a.O., S. 781.

170 Helga Gallas, *Marxistische Literaturtheorie,* a.a.O., S. 165. – Cf. Georg Lukács, *Es geht um den Realismus,* in: ders., *Essays über Realismus,* a.a.O., S. 324.

171 Helga Gallas, *Marxistische Literaturtheorie,* a.a.O., S. 165.

172 Georg Lukács, *Es geht um den Realismus,* a.a.O., S. 324.

173 Cf. Georg Lukács, *Die Gegenwartsbedeutung des kritischen Realismus,* in: ders., *Essays über Realismus,* a.a.O., S. 474.

174 Georg Lukács, *Balzac und der französische Realismus,* in: ders., *Probleme des Realismus III.* Neuwied und Berlin 1965, S. 478.

175 Georg Lukács, *Der historische Roman,* in: ders., *Probleme des Realismus III,* a.a.O., S. 110.

176 Georg Lukács, *Reportage oder Gestaltung?* in: ders., *Essays über Realismus,* a.a.O., S. 38. (Erstmals erschienen in *Die Linkskurve,* Jg. 1932, H. 8 und H. 11-12.)

177 Ebda., S. 52 f. – Lukács führt dazu weiter aus: »Die Steigerung im Vorlegen des Materials [Tatsachenmaterial über die Weimarer Justiz, B.J.W.] folgt anderen Gesichtspunkten als der Aufbau der Handlung. Ebenso unabhängig ist die Handlung von den Gestalten. Dieselbe Laufbahn, die nur eine Studienreise durch die verschiedenen Gebiete des Justizwesens ist, könnte eine beliebig andere Gestalt durchmachen.« (Ebda.)

178 Ebda., S. 52.

179 Helga Gallas, *Marxistische Literaturtheorie,* a.a.O., S. 121 f.

180 Ebda., S. 133. – Cf. Ernst Ottwalt, *›Tatsachenroman‹ und Formexperiment,* a.a.O., S. 24.

181 Cf. Helga Gallas, *Marxistische Literaturtheorie,* a.a.O., S. 121 f. und S. 134.

182 Georg Lukács, *Reportage oder Gestaltung,* a.a.O., S. 67.

183 Ebda. – »Jeder gestaltende ›herkömmliche‹ Romandichter (ein Gorki, ein Panferow)«, schreibt Lukács, »könnte Gen. Ottwalt so antworten: aber, lieber Kollege, wozu brauche ich denn den Direktor des Kalisyndikates und erst recht den Manager des Weizenpools? Ich (Gorki) habe die Ausbeutung und die Unterdrükkung der russischen Arbeiter, sowie ihre beginnende Auflehnung gegen sie in meinem Roman ›Die Mutter‹ ›herkömmlich‹ gestaltet und hielt es für gänzlich überflüssig, die Fabrikanten, den Aufsichtsrat, den Grundbesitzer, den Minister des Innern, den Zaren einzubeziehen. Ich meinte, daß in der Fabrik die Ausbeutung gestaltet werden konnte, und mit der gestalteten Ausbeutung zugleich die Entwicklungsstufe des damaligen russischen Kapitalismus mitgestaltet wurde . . . Oder: ich (Panferow) habe die Entstehung der Kollektivwirtschaft in einem Dorfe gestaltet [. . .] und ich hielt es für überflüssig, eine Sitzung des Politbüros, eine Beratung im Volkskommissariat für Landwirtschaft unmittelbar einzuführen.« (Ebda.) »Ich meinte, wenn ich jene gesellschaftlichen Kräfte, die in Dorf und Staat für und gegen die Kollektivierung kämpfen, wirklich umfassend gestalte, wenn ich also die ›Gesamtheit der Momente der Wirklichkeit‹ gestaltend erfasse, so habe ich in einem Wirklichkeitsausschnitt die wirklich treibenden Kräfte der Gesamtentwicklung und

damit ihre Gesamtentwicklung selbst gestaltet.« (Ebda.)

184 Georg Lukács, *Reportage oder Gestaltung?*, a.a.O., S. 43.

185 Ebda., S. 39.

186 Ebda., S. 52.

187 Bertolt Brecht, *Mann ist Mann*, in: ders., *Gesammelte Werke*, Bd. 1, a.a.O., S. 337.

188 Bertolt Brecht, *Objektivismus und Materialismus bei Lenin*, in: ders., *Gesammelte Werke*, Bd. 20, a.a.O., S. 69. – Cf. ebda. auch: »Bekämpfe Sätze, welche durch bestimmtes Handeln rektifiziert werden, wie den Satz ›Große Männer machen die Geschichte‹, nicht als Objektivist, das heißt indem du Sätze setzt, die durch kein bestimmtes Handeln rektifiziert werden, wie den Satz ›Es gibt unüberwindliche ge(sellschaftliche) Tendenzen und so weiter‹!«

189 »Wandte Brecht in den zwanziger Jahren gegen Shakespeare ein, daß bei ihm die Helden die großen gesellschaftlichen Entscheidungen in ›ihrer Brust austragen‹, so verstand er jetzt, daß auch die großen, durch die Massen herbeigeführten welthistorischen Entscheidungen in der ›Brust‹ des einzelnen Individuums ausgekämpft werden. Vertrat er anfangs die Auffassung, ein Kollektiv sei erst dann lebensfähig und trete gesellschaftlich in Erscheinung, wenn es auf das Einzelleben des Individuums nicht mehr ankomme, so erkannte er jetzt, daß im einzelnen Individuum die gleichen Prozesse vor sich gehen wie in der Masse.« (Werner Mittenzwei, *Brechts Verhältnis zur Tradition*, a.a.O., S. 87 f.)

190 Helga Gallas, *Marxistische Literaturtheorie*, a.a.O., S. 121.

191 Bertolt Brecht, *Arbeitsjournal*, S. 214.

192 Georg Lukács, *Balzac und der französische Realismus*, a.a.O., S. 478.

193 Für eine Position wie die Gallassche, die nachdrücklich auf anhand der spätbürgerlichen Kunst entwickelte Ansätze verweist, wonach die Kunst eine relativ ideologiefreie Entwicklung von Materialien und Techniken kenne, ist es übrigens merkwürdig inkonsequent, gleichzeitig den Lukácsschen Versuch, Balzac zu beerben, mehr oder minder explizit als »bürgerlich« oder »epigonal« zu etikettieren.

194 Georg Lukács, *Über die Besonderheit als Kategorie der Ästhetik*, a.a.O., S. 780.

195 Helga Gallas, *Marxistische Literaturtheorie*, a.a.O., S. 170.

196 Werner Mittenzwei, *Marxismus und Realismus. Die Brecht-Lukács-Debatte*, in: *Das Argument*, Jg. 1968, H. 46, S. 12-43, hier v. a. S. 35-37.

197 Bertolt Brecht, *Die Dialektik auf dem Theater*, in: ders., *Gesammelte Werke*, Bd. 16, a.a.O., S. 932.

198 Cf. z. B. die schon zitierte Formulierung Lukács, wonach Kunst »in einem sinnfälligen, unmittelbar erlebbaren Abbild die lebensmäßige Erscheinungsform« von Phänomenen zeige. (Georg Lukács, *Über die Besonderheit als Kategorie der Ästhetik*, a.a.O., S. 780.)

199 Manfred Naumann u. a., *Gesellschaft-Literatur-Lesen*, a.a.O., S. 482.

200 Das Desiderat kann hier nur skizziert werden. Unzweifelhaft muß die Lukácssche Katharsiskonzeption und die bei ihm angelegte Trennung in die eigentliche Kunstrezeption und ein kritisch-reflektierendes »Nachher« dieser Rezeption darauf untersucht werden, ob in ihr nicht die Katharsis selbst zu sehr als individuelle, moralische Läuterung akzentuiert ist, die letztlich doch nicht ausreichend mit konkreten politischen und sozialen Problemstellungen vermittelt wird. (Cf. die Kapitel *Die Katharsis als allgemeine Kategorie der Ästhetik* sowie *Das Nachher des rezeptiven Erlebnisses* in Georg Lukács, *Die Eigenart des Ästhetischen*, 1. Halbband, Neuwied und Berlin 1963, S. 802-835 und S. 835-851 – Zum Problem u. a. Werner

Mittenzwei, *Marxismus und Realismus,* a.a.O.). Die Problematik ist aber komplexer, als es manche pauschale Lukácskritik wahrhaben möchte. So läßt sich z. B. von einer prinzipiellen Ablehnung kommentierender und rhetorischer Elemente in der Kunst bei Lukács nicht reden: er kritisiert lediglich Gestaltungsweisen, in denen »das Rhetorische das homogene Medium sprengt und als solches zur eigenen Wirkung gelangt.« (Georg Lukács, *Ästhetik* (Taschenbuchausgabe) Bd. III. Neuwied, Darmstadt, Berlin 1972, S. 37.) Wäre es anders, könnte z. B. Lukács' Hochschätzung für Thomas Mann – gewiß kein Autor der illusionistischen Fiktion und des »sprachlosen« Miterlebens – gar nicht erklärt werden. Die Diskussion um die »Unmittelbarkeit« des Kunsterlebens geht überhaupt, wie oben schon angedeutet, von falschen Prämissen aus, wenn sie die Unmittelbarkeit von Lebenserscheinungen und die dem Kunstrezipierenden gegenüberstehende gestaltete Unmittelbarkeit der Kunsterscheinung konfundiert, wie das z. B. bei Gallas geschieht. (Cf. Helga Gallas, *Marxistische Literaturtheorie,* a.a.O., S. 166.) Nicht »von den privaten Affären der Aristokraten« muß in Tolstojs *Auferstehung* auf das zaristische Gesellschaftssystem« geschlossen werden (Ebda., S. 168 f.), sondern von der Tolstojschen Gestaltung dieser Affären. Widersprüchlich ist es auch, einmal dem Leser die »Geschultheit« nicht zuzutrauen, von individuellen Schicksalen »selbständig abstrahieren« zu können (cf. ebda.), im gleichen Atemzug aber Brechts Theater dafür zu loben, daß es den Zuschauer »selbständig Schlußfolgerungen« ziehen lasse und also Lukács e silentio das Votum für eine autoritär-suggestive Kunstwirkung zuzuschieben. (Ebda., S. 167) Aktivität und Passivität der Rezeption können, das wird hier unfreiwillig deutlich, nicht säuberlich auf offene und geschlossene Darstellungsform verteilt werden. Ein unkommentierter Ablauf verlangt – dies seine mögliche Schwäche – und erlaubt – dies seine potentielle Stärke – die eigenständige Interpretation vom Publikum; der Kommentar kann Gezeigtes autoritär auf dürre Parolen zustutzen oder mit agitatorischer Energie bestimmte Inhalte vertreten, die weder in sich unvernünftig noch der Form nach unargumentativ vorgetragen sein müssen; er kann jedoch auch zum – mehr oder weniger bestimmten – Zweifel an einer dargestellten Haltung auffordern.

201 Bertolt Brecht, *Der Messingkauf,* a.a.O., S. 526.

202 Ebda., S. 527.

203 Bertolt Brecht, *Anmerkungen zur Oper »Aufstieg und Fall der Stadt Mahagonny«,* in: ders., *Gesammelte Werke,* Bd. 17, a.a.O., S. 1011.

204 Bertolt Brecht, *Kleines Organon für das Theater,* a.a.O., S. 684.

205 Cf. Helga Gallas, *Marxistische Literaturtheorie,* a.a.O., S. 128.

206 Bertolt Brecht, *Mann ist Mann,* a.a.O., S. 336.

207 Ebda., S. 337.

208 Ebda., S. 349.

209 Bertolt Brecht, *Die heilige Johanna der Schlachthöfe,* in: ders., *Gesammelte Werke,* Bd. 2, a.a.O., S. 696.

210 Cf. hierzu eine differenzierte Stellungnahme zum Problem des Kommentars im Kapitel *Parteilichkeit* des Lukácsschen *Besonderheits*-Buchs: »Wenn ein im Werk gefälltes Urteil«, schreibt Lukács, »oder ein darin gegebener Kommentar, die in einzelnen Kunstgattungen als ästhetisches Ausdrucksmittel durchaus zulässig sind, von künstlerischem Wert sein sollen, so können sie nur ein bewußtes oder deutliches Explizitmachen dessen sein, was in der gestalteten Gegenständlichkeit implicite bereits vorhanden war; also mehr eine direkte oder indirekte qualitative Steigerung der gestalteten Gegenständlichkeit als ein bloßes Urteil oder ein Kommentar über davon unabhängige Gegenstände.« (Georg Lukács, *Über die Besonderheit als Kate-*

gorie der Ästhetik, a.a.O., S. 718.)

211 Bertolt Brecht, *Der Jasager*, in: ders., *Gesammelte Werke*, Bd. 2, a.a.O., S. 615.

212 Bertolt Brecht, *Mann ist Mann*, a.a.O., S. 376.

213 Brechts häufig wiederholte These freilich, das »Einfühlungstheater« beschränke die Erkenntnisse des Zuschauers auf die des Helden oder die einer Figur, ist in dieser Form zu undifferenziert. Sobald mehr als eine Meinung auf der Bühne erscheint, wird pure Einfühlung in alle Figuren, huldigt man nicht einer agnostizistischen Weltanschauung, schwierig; und auch die Handlungsführung vermag, selbst bei naturalistischer Gestaltung, das Publikum über die Meinungen der Figuren selbst hinauszuführen.

214 Bertolt Brecht, *Einige Irrtümer über die Spielweise des Berliner Ensembles*, in: ders., *Gesammelte Werke*, Bd. 16, S. 918.

215 Aus einem Gespräch Brechts mit Ilja Fradkin im Mai 1955. Auszugsweise abgedruckt in: Werner Hecht u. a., *Schriftsteller der Gegenwart*, a.a.O., S. 323.

216 Brecht spricht auch davon, es solle »nicht eine Illusion« erzeugt, sondern »dem Zuschauer [. . .] eine Vorstellung von einer Begebenheit« vermittelt werden. (Bertolt Brecht, *Der Messingkauf*, a.a.O., S. 583.)

217 Bertolt Brecht, *Die Geschäfte des Herrn Julius Caesar*, in: ders., *Gesammelte Werke*, Bd. 14, a.a.O., S. 1234. (Hervorhebung von B.J.W.)

218 Cf. dazu Käte Hamburger, *Die Logik der Dichtung*, Stuttgart 1957.

219 Cf. Horst Redeker, *Zu Besonderheiten des gesellschaftlichen Verhältnisses Kunst*, in: *Weimarer Beiträge*, Jg. 1972, H. 4, S. 70-95, hier S. 81.

220 Bertolt Brecht, *Anmerkungen zu »Die Mutter«*, in: ders., *Gesammelte Werke*, Bd. 17, a.a.O., S. 1055.

221 Georg Lukács, *Ästhetik III*, a.a.O., S. 72.

Literaturverzeichnis

I. Sammlungen von Werken

Bertolt Brecht, *Gesammelte Werke*, Frankfurt/Main 1967.

Karl Marx/Friedrich Engels, *Werke*. Hrsg. Institut für Marxismus-Leninismus beim ZK der SED, Berlin/DDR 1970.

II. Einzelne Werke

Theodor W. Adorno, *Ästhetische Theorie*, Frankfurt/Main 1970.

Theodor W. Adorno, *Zur gesellschaftlichen Lage der Musik*, Teil I. In: *Zeitschrift für Sozialforschung*, Jg. 1932, S. 103-124.

Theodor W. Adorno, *Der getreue Korrepetitor. Lehrschriften zur musikalischen Praxis*, Frankfurt/Main 1963.

Arbeitsgruppe Autorenausbildung/Neue Gesellschaft für Literatur Berlin e. V., Hrsg., *Autorenausbildung. Tagungsberichte, Erfahrungen, Materialien*, Berlin 1973.

Boris Arvatov, *Kunst und Produktion*, München 1972.

Autorenkollektiv, *Zur Theorie des sozialistischen Realismus*, Berlin/DDR 1974.

Karl-Michael Balzer, *Freizeit-Reform? Zu herrschaftstechnischen und pseudoemanzipatorischen Praktiken der Spielbewegung*. In: J. Alberts u. a., *Segmente der Unterhaltungsindustrie*, Frankfurt/Main 1974, S. 244-300.

Karl Michael Balzer, *Tendenz und historische Wahrheit. Dramaturgische Notizen zu Eislers ›Johann Faustus‹*, Landestheater Tübingen 1974.

Hermann Bausinger, *Volkskunde*, Darmstadt o. J.

Chris Bezzel, *dichtung und revolution. Text und Kritik*, Jg. 1970, H. 25, S. 35-36.

Ernst Bloch, *Das Prinzip Hoffnung*, 2 Bde., Frankfurt/Main 1959.

Nicolas Born, Hrsg., *»Die Phantasie an die Macht«. Literatur als Utopie*, Reinbek b. Hamburg 1975.

Bertolt Brecht, *Arbeitsjournal*, Hrsg. Werner Hecht. Berlin/DDR o. J.

Bertolt Brecht, *Schriften zum Theater*, Frankfurt/Main 1954, Bd. 7.

Brecht diskutiert mit Greifswalder Studenten. In: *Weimarer Beiträge*, Jg. 1973, H. 2, S. 10-26.

Dieter Breuer, *Einführung in die pragmatische Texttheorie*, München 1974.

Richard Brinkmann, *Wirklichkeit und Illusion*, Tübingen ²1966.

Heinz Brüggemann, *Aspekte einer marxistischen Produktionsästhetik*. In: Heinz Schlaffer, Hrsg., *Erweiterung der materialistischen Literatur-*

theorie durch Bestimmung ihrer Grenzen. Literaturwissenschaft und Sozialwissenschaften 4, Stuttgart 1974, S. 109-143.
Georg Büchner, *Werke und Briefe*, Hrsg. Fritz Bergemann. Wiesbaden 1958.
Peter Demetz, *Marx, Engels und die Dichter*, Frankfurt/Main und Berlin 1969.
Gisela Dischner, *Konkrete Kunst und Gesellschaft*. In: *Text und Kritik*, Jg. 1970, H. 25, S. 37-41.
Ästhetik und Kommunikation, Jg. 1973, H. 13, S. 83-86.
Wolfgang von Einsiedel, Hrsg., *Die Literaturen der Welt*, Zürich 1964.
Hanns Eisler, *Musik und Politik. Schriften 1924-1948*, Leipzig 1973.
Konrad Farner, *Der Aufstand der Abstrakt-Konkreten*, Neuwied und Berlin 1970.
Wolf-Hartmut Friedrich und Walther Killy, Hrsg., *Fischer-Lexikon »Literatur«*, Bd. 2/2, Frankfurt/Main 1965.
Hans Norbert Fügen, *Die Hauptrichtungen der Literatursoziologie*, Bonn ³1968.
Helga Gallas, *Marxistische Literaturtheorie. Kontroversen im Bund proletarisch-revolutionärer Schriftsteller*, Neuwied und Berlin 1971.
Josef Goebbels, *Reden*, Bd. 2, Hrsg. Hans Heiber. Düsseldorf 1972.
Johann Wolfgang Goethe, *Sämtliche Werke*, Jubiläums-Ausgabe, Hrsg. Eduard von der Hellen. Stuttgart und Berlin 1902-1907, Bd. 33.
Hans Günther, *Grundbegriffe der Rezeptions- und Wirkungsanalyse im tschechoslowakischen Strukturalismus*. In: *Poetica*, Jg. 1971, S. 224-243.
Jürgen Habermas/Niklas Luhmann, *Theorie der Gesellschaft oder Sozialtechnologie – Was leistet die Systemforschung?* Frankfurt/Main 1971.
Käte Hamburger, *Die Logik der Dichtung*, Stuttgart 1957.
Frigga Haug, *Erziehung und gesellschaftliche Produktion: Kritik des Rollenspiels*, Frankfurt/Main 1977.
Werner Hecht, Hans-Joachim Bunge, Käthe Rülicke-Weiler, *Schriftsteller der Gegenwart. Bertolt Brecht. Sein Leben und Werk*, Berlin/DDR 1971.
G. W. F. Hegel, *Ästhetik*, Hrsg. Friedrich Bassenge. 2 Bde., Frankfurt/Main o. J.
G. W. F. Hegel, *Die Vernunft in der Geschichte*, Berlin 1966.
Helmut Heißenbüttel, *Anmerkungen zur konkreten Poesie*. In: *Text und Kritik*, Jg. 1970, H. 25, S. 19-21.
Karl Held, *Kommunikationsforschung – Wissenschaft oder Ideologie? Materialien zur Kritik einer neuen Wissenschaft*, München 1973.
Agnes Heller, *Alltag und Geschichte*, Neuwied und Berlin 1970.
Hoffmanns Comic Teater, *Will dein Chef von dir mal Feuer. Rollenspiele und was man damit machen kann*, Berlin 1974.
Herbert Hohenemser, *Das Schauspiel sind die Zuschauer. Olympische Erfahrungen*. In: Olaf Schwencke u. a., Hrsg., *Plädoyers für eine neue*

Kulturpolitik, München 1974, S. 107-114.
H. Ihering, *Die zwanziger Jahre*, Berlin 1948.
Wolfgang Iser, *Die Appellstruktur der Texte. Unbestimmtheit als Wirkungsbedingung literarischer Prosa*, Konstanz 1970.
Wolfgang Iser, *Überlegungen zu einem literaturwissenschaftlichen Studienmodell.* In: *Konstanzer Blätter zu Hochschulfragen*, VII, 1969, S. 25-39.
Hans Robert Jauß, *Literaturgeschichte als Provokation*, Frankfurt/Main 1970.
Hans Robert Jauß, *Racines und Goethes Iphigenie. Nachwort: Die Partialität der rezeptionsästhetischen Methode.* In: *Neue Hefte für Philosophie*, 1973, H. 4, S. 30-46.
Wolfgang Jonas, Valentine Linsbauer, Helga Marx, *Die Produktivkräfte in der Geschichte 1*, Berlin/DDR 1969.
Robert Jungk, *Kunst als Zukunft*, in: Olaf Schwencke u. a., Hrsg., *Plädoyers für eine neue Kulturpolitik*, München 1974, S. 94-102.
Gert Kalow, *Poesie ist Nachricht. Mündliche Tradition in Vorgeschichte und Gegenwart*, München 1975.
Lothar Krappmann, *Soziale Kommunikation und Kooperation im Spiel und ihre Auswirkungen auf das Lernen.* In: Benita Daublebsky, Hrsg., *Spielen in der Schule*, Stuttgart ²1974.
Kulturpolitisches Wörterbuch, Berlin/DDR 1970.
Günther K. Lehmann, *Vom Sinn und Unsinn der Intuition.* In: *tendenzen*, 11. Jg., Dez./Jan. 1970/71, S. 272-275.
Hartmut Lüdtke, *Freizeit in der Industriegesellschaft*, Opladen 1972.
Georg Lukács, *Ästhetik I* (Taschenbuchausgabe), Neuwied und Berlin 1972.
Georg Lukács, *Ästhetik II* (Taschenbuchausgabe), Neuwied und Berlin 1972.
Georg Lukács, *Ästhetik III* (Taschenbuchausgabe), Neuwied, Darmstadt, Berlin 1972.
Georg Lukács, *Balzac und der französische Realismus.* In: ders., *Essays über Realismus*, Neuwied und Berlin 1971, S. 459-603.
Georg Lukács, *Über die Besonderheit als Kategorie der Ästhetik.* In: ders., *Probleme der Ästhetik*, Neuwied und Berlin 1969, S. 539-786.
Georg Lukács, *Brief an Anna Seghers vom 29. Juli 1938.* In: ders., *Essays über Realismus*, Neuwied und Berlin 1971, S. 353-363.
Georg Lukács, *Die Eigenart des Ästhetischen*, 1. Halbband, Neuwied und Berlin 1963.
Georg Lukács, *Es geht um den Realismus.* In: ders., *Essays über Realismus*, Neuwied und Berlin 1971, S. 313-343.
Georg Lukács, *Die Gegenwartsbedeutung des kritischen Realismus.* In: ders., *Essays über Realismus*, Neuwied und Berlin 1971, S. 457-603.
Georg Lukács, *Goethe und seine Zeit.* In: ders., *Deutsche Literatur in*

zwei Jahrhunderten, Neuwied und Berlin 1964, S. 41-184.
Georg Lukács, *Der historische Roman*. In: ders., *Probleme des Realismus III*, Neuwied und Berlin 1965, S. 17-429.
Georg Lukács, *Reportage oder Gestaltung?* In: ders., *Essays über Realismus*, Neuwied und Berlin 1971, S. 35-68.
Georg Lukács, *Skizze einer Geschichte der neueren deutschen Literatur*, Neuwied und Berlin 1963.
Utz Maas/Dieter Wunderlich, *Pragmatik und sprachliches Handeln*, Frankfurt/Main [3]1974.
Kaspar Maase, *Leseinteressen der Arbeiter in der BRD*, Köln 1975.
Herbert Mainusch, *Dichtung als Nachahmung. Ein Beitrag zum Verständnis der Renaissancepoetik*. In: *Germanisch-Romanische Monatsschrift*, Neue Folge Jg. 1960, S. 122-138.
Herbert Marcuse, *Kunst und Revolution*, in: ders., *Konterrevolution und Revolte*, Frankfurt/Main 1973, S. 95-154.
Herbert Marcuse, *Über den affirmativen Charakter der Kultur*. In: ders., *Kultur und Gesellschaft I*, Frankfurt/Main 1965, S. 56-101.
Karl Marx, *Grundrisse der Kritik der politischen Ökonomie*. Berlin/DDR 1953.
Karl Benno von Mechow, *Inneres Reich*. In: *Das Innere Reich*, Jg. 1934, S. 1-8.
Boris Meilach, *Die Kunstrezeption – Forschungsaspekte und Untersuchungsmethoden*. In: *Sowjetwissenschaft*, Abt. Kunst und Literatur, 1971, H. 2, S. 140-155.
Thomas Metscher, *Ästhetik und Abbildtheorie*. In: *Das Argument*, Jg. 1972, H. 77, S. 919-976.
Thomas Metscher, *Ästhetische Erkenntnis und realistische Kunst*. In: *Das Argument*, Jg. 1975, H. 90, S. 229-258.
Th. W. Metscher, *Hegel und die philosophische Grundlegung der Kunstsoziologie*. In: *Literaturwissenschaft und Sozialwissenschaften. Grundlagen und Modellanalysen*, Stuttgart 1971, S. 13-80.
Werner Mittenzwei, *Brechts Verhältnis zur Tradition*, Berlin/DDR 1972.
Werner Mittenzwei, *Marxismus und Realismus. Die Brecht-Lukács-Debatte*. In: *Das Argument*, Jg. 1968, H. 46, S. 12-43.
Werner Mittenzwei, *Die Spur der Brechtschen Lehrstücktheorie. Gedanken zur neueren Lehrstück-Interpretation*. In: Reiner Steinweg, Hrsg., *Brechts Modell der Lehrstücke. Zeugnisse, Diskussion, Erfahrungen*, Frankfurt/Main 1976.
Jan Mukařovský, *Kapitel aus der Ästhetik*, Frankfurt/Main 1970.
Manfred Naumann u. a., *Gesellschaft – Literatur – Lesen. Literaturrezeption in theoretischer Sicht*, Berlin und Weimar 1973.
Ernst Ottwalt, *›Tatsachenroman‹ und Formexperiment. Eine Entgegnung an Georg Lukács*. In: *Die Linkskurve*, Jg. 1932, H. 10, S. 21-26.
Edgar Allan Poes Werke, übersetzt von Hella Moeller-Bruck und Hedwig

Lahmann, 6 Bände, Minden 1914.
Paul Pörtner, *Spontanes Theater,* Köln 1972.
Produktive Brechtnachfolge. Interview mit Manfred Wekwerth. In: *Weimarer Beiträge,* Jg. 1973, H. 2, S. 28.
Horst Redeker, *Zu Besonderheiten des gesellschaftlichen Verhältnisses Kunst.* In: *Weimarer Beiträge,* Jg. 1972, H. 4, S. 70-95.
Utz Riese, *Gedanken zum Problem »Kunst als gesellschaftliches Verhältnis«.* In: *Weimarer Beiträge* 1973, H. 6, S. 195-200.
Jean Paul Sartre, *Was ist Literatur?* Reinbek b. Hamburg 1965.
Friedrich Schiller, *Über den Gebrauch des Chors in der Tragödie.* In: ders., *Werke in drei Bänden,* unter Mitwirkung von Gerhard Fricke hrsg. von Herbert G. Göpfert. Bd. III, München 1966, S. 471-477.
Hannelore Schlaffer, *Kritik eines Klischees: »Das Kunstwerk als Ware«.* In: Heinz Schlaffer, Hrsg., *Erweiterung der materialistischen Literaturtheorie durch Bestimmung ihrer Grenzen. Literaturwissenschaft und Sozialwissenschaft 4,* Stuttgart 1974, S. 265-287.
Siegfried J. Schmidt, *Ästhetische Prozesse,* Köln 1971.
Hauke Stroszeck, *Zur kunstwissenschaftlichen und kommunikationswissenschaftlichen Grundlegung der Literaturwissenschaft.* In: *Literaturwissenschaft. Eine Einführung für Germanisten,* Frankfurt/Main-Berlin-Wien 1972.
Friedrich Tomberg, *Mimesis der Praxis und abstrakte Kunst,* Neuwied und Berlin 1968.
Leo Trotzkij, *Literatur und Revolution,* Berlin 1968.
François Truffaut, *Mr. Hitchcock, wie haben Sie das gemacht?* München 1973.
Paul Valéry, *Windstriche. Aufzeichnungen und Aphorismen,* Frankfurt/Main 1959.
Bernd Jürgen Warneken, *Abriß einer Analyse literarischer Produktion.* In: *Das Argument,* Jg. 1972, H. 72, S. 207-232.
Bernd Jürgen Warneken, *Der Flipperautomat. Ein Versuch über Zerstreuungskultur.* In: J. Alberts u. a., *Segmente der Unterhaltungsindustrie,* Frankfurt/Main 1974, S. 66-129.
Bernd Jürgen Warneken, *Kritik am Viet Nam Diskurs.* In: *Über Peter Weiß,* Hrsg. Volker Canaris. Frankfurt/Main 1971, S. 112-130.
Bernd Jürgen Warneken, *Perspektivische Kunstanalyse.* Unter dem Titel *Literatur und Produktionsweise* als Rundfunkessay des WDR III am 23. 2. 1974.
Bernd Jürgen Warneken, Rezension von Hans Robert Jauß' *Literaturgeschichte als Provokation.* In: *Das Argument,* Jg. 1972, H. 72, S. 360-366. – Unter dem Titel *Zu Hans Robert Jauß' Programm einer Rezeptionsästhetik* wiederabgedruckt in Peter Uwe Hohendahl, Hrsg., *Sozialgeschichte und Wirkungsästhetik. Dokumente zur empirischen und marxistischen Rezeptionsforschung,* Frankfurt/Main 1974, S.

290-296.
Bernd Jürgen Warneken, *Wie kann sich das Subjekt literarisch entfalten?* In: *Das Argument*, Jg. 1974, H. 86, S. 435-442.
Robert Weimann, *Literaturgeschichte und Mythologie. Methodologische und historische Studien*, Berlin und Weimar 1971.
Harald Weinrich, *Für eine Literaturgeschichte des Lesers.* In: *Merkur*, 21. Jg. 1967, S. 1026-1038.
Manfred Wekwerth, *Theater und Wissenschaft*, München 1974.
Hans Widmann, *Der deutsche Buchhandel in Urkunden und Quellen*, Bd. 2, Hamburg 1965.
Gero von Wilpert, *Sachwörterbuch der Literatur*, Stuttgart 1964.
Hans Dieter Zimmermann, *Vom Nutzen der Literatur. Vorbereitende Bemerkungen zu einer Theorie der literarischen Kommunikation*, Frankfurt/Main 1977.

Bibliothek Suhrkamp

490 Robert Walser, Der Gehülfe
491 Patricia Highsmith, Als die Flotte im Hafen lag
492 Julien Green, Der Geisterseher
493 Stefan Zweig, Die Monotonisierung der Welt
494 Samuel Beckett, That Time/Damals
495 Thomas Bernhard, Die Berühmten
496 Günter Eich, Marionettenspiele
497 August Strindberg, Am offenen Meer
498 Joseph Roth, Die Legende vom heiligen Trinker
499 Hermann Lenz, Dame und Scharfrichter
500 Wolfgang Koeppen, Jugend
501 Andrej Belyj, Petersburg
503 Cortázar, Geschichten der Cronopien und Famen
504 Juan Rulfo, Der Llano in Flammen
505 Carlos Fuentes, Zwei Novellen
506 Augusto Roa Bastos, Menschensohn
508 Alejo Carpentier, Barockkonzert
509 Elisabeth Borchers, Gedichte
510 Jurek Becker, Jakob der Lügner
512 James Joyce, Die Toten/The Dead
513 August Strindberg, Fräulein Julie
514 Sigmund Freud, Eine Kindheitserinnerung des Leonardo da Vinci
515 Robert Walser, Jakob von Gunten
517 Luigi Pirandello, Mattia Pascal
519 Rainer Maria Rilke, Gedichte an die Nacht
520 Else Lasker-Schüler, Mein Herz
521 Marcel Schwob, 22 Lebensläufe
522 Mircea Eliade, Die Pelerine
523 Hans Erich Nossack, Der Untergang
524 Jerzy Andrzejewski, Jetzt kommt über dich das Ende
525 Günter Eich, Aus dem Chinesischen
526 Gustaf Gründgens, Wirklichkeit des Theaters
528 René Schickele, Die Flaschenpost
529 Flann O'Brien, Das Barmen
533 Wolfgang Hildesheimer, Biosphärenklänge
534 Ingeborg Bachmann, Malina
535 Ludwig Wittgenstein, Vermischte Bemerkungen
536 Zbigniew Herbert, Ein Barbar in einem Garten
537 Rainer Maria Rilke, Ewald Tragy
538 Robert Walser, Die Rose
539 Malcolm Lowry, Letzte Adresse

540 Boris Vian, Die Gischt der Tage
541 Hermann Hesse, Josef Knechts Lebensläufe
542 Hermann Hesse, Magie des Buches
543 Hermann Lenz, Spiegelhütte
544 Federico García Lorca, Gedichte
545 Ricarda Huch, Der letzte Sommer
546 Wilhelm Lehmann, Gedichte
547 Walter Benjamin, Deutsche Menschen
548 Bohumil Hrabal, Tanzstunden für Erwachsene und Fortgeschrittene
549 Nelly Sachs, Gedichte
550 Ernst Penzoldt, Kleiner Erdenwurm
551 Octavio Paz, Gedichte
552 Luigi Pirandello, Einer, Keiner, Hunderttausend
553 Strindberg, Traumspiel
554 Carl Seelig, Wanderungen mit Robert Walser
555 Gershom Scholem, Von Berlin nach Jerusalem
556 Thomas Bernhard, Immanuel Kant
557 Ludwig Hohl, Varia
559 Raymond Roussel, Locus Solus
560 Jean Gebser, Rilke und Spanien
561 Stanisław Lem, Die Maske · Herr F.
562 Raymond Chandler, Straßenbekanntschaft Noon Street
563 Konstantin Paustowskij, Erzählungen vom Leben
564 Rudolf Kassner, Zahl und Gesicht
565 Hugo von Hofmannsthal, Das Salzburger große Welttheater
567 Siegfried Kracauer, Georg
568 Valery Larbaud, Glückliche Liebende . . .
570 Graciliano Ramos, Angst
571 Karl Kraus, Über die Sprache
572 Rudolf Alexander Schröder, Ausgewählte Gedichte
573 Hans Carossa, Rumänisches Tagebuch
574 Marcel Proust, Combray
575 Theodor W. Adorno, Berg
576 Vladislav Vančura, Der Bäcker Jan Marhoul
577 Mircea Eliade, Die drei Grazien
578 Georg Kaiser, Villa Aurea
579 Gertrude Stein, Zärtliche Knöpfe
580 Elias Canetti, Aufzeichnungen
581 Max Frisch, Montauk
582 Samuel Beckett, Um abermals zu enden
583 Mao Tse-tung, 39 Gedichte
584 Ernst Kreuder, Die Gesellschaft vom Dachboden
585 Peter Weiss, Der Schatten des Körpers des Kutschers
586 Herman Bang, Das weiße Haus
587 Herman Bang, Das graue Haus

588 Hermann Broch, Menschenrecht und Demokratie
589 D. H. Lawrence, Auferstehungsgeschichte
590 O'Brien, Zwei Vögel beim Schwimmen
591 André Gide, Die Rückkehr des verlorenen Sohnes
592 Jean Gebser, Lorca oder das Reich der Mütter
593 Robert Walser, Der Spaziergang
594 Natalia Ginzburg, Caro Michele
595 Rachel de Queiroz, Das Jahr 15
596 Hans Carossa, Ausgewählte Gedichte
597 Mircea Eliade, Der Hundertjährige
599 Hans Mayer, Doktor Faust und Don Juan
600 Thomas Bernhard, Ja
601 Marcel Proust, Der Gleichgültige
602 Hans Magnus Enzensberger, Mausoleum
603 Stanisław Lem, Golem XIV
604 Max Frisch, Der Traum des Apothekers von Locarno
605 Ludwig Hohl, Vom Arbeiten · Bild
606 Herman Bang, Exzentrische Existenzen
607 Guillaume Apollinaire, Bestiarium
608 Hermann Hesse, Klingsors letzter Sommer
609 René Schickele, Die Witwe Bosca
610 Machado de Assis, Der Irrenarzt
611 Wladimir Trendrjakow, Die Nacht nach der Entlassung
612 Peter Handke, Die Angst des Tormanns beim Elfmeter
613 André Gide, Die Aufzeichnungen und Gedichte des André Walter
614 Bernhard Guttmann, Das alte Ohr
616 Ludwig Wittgenstein, Bemerkungen über die Farbe
617 Paul Nizon, Stolz
618 Alexander Lernet-Holenia, Die Auferstehung des Maltravers
619 Jean Tardieu, Mein imaginäres Museum
620 Arno Holz / Johannes Schlaf, Papa Hamlet
621 Hans Erich Nossack, Vier Etüden
622 Reinhold Schneider, Las Casas vor Karl V.
624 Ludwig Hohl, Bergfahrt
627 Vladimir Nabokov, Lushins Verteidigung
628 Donald Barthelme, Komm wieder, Dr. Caligari
629 Louis Aragon, Libertinage, die Ausschweifung
630 Ödön von Horváth, Sechsunddreißig Stunden
631 Bernhard Shaw, Sozialismus für Millionäre
633 Lloyd deMause, Über die Geschichte der Kindheit
634 Rainer Maria Rilke, Die Sonette an Orpheus
635 Aldous Huxley, Das Lächeln der Gioconda
637 Wolf von Niebelschütz, Über Dichtung
645 Marie Luise Kaschnitz, Beschreibung eines Dorfes
646 Thomas Bernhard, Der Weltverbesserer

753 Franz Xaver Kroetz, Mensch Meier / Der stramme Max / Wer durchs Laub geht . . .
787 Gesellschaft, Beiträge zur Marxschen Theorie 5
790 Gustav W. Heinemann, Präsidiale Reden
791 Beate Klöckner, Anna oder leben heißt streben
792 Rainer Malkowski, Was für ein Morgen
793 Von deutscher Republik. Hrsg. von Jost Hermand
794 Döbert R./Nunner-Winkler, G., Adoleszenzkrise und Identitätsbildung
795 Dieter Kühn, Goldberg-Variationen
796 Kristeva/Eco/Bachtin u. a., Textsemiotik als Ideologiekritik
797 Brecht Jahrbuch 1975
798 Gespräche mit Ernst Bloch. Herausgegeben von Rainer Traub und Harald Wieser
799 Volker Braun, Es genügt nicht die einfache Wahrheit
800 Karl Marx, Die Ethnologischen Exzerpthefte
801 Wlodzimierz Brus, Sozialistisches Eigentum und politisches System
802 Johannes Gröll, Erziehung im gesellschaftlichen Reproduktionsprozeß
803 Rainer Werner Fassbinder, Stücke 3
804 James K. Lyon, Bertolt Brecht und Rudyard Kipling
805 Agnes Heller, Das Alltagsleben. Herausgegeben von Hans Joas
806 Gesellschaft, Beiträge zur Marxschen Theorie 6
807 Gilles Deleuze/Félix Guattari, Kafka. Für eine kleine Literatur
808 Ulrike Prokop, Weiblicher Lebenszusammenhang
809 G. Heinsohn / B. M. C. Knieper, Spielpädagogik
810 Mario Cogoy, Wertstruktur und Preisstruktur
811 Ror Wolf, Auf der Suche nach Doktor Q.
812 Oskar Negt, Keine Demokratie ohne Sozialismus
813 Bachrach/Baratz, Macht und Armut
814 Bloch/Braudel/L. Febvre u. a., Schrift und Materie der Geschichte
815 Giselher Rüpke, Schwangerschaftsabbruch und Grundgesetz
816 Rainer Zoll, Der Doppelcharakter der Gewerkschaften
817 Bertolt Brecht, Drei Lehrstücke: Badener Lehrstück, Rundköpfe, Ausnahme und Regel
818 Gustav Landauer, Erkenntnis und Befreiung
819 Alexander Kluge, Neue Geschichten. Hefte 1-18
820 Wolfgang Abendroth, Ein Leben in der Arbeiterbewegung
821 Otto Kirchheimer, Von der Weimarer Demokratie zum Faschismus
822 Verfassung, Verfassungsgerichtsbarkeit, Politik. Herausgegeben von Mehdi Tohidipur
823 Rossana Rossanda / Lucio Magri u. a., Der lange Marsch durch die Krise
824 Altvater/Basso/Mattick/Offe u. a., Rahmenbedingungen und Schranken staatli-

chen Handelns
825 Diskussion der ›Theorie der Avantgarde‹. Herausgegeben von W. Martin Lüdke
826 Fischer-Seidel, James Joyces »Ulysses«
827 Gesellschaft, Beiträge zur Marxschen Theorie 7
828 Rolf Knieper, Weltmarkt, Wirtschaftsrecht und Nationalstaat
829 Michael Müller, Die Verdrängung des Ornaments
830 Manuela du Bois-Reymond, Verkehrsformen zwischen Elternhaus und Schule
831 Henri Lefebvre, Einführung in die Modernität
832 Herbert Claas, Die politische Ästhetik Bertolt Brechts vom Baal zum Caesar
833 Peter Weiss, Dramen I
834 Friedensanalysen 2
835-838 Bertolt Brecht, Gedichte in 4 Bänden
839 Géza Róheim, Psychoanalyse und Anthropologie
840 Aus der Zeit der Verzweiflung. Beiträge von Becker/Bovenschen/Brackert u. a.
841 Fernando H. Cardoso/Enzo Faletto, Abhängigkeit und Entwicklung in Lateinamerika
842 Alexander Herzen, Die gescheiterte Revolution
844 Otthein Rammstedt, Soziale Bewegung
845 Ror Wolf, Die Gefährlichkeit der großen Ebene
847 Friedensanalysen 3
848 Dieter Wellershoff, Die Auflösung des Kunstbegriffs
849 Samuel Beckett, Glückliche Tage
850 Basil Bernstein, Beiträge zu einer Theorie
851 Hobsbawm/Napolitano, Auf dem Weg zum ›historischen Kompromiß‹
852 Über Max Frisch II
853 Brecht-Jahrbuch 1976
854 Julius Fučík, Reportage unter dem Strang geschrieben
856 Dieter Senghaas, Weltwirtschaftsordnung und Entwicklung
857 Peter V. Zima, Kritik der Literatursoziologie
858 Silvio Blatter, Genormte Tage, verschüttete Zeit
859 Russell Jacoby, Soziale Amnesie
860 Gombrich/Hochberg/Black, Kunst, Wahrnehmung, Wirklichkeit
861 Blanke/Offe/Ronge u.a., Bürgerlicher Staat und politische Legitimation. Herausgegeben von Rolf Ebbighausen
863 Gesellschaft, Beiträge zur Marxschen Theorie 8/9
864 Über Wolfgang Koeppen. Herausgegeben von Ulrich Greiner
866 Fichant/Pêcheux, Überlegungen zur Wissenschaftsgeschichte
867 Ernst Kris, Die ästhetische Illusion
868 Brede/Dietrich/Kohaupt, Politische Ökonomie des Bodens
870 Umwälzung einer Gesellschaft. Herausgegeben von Richard Lorenz
871 Friedensanalysen 4
872 Piven/Cloward, Regulierung der Armut
873 Produktion, Arbeit, Sozialisation. Herausgegeben von Th. Leithäuser und W. R. Heinz

874 Max Frisch/Hartmut von Hentig, Zwei Reden zum Friedenspreis des Deutschen Buchhandels 1976
875 Eike Hennig, Bürgerliche Gesellschaft und Faschismus in Deutschland
877 Starnberger Studien 1
878 Leithäuser/Volmerg/Wutka, Entwurf zu einer Empirie
879 Peter Bürger, Aktualität und Geschichtlichkeit
880 Tilmann Moser, Verstehen, Urteilen, Verurteilen
881 Loch/Kernberg u. a., Psychoanalyse im Wandel
882 Michael T. Siegert, Strukturbedingungen von Familienkonflikten
883 Erwin Piscator, Theater der Auseinandersetzung
884 Politik der Subjektivität. Texte der italienischen Frauenbewegung, Herausgegeben von Michaela Wunderle
885 Hans Dieter Zimmermann, Vom Nutzen der Literatur
886 Gesellschaft, Beiträge zur Marxschen Theorie 10
887 Über Hans Mayer, Herausgegeben von Inge Jens
888 Nicos Poulantzas, Die Krise der Diktaturen
889 Alexander Weiß, Bericht aus der Klinik
890 Bergk/Ewald/Fichte u. a., Aufklärung und Gedankenfreiheit. Herausgegeben und eingeleitet von Zwi Batscha
891 Friedensanalysen 5
892 Franz L. Neumann, Wirtschaft, Staat, Demokratie
893 Georges Politzer, Kritik der Grundlagen der Psychologie
895 Umberto Eco, Zeichen. Einführung in einen Begriff und seine Geschichte
897 Ralph-Rainer Wuthenow, Muse, Maske, Meduse
898 Cohen/Taylor, Ausbruchversuche. Identität und Widerstand
901 Der bürgerliche Rechtsstaat. Herausgegeben von Mehdi Tohidipur
902 Ernest Borneman, Psychoanalyse des Geldes
904 Alfred Sohn-Rethel, Warenform und Denkform
905 Beiträge zur Soziologie der Gewerkschaften. Hrsg. von Joachim Bergmann
906 Brecht-Jahrbuch 1977
907 Horst Kern, Michael Schumann, Industriearbeit und Arbeiterbewußtsein
908 Julian Przybós, Werkzeug aus Licht
910 Peter Weiss, Stücke II
913 Martin Walser, Das Sauspiel mit Materialien. Herausgegeben von Werner Brändle
916 Dürkop/Hardtmann (Hrsg.), Frauen im Gefängnis
917 Bowles S./Gintis H., Pädagogik und die Widersprüche der Ökonomie
918 Klaus-Martin Groth, Die Krise der Staatsfinanzen
920 Tagträume vom aufrechten Gang. Sechs Interviews mit Ernst Bloch, Herausgegeben von Arno Münster
921 Silvia Bovenschen, Die imaginierte Weiblichkeit
922 Anderson, Von der Antike zum Feudalismus
923 Sozialdemokratische Arbeiterbewegung, Band 1, Herausgegeben von Wolfgang Luthardt
925 Friedensanalysen 6

927 Ausgewählte Gedichte Brechts, Herausgegeben von Walter Hinck
928 Betty Nance Weber, Brechts ›Kreidekreis‹
929 Auf Anregung Bertolt Brechts: Lehrstücke. Herausgegeben von Reiner Steinweg
930 Walter Benjamin, Briefe 1 und 2. Herausgegeben von Gershom Scholem und Theodor W. Adorno
932 Jugendarbeitslosigkeit. Herausgegeben von Gero Lenhardt
933 Ute Gerhard, Verhältnisse und Verhinderungen
934 Sozialdemokratische Arbeiterbewegung, Band 2, Herausgegeben von Wolfgang Luthardt
935 Literatur ist Utopie. Herausgegeben von Gert Ueding
936 Berger/Heßler/Kavemann, Brot für heute, Hunger für morgen
938 Habermas, Bovenschen u. a., Gespräche mit Marcuse
939 Thomas Brasch, Rotter Und weiter
940 Simone Weil, Fabriktagebuch
941 Ute Volmerg, Identität und Arbeitserfahrung
942 Klaus Eßer, Lateinamerika
943 Gewerkschaften und Strafvollzug, Hrsg. v. Lüderssen u. a.
944 Alexander von Brünneck, Politische Justiz
945 Jacques Derrida, Die Stimme und das Phänomen
948 Thompson/Caspard/Puls; Alltagspraxis, Wahrnehmungsformen, Protestverhalten
949 Julia Kristeva, Die Revolution der poetischen Sprache
954 Elias/Lepenies, Zwei Reden. Theodor W. Adorno-Preis 1977
955 Friedensanalysen 7
956 Brecht-Jahrbuch 1978. Hrsg. Fuegi/Grimm/Hermand
957 Gesellschaft, Beiträge zur Marxschen Theorie 11
958 Friedensanalysen 8
959 Martin Walser, Wer ist ein Schriftsteller?
960 Albert Soboul, Französische Revolution und Volksbewegung
963 Starnberger Studien 2
964 Nach dem Protest. Literatur im Umbruch. Herausgegeben von W. Martin Lüdke
968 Frauen, die pfeifen. Herausgegeben von R. Geiger, H. Holinka, C. Rosenkranz, S. Weigel
969 Ernst Bloch, Die Lehren von der Materie
970 Giuliano Scabia, Das große Theater des Marco Cavallo
971 Siegfried Kracauer, Jacques Offenbach
974 Jirí Kosta, Abriß der sozialökonomischen Entwicklung der Tschechoslowakei 1945-1977
979 Bertolt Brecht, Tagebücher 1920-1922
984 Dieter Kühn, Löwenmusik
985 Agnes Schoch, Vorarbeiten zu einer pädagogischen Kommunikationstheorie
989 Brecht-Jahrbuch 1979
992 Naturalismus/Ästhetizismus. Herausgegeben von Bürger/Schulte-Sasse

Alphabetisches Verzeichnis der edition suhrkamp

Abendroth, Sozialgesch. d. europ. Arbeiterbewegung 106
Abendroth, Ein Leben 820
Achternbusch, L'Etat c'est moi 551
Adam, Südafrika 343
Adorno, Drei Studien zu Hegel 38
Adorno, Eingriffe 10
Adorno, Kritik 469
Adorno, Jargon d. Eigentlichkeit 91
Adorno, Moments musicaux 54
Adorno, Ohne Leitbild 201
Adorno, Stichworte 347
Adorno, Zur Metakritik der Erkenntnistheorie 590
Adorno, Gesellschaftstheorie u. Kultur 772
Aggression und Anpassung 282
Alberts/Balzer/Heister/Warneken u.a., Segmente der Unterhaltungsindustrie 651
Alff, Der Begriff Faschismus 456
Alff, Materialien zum Kontinuitätsproblem 714
Althusser, Für Marx 737
Altvater/Basso/Mattick/Offe u. a., Rahmenbedingungen 824
Andersch, Die Blindheit des Kunstwerks 133
Anderson, Von der Antike 922
Antworten auf H. Marcuse 263
Architektur als Ideologie 243
Architektur u. Kapitalverwertung 638
Über H. C. Artmann 541
Arzt u. Patient in der Industriegesellschaft, hrsg. v. O. Döhner 643
Aspekte der Marxschen Theorie I 632
Aspekte der Marxschen Theorie II 633
Auf Anregung Bertolt Brechts: Lehrstücke, hrsg. von Reiner Steinweg 929
Augstein, Meinungen 214
Aus der Zeit der Verzweiflung 840
Ausgewählte Gedichte Brechts, hrsg. von W. Hinck 927
Autonomie der Kunst 592
Autorenkollektiv Textinterpretation . . ., Projektarbeit als Lernprozeß 675
Bachrach/Baratz, Macht und Armut 813
Baran/Sweezy, Monopolkapital [in Amerika] 636
Barthes, Mythen des Alltags 92
Barthes, Kritik und Wahrheit 218
Basaglia, F., Die abweichende Mehrheit 537
Basaglia, F. (Hrsg.), Die negierte Institution 655
Basaglia, F. (Hrsg.), Was ist Psychiatrie? 708
Basso, L., Gesellschaftsformation u. Staatsform 720
Baudelaire, Tableaux Parisiens 34
Becker, E. / Jungblut, Strategien der Bildungsproduktion 556
Becker, H., Bildungsforschung 483
Becker, J., Felder 61
Becker, J., Ränder 351
Becker, J., Umgebungen 722
Über Jürgen Becker 552
Beckett, Aus einem aufgegeb. Werk 145
Beckett, Fin de partie / Endspiel 96
Materialien zum ›Endspiel‹ 286
Beckett, Das letzte Band 389
Beckett, Warten auf Godot 3
Beckett, Glückliche Tage 849
Beiträge zur marxist. Erkenntnistheorie 349
Benjamin, Drei Hörmodelle 468
Benjamin, Das Kunstwerk 28
Benjamin, Über Kinder 391
Benjamin, Kritik der Gewalt 103
Benjamin, Städtebilder 17
Benjamin, Versuche über Brecht 172
Benjamin, Briefe 1 und 2, hrsg. v. Scholem/ Adorno 930
Bergk/Ewald/Fichte u.a., Aufklärung und Gedankenfreiheit 890
Berger, Untersuchungsmethode u. soziale Wirklichkeit 712
Berger/Heßler/Kavemann, Brot für heute 936
Bergman, Wilde Erdbeeren 79
Bergmann, Beiträge zur Soziologie d. Gewerkschaften 905
Bernhard, Amras 142
Bernhard, Fest für Boris 440
Bernhard, Prosa 213
Bernhard, Ungenach 279
Bernhard, Watten 353
Über Thomas Bernhard 401
Bernstein, Beiträge zu einer Theorie 850
Bertaux, Hölderlin u. d. Französ. Revol. 344
Berufsbildungsreform, hrsg. v. C. Offe 761
Blatter, Genormte Tage 858
Blanke u. a., Bürgerlicher Staat 861
Bloch, Avicenna 22
Bloch, Ästhetik des Vor-Scheins I 726
Bloch, Ästhetik des Vor-Scheins II 732
Bloch, Das antizipierende Bewußtsein 585
Bloch, Die Lehren von der Materie 969
Bloch, Christian Thomasius 193
Bloch, Durch die Wüste 74
Bloch, Über Hegel 413
Bloch, Pädagogica 455

Bloch, Tübinger Einleitung in die Philosophie I 11
Bloch, Tübinger Einleitung in die Philosophie II 58
Bloch, Über Karl Marx 291
Bloch, Vom Hasard zur Katastrophe 534
Bloch, Widerstand und Friede 257
Bloch/Braudel/L. Febvre u. a., Schrift und Materie der Geschichte 814
Block, Ausgewählte Aufsätze 71
Blumenberg, Kopernikan. Wende 138
Böhme, Soz.- u. Wirtschaftsgesch. 253
Bock, Geschichte des ›linken Radikalismus‹ in Deutschland 645
Boer, Lodewijk de, The Family 760
Böckelmann, Theorie der Massenkommunikation 658
du Bois-Reymond, B. Söll, Neuköllner Schulbuch, 2 Bände 681
du Bois-Reymond, M., Strategien kompensator. Erziehung 507
du Bois-Reymond, Verkehrsformen 830
Bond, Gerettet / Hochzeit d. Papstes 461
Bond, Bündel 500
Borneman, Psychoanalyse des Geldes 902
Bosse, Verwaltete Unterentwicklung 752
Bowles/Gintis, Pädagogik 917
Brackert, Bauernkrieg 782
Brandt u. a., Zur Frauenfrage im Kapitalismus 581
Brandys, Granada 167
Brasch, Rotter 939
Braun, Gedichte 397
Braun, Es genügt nicht die einfache Wahrheit 799
Brecht, Antigone / Materialien 134
Brecht, Arturo Ui 144
Brecht, Ausgewählte Gedichte 86
Brecht, Baal 170
Brecht, Baal der asoziale 248
Brecht, Brotladen 339
Brecht, Das Verhör des Lukullus 740
Brecht, Der gute Mensch v. Sezuan 73
Materialien zu ›Der gute Mensch . . .‹ 247
Brecht, Der Tui-Roman 603
Brecht, Die Dreigroschenoper 229
Brecht, Die Geschäfte des Julius Cäsar 332
Brecht, Die heilige Johanna der Schlachthöfe 113
Brecht, Die heilige Johanna / Fragmente und Varianten 427
Brecht, Die Maßnahme 415
Brecht, Die Tage der Commune 169
Brecht, Furcht u. Elend d. 3. Reiches 392
Brecht, Gedichte u. Lieder aus Stücken 9
Brecht, Herr Puntila 105
Brecht, Im Dickicht der Städte 246
Brecht, Jasager – Neinsager 171
Brecht, Kaukasischer Kreidekreis 31
Materialien zum ›Kreidekreis‹ 155
Brecht, Kuhle Wampe 362
Brecht, Leben des Galilei 1
Materialien zu ›Leben des Galilei‹ 44
Brecht, Leben Eduards II. 245
Brecht, Stadt Mahagonny 21
Brecht, Mann ist Mann 259
Brecht, Mutter Courage 49
Materialien zu ›Mutter Courage‹ 50
Materialien zu ›Die Mutter‹ 305
Brecht, Die Mutter (Regiebuch) 517
Brecht, Über Realismus 485
Brecht, Über d. Beruf d. Schauspielers 384
Brecht, Schweyk im zweiten Weltkrieg 132
Materialien zu ›Schweyk im zweit. Weltkrieg‹ 604
Brecht, Die Gesichte der Simone Machard 369
Brecht, Über Politik und Kunst 442
Brecht, Über experiment. Theater 377
Brecht, Trommeln in der Nacht 490
Brecht, Tagebücher 1920-1922 979
Brecht, Über Lyrik 70
Brecht, Gedichte in 4 Bänden 835-38
Brecht-Jahrbuch 1974 758
Brecht-Jahrbuch 1975 797
Brecht-Jahrbuch 1976 853
Brecht-Jahrbuch 1977 906
Brecht-Jahrbuch 1978 956
Brecht-Jahrbuch 1979 989
Brecht, Drei Lehrstücke 817
Brecht im Gespräch, hrsg. von Werner Hecht 771
Brechts Modell der Lehrstücke, hrsg. von Rainer Steinweg 929
Brede u. a., Determinanten d. Wohnungsversorgung 745
Brede u. a., Politische Ökonomie d. Bodens 868
Bredekamp, Kunst als Medium sozialer Konflikte 763
Materialien zu H. Brochs ›Die Schlafwandler‹ 571
Brooks, Paradoxie im Gedicht 124
Brus, Funktionsprobleme d. sozialist. Wirtschaft 472
Brus, W., Sozialistisches Eigentum 801
Brünneck, Politische Justiz 944
Bubner, Dialektik u. Wissenschaft 597
Bürger, Die französ. Frühaufklärung 525
Bürger, Theorie der Avantgarde 727
Bürger, Aktualität und Geschichtlichkeit 879
Bürger/Schulte-Sasse (Hrsg.), Naturalismus 992

Bulthaup, Zur gesellschaftl. Funktion der Naturwissenschaften 670
Burke, Dichtung als symbol. Handlung 153
Burke, Rhetorik in Hitlers ›Mein Kampf‹ 231
Busch, Die multinationalen Konzerne 741
Cardoso/Faletto, Abhängigkeit 841
Caspar D. Friedrich u. d. dt. Nachwelt, hrsg. v. W. Hofmann 777
Celan, Ausgewählte Gedichte 262
Über Paul Celan 495
Chasseguet-Smirgel (Hrsg), Psychoanalyse der weiblichen Sexualität 697
Chomsky, Aus Staatsraison 736
Claas, Die politische Ästhetik 832
Clemenz, Gesellschaftl. Ursprünge des Faschismus 550
Cohen/Taylor, Ausbruchversuche 898
Cogoy, Wertstruktur und Preisstruktur 810
Cooper, Psychiatrie u. Anti-Psychiatrie 497
Córdova/Michelena, Lateinamerika 311
Creeley, Gedichte 227
Dallemagne, Die Grenzen der Wirtschaftspolitik 730
Damus, Entscheidungsstrukturen in der DDR-Wirtschaft 649
Deleuze/Guattari, Kafka 807
Determinanten der westdeutschen Restauration 1945-1949 575
Deutsche und Juden 196
Die Hexen der Neuzeit, hrsg. von Claudia Honegger 743
Dobb, Organis. Kapitalismus 166
Dobb, Wert- und Verteilungstheorien 765
Döbert, R./Nunner-Winkler, G,. Adoleszenzkrise und Identitätsbildung 794
Dorst, Eiszeit 610
Dorst, Toller 294
Über Tankred Dorst (Werkbuch) 713
Drechsel u. a., Massenzeichenware 501
Doras, Ganze Tage in den Bäumen 80
Duras, Hiroshima mon amour 26
Eckensberger, Sozialisationsbedingungen d. öffentl. Erziehung 466
Eco, Zeichen 895
Eich, Abgelegene Gehöfte 288
Eich, Botschaften des Regens 48
Eich, Mädchen aus Viterbo 60
Eich, Setúbal / Lazertis 5
Eich, Marionettenspiele / Unter Wasser 89
Über Günter Eich 402
Eichenbaum, Theorie u. Gesch. d. Literatur 119
Eisner, Politik des libertären Sozialismus 422
Eisner, Sozialismus als Aktion 773
Elias/Lepenies, Zwei Reden 954
Eliot, Die Cocktail Party 98
Eliot, Der Familientag 152
Eliot, Mord im Dom 8
Eliot, Was ist ein Klassiker? 33
Entstalinisierung in der Sowjetunion 609
Enzensberger, Blindenschrift 217
Enzensberger, Deutschland 203
Enzensberger, Einzelheiten I 63
Enzensberger, Einzelheiten II 87
Enzensberger, Landessprache 304
Enzensberger, Das Verhör von Habana 553
Enzensberger, Palaver 696
Enzensberger, Der Weg ins Freie 759
Über H. M. Enzensberger 403
Erkenntnistheorie, marxist. Beiträge 349
Eschenburg, Über Autorität 129
Euchner, Egoismus und Gemeinwohl 614
Expressionismusdebatte, hrsg. von H. J. Schmitt 646
Fassbinder, Antiteater 443
Fassbinder, Antiteater 2 560
Fassbinder, Stücke 3 803
Fichant/Pêcheux, Überlegungen zur Wissenschaftsgeschichte 866
Fischer-Seidel, James Joyces »Ulysses« 826
Fleischer, Marxismus und Geschichte 323
Materialien zu M. F. Fleißer 594
Foucault, Psychologie u. Geisteskrankheit 272
Frauenarbeit – Frauenbefreiung, hrsg. v. A. Schwarzer 637
Frauenfrage im Kapitalismus, Brandt/Kootz/Steppke 581
Frauen im Gefängnis, hrsg. von Dürkop/Hardtmann 916
Frauen, die pfeifen, hrsg. von Geiger/Holinka u. a. 968
Frerichs/Kraiker, Konstitutionsbedingungen 685
Friedensanalysen 1 784
Friedensanalysen 2 834
Friedensanalysen 3 847
Friedensanalysen 4 871
Friedensanalysen 5 891
Friedensanalysen 6 925
Friedensanalysen 7 955
Friedensanalysen 8 958
Friedensanalysen 9 755
Frisch, Ausgewählte Prosa 36
Frisch, Biedermann u. d. Brandstifter 41
Frisch, Die chinesische Mauer 65
Frisch, Don Juan oder Die Liebe zur Geometrie 4
Frisch, Graf Öderland 32
Frisch, Frühe Stücke. Santa Cruz / Nun singen sie wieder 154
Frisch, Zürich – Transit 161
Frisch, Öffentlichkeit 209
Frisch/Hentig, Zwei Reden 874

Über Max Frisch 404
Über Max Frisch II 852
Materialien zu Max Frischs »Andorra« 653
Fritzsche, Politische Romantik 778
Fromm, Sozialpsychologie 425
Fučík, Reportage unter dem Strang geschrieben 854
Fuegi/Grimm/Hermand (Hrsg.), Brecht-Jahrbuch 1974 758
Gastarbeiter 539
Gefesselte Jugend / Fürsorgeerziehung 514
Geiss, Geschichte u. Geschichtswissenschaft 569
Germanistik 204
Gerhard, Ute, Verhältnisse und Verhinderungen 933
Gesellschaft, Beiträge zur Marxschen Theorie I 695
Gesellschaft II 731
Gesellschaft III 739
Gesellschaft IV 764
Gesellschaft V 787
Gesellschaft VI 806
Gesellschaft VII 827
Gesellschaft VIII/IX 863
Gesellschaft X 886
Gesellschaft XI 957
Gesellschaftsstrukturen, hrsg. v. O. Negt u. K. Meschkat 589
Gespräche mit Ernst Bloch, Hrsg. von Rainer Traub und Harald Wieser 798
Gewerkschaften und Strafvollzug, Hrsg. v. Lüderssen u. a. 943
Goeschel/Heyer/Schmidbauer, Soziologie der Polizei I 380
Goffman, Asyle 678
Goldscheid/Schumpeter, Finanzkrise 698
Gombrich/Hochberg/Black, Kunst, Wahrnehmung, Wirklichkeit 860
Grass, Hochwasser 40
Gröll, Erziehung 802
Groth, Die Krise der Staatsfinanzen 918
Guattari, Psychotherapie 768
Guérin, Anarchismus 240
Haavikko, Jahre 115
Habermas, Logik d. Sozialwissenschft. 481
Habermas, Protestbewegung u. Hochschulreform 354
Habermas, Technik u. Wissenschaft als Ideologie 287
Habermas, Legitimationsprobleme im Spätkapitalismus 623
Habermas, Bovenschen u. a., Gespräche mit Marcuse 938
Hacks, Das Poetische 544
Hacks, Stücke nach Stücken 122
Hacks, Zwei Bearbeitungen 47
Handke, Die Innenwelt 307
Handke, Kaspar 322
Handke, Publikumsbeschimpfung 177
Handke, Wind und Meer 431
Handke, Ritt über den Bodensee 509
Über Peter Handke 518
Hannover, Rosa Luxemburg 233
Hartig/Kurz, Sprache als soz. Kontrolle 543
Haug, Kritik d. Warenästhetik 513
Haug, Bestimmte Negation 607
Haug, Warenästhetik. Beiträge zur Diskussion 657
Hecht, Sieben Studien über Brecht 570
Hegel im Kontext 510
Hegels Philosophie 441
Heinemann, Präsidiale Reden 790
Heinsohn/Knieper, Theorie d. Familienrechts 747
Heller, A., Das Alltagsleben 805
Heinsohn/Knieper, Spielpädagogik 809
Heller, E., Nietzsche 67
Heller, E., Studien zur modernen Literatur 42
Hennicke (Hrsg.), Probleme d. Sozialismus i. d. Übergangsgesellschaften 640
Hennig, Thesen z. dt. Sozial- u. Wirtschaftsgeschichte 662
Hennig, Bürgerliche Gesellschaft 875
Henrich, Hegel im Kontext 510
Herbert, Ein Barbar 2 365
Herbert, Gedichte 88
Hermand, J., Von deutscher Republik 793
Herzen, Die gescheiterte Revolution 842
Hesse, Geheimnisse 52
Hesse, Tractat vom Steppenwolf 84
Hildesheimer, Das Opfer Helena / Monolog 118
Hildesheimer, Interpretationen zu Joyce u. Büchner 297
Hildesheimer, Mozart / Beckett 190
Hildesheimer, Nachtstück 23
Hildesheimer, Herrn Walsers Raben 77
Über Wolfgang Hildesheimer 488
Hirsch, Wiss.-techn. Fortschritt i. d. BRD 437
Hirsch/Leibfried, Wissenschafts- u. Bildungspolitik 480
Hirsch, Staatsapparat u. Reprod. des Kapitals 704
Hobsbawm, Industrie und Empire I 315
Hobsbawm, Industrie und Empire II 316
Hobsbawm, Auf dem Weg zum ›historischen‹ Kompromiß 851
Hochmann, Thesen zu einer Gemeindepsychiatrie 618
Hoffmann-Axthelm, Theorie der künstler. Arbeit 682

Hoffmann (Hrsg.), Perspektiven kommunaler Kulturpolitik 718
Hofmann, Universität, Ideologie u. Gesellschaft 261
Hondrich, Theorie der Herrschaft 599
Horn, Dressur oder Erziehung 199
Horn u. a., Gewaltverhältnisse u. d. Ohnmacht d. Kritik 775
Horn (Hrsg.), Gruppendynamik u. ›subjekt. Faktor‹ 538
Hortleder, Gesellschaftsbild d. Ingenieurs 394
Hortleder, Ingenieure in der Industriegesellschaft 663
Horvat, B., Die jugoslaw. Gesellschaft 561
(Horváth) Materialien zu Ödön v. H. 436
Materialien zu H., ›Geschichten aus dem Wienerwald‹ 533
Materialien zu H., ›Glaube Liebe Hoffnung‹ 671
Materialien zu H., ›Kasimir und Karoline‹ 611
Über Ödön v. Horváth 584
Hrabal, Tanzstunden 126
Hrabal, Zuglauf überwacht 256
(Huchel) Über Peter Huchel 647
Huffschmid, Politik des Kapitals 313
Imperialismus und strukturelle Gewalt, hrsg. von D. Senghaas 563
Information über Psychoanalyse 648
Internat. Beziehungen, Probleme der 593
Jacoby, Soziale Amnesie 859
Jaeggi, Literatur und Politik 522
Jahoda u. a., Die Arbeitslosen v. Marienthal 769
Jakobson, Kindersprache 330
Jauß, Literaturgeschichte 418
Johnson, Das dritte Buch über Achim 100
Johnson, Karsch 59
Über Uwe Johnson 405
(Joyce, J.) Materialien zu J., ›Dubliner‹ 357
Joyce, St., Dubliner Tagebuch 216
Jugendkriminalität 325
Kalivoda, Marxismus 373
Kapitalismus, Peripherer, hrsg. von D. Senghaas 652
Kasack, Das unbekannte Ziel 35
Kaschnitz, Beschreibung eines Dorfes 188
Kern/Schumann, Industriearbeit 907
Kino, Theorie des 557
Kipphardt, Hund des Generals 14
Kipphardt, Joel Brand 139
Kipphardt, In Sachen Oppenheimer 64
Kipphardt, Die Soldaten 273
Kipphardt, Stücke I 659
Kipphardt, Stücke II 677
Kirche und Klassenbindung, hrsg. v. Y. Spiegel 709
Kirchheimer, Politik und Verfassung 95
Kirchheimer, Funktionen des Staates u. d. Verfassung 548
Kirchheimer, Von der Weimarer Demokratie 821
Klöckner, Anna 791
Kluge/Negt, Öffentlichkeit und Erfahrung 639
Kluge, Lernprozesse mit tödlichem Ausgang 665
Kluge, Gelegenheitsarbeit einer Sklavin 733
Kluge, Neue Geschichten 819
Knieper, Weltmarkt 828
Über Wolfgang Koeppen 864
Kommune i. d. Staatsorganisation 680
Kosta, Abriß d. sozialökonomischen Entwicklung der Tschechoslowakei 974
Kracauer, Jacques Offenbach 971
Kraiker/Frerichs, Konstitutionsbedingungen 685
Kristeva/Eco/Bachtin u. a., Textsemiotik 796
Kristeva, Die Revolution d. poetischen Sprache 949
Kritische Friedenserziehung 661
Kritische Friedensforschung 478
Kroetz, Drei Stücke 473
Kroetz, Oberösterreich u. a. 707
Kroetz, Vier Stücke 586
Kroetz, Drei neue Stücke 753
Krolow, Ausgewählte Gedichte 24
Krolow, Landschaften für mich 146
Krolow, Schattengefecht 78
Über Karl Krolow 527
Kris, Die ästhetische Illusion 867
Kropotkin, Ideale und Wirklichkeit 762
Kühn, Ausflüge im Fesselballon 656
Kühn, Goldberg-Variationen 795
Kühn, Grenzen des Widerstands 531
Kühn, Unternehmen Rammbock 683
Kühn, Löwenmusik 984
Kühnl/Rilling/Sager, Die NPD 318
Kulturpolitik, Kommunale 718
Kunst, Autonomie der 592
Laermann, u.a., Reise und Utopie 766
Laing, Phänomenologie der Erfahrung 314
Laing/Cooper, Vernunft und Gewalt 574
Laing/Phillipson/Lee, Interpers. Wahrnehmung 499
Landauer, Erkenntnis und Befreiung 818
Leithäuser/Volmerg/Wutka, Entwurf zu einer Empirie 878
Lefebvre, H., Marxismus heute 99
Lefebvre, H., Dialekt. Materialismus 160
Lefebvre, H., Metaphilosophie 734
Lefebvre, Einführung in die Modernität 831
Lehrlingsprotokolle 511
Lehrstück Lukács, hrsg. v. I. Matzur 554

Leithäuser/Heinz, Produktion, Arbeit, Sozialisation 873
Lempert, Berufliche Bildung 699
Lenhardt, Berufliche Weiterbildung 744
Lenhardt, Der hilflose Sozialstaat 932
Lévi-Strauss, Ende d. Totemismus 128
Liberman, Methoden d. Wirtschaftslenkung im Sozialismus 688
Linhartová, Geschichten 141
Literaturunterricht, Reform 672
Lippe, Bürgerliche Subjektivität 749
Literatur und Literaturtheorie, hrsg. von Hohendahl u. P. Herminghouse 779
Loch/Kernberg u. a., Psychoanalyse im Wandel 881
Lorenz, Sozialgeschichte der Sowjetunion 1 654
Lorenz (Hrsg.), Umwälzung einer Gesellschaft 870
Lorenzer, Kritik d. psychoanalyt. Symbolbegriffs 393
Lorenzer, Gegenstand der Psychoanalyse 572
Lotman, Struktur d. künstler. Textes 582
Lüdke (Hrsg.), Nach dem Protest 964
Lukács, Heller, Márkus u. a., Individuum und Praxis 545
Luthardt (Hrsg.), Sozialdemokratische Arbeiterbewegung Band 1 923/Bd. 2 934
Lyon, Bertolt Brecht und Rudyard Kipling 804
Majakowskij, Wie macht man Verse? 62
Malkowski, Was für ein Morgen 792
Mandel, Marxist. Wirtschaftstheorie, 2 Bände 595/96
Mandel, Der Spätkapitalismus 521
Marcuse, Versuch über die Befreiung 329
Marcuse, H., Konterrevolution u. Revolte 591
Marcuse, Kultur u. Gesellschaft I 101
Marcuse, Kultur u. Gesellschaft II 135
Marcuse, Theorie der Gesellschaft 300
Marcuse, Zeit-Messungen 770
Marx, Die Ethnologischen Exzerpthefte 800
Marxist. Rechtstheorie, Probleme der 729
Marxsche Theorie, Aspekte, I 632
Marxsche Theorie, Aspekte, II 633
Massing, Polit. Soziologie 724
Mattick, Spontaneität und Organisation 735
Mattick, Beiträge zur Kritik des Geldes 723
Matzner, J. (Hrsg.), Lehrstück Lukács 554
Mayer, H., Anmerkungen zu Brecht 143
Mayer, H., Anmerkungen zu Wagner 189
Mayer, H., Das Geschehen u. d. Schweigen 342
Mayer, H., Repräsentant u. Märtyrer 463
Mayer, H., Über Peter Huchel 647
Über Hans Mayer 887
Meier, Begriff ›Demokratie‹ 387
Meschkat/Negt, Gesellschaftsstrukturen 589
Michel, Sprachlose Intelligenz 270
Michels, Polit. Widerstand in den USA 719
Mitbestimmung, Kritik der 358
Mitscherlich, Krankheit als Konflikt I 164
Mitscherlich, Krankheit als Konflikt II 237
Mitscherlich, Unwirtlichkeit unserer Städte 123
Mitscherlich, Freiheit und Unfreiheit i. d. Krankheit 505
Mittelstraß, J. (Hrsg.) Methodologische Probleme 742
Monopol und Staat, hrsg. v. R. Ebbinghausen 674
Moral und Gesellschaft 290
Moser, Repress. Krim.psychiatrie 419
Moser/Künzel, Gespräche mit Eingeschlossenen 375
Moser, Verstehen, Urteilen, Verurteilen 880
Most, Kapital und Arbeit 587
Müller, Die Verdrängung des Ornaments 829
Münchner Räterepublik 178
Mukařovský, Ästhetik 428
Mukařovský, Poetik 230
Napoleoni, Ökonom. Theorien 244
Napoleoni, Ricardo und Marx, hrsg. von Cristina Pennavaja 702
Negt/Kluge, Öffentlichkeit u. Erfahrung 639
Negt/Meschkat, Gesellschaftsstrukturen 589
Negt, Keine Demokratie 812
Neues Hörspiel O-Ton, hrsg. von K. Schöning 705
Neumann-Schönwetter, Psychosexuelle Entwicklung 627
Neumann, Wirtschaft, Staat, Demokratie 892
Nossack, Das Mal u. a. Erzählungen 97
Nossack, Das Testament 117
Nossack, Der Neugierige 45
Nossack, Der Untergang 19
Nossack, Pseudoautobiograph. Glossen 445
Über Hans Erich Nossack 406
Nyssen (Hrsg.), Polytechnik in der BRD? 573
Obaldia, Wind in den Zweigen 159
v. Oertzen, Die soz. Funktion des staatsrechtl. Positivismus 660
Oevermann, Sprache und soz. Herkunft 519
Offe, Strukturprobleme d. kapitalist. Staates 549
Offe, Berufsbildungsreform 761
Olson, Gedichte 112
Ostaijen, Grotesken 202
Parker, Meine Sprache bin ich 728
Peripherer Kapitalismus, hrsg. von D. Senghaas 652
Perspektiven der kommunalen Kulturpolitik, hrsg. v. H. Hoffmann 718

Piscator, Theater der Auseinandersetzung 883
Piton, Anders leben 767
Piven/Cloward, Regulierung der Armut 872
Politik der Subjektivität, hrsg. von Michaela Wunderle
Politzer, Kritik der Grundlagen 893
Poulantzas, Die Krise 888
Pozzoli, Rosa Luxemburg 710
Preuß, Legalität und Pluralismus 626
Price, Ein langes glückl. Leben 120
Probleme d. intern. Beziehungen 593
Probleme d. marxist. Rechtstheorie 729
Probleme d. Sozialismus u. der Übergangsgesellschaften 640
Probleme einer materialist. Staatstheorie, hrsg. v. J. Hirsch 617
Projektarbeit als Lernprozeß 675
Prokop D., Massenkultur u. Spontaneität 679
Prokop U., Weiblicher Lebenszusammenhang 808
Pross, Bildungschancen v. Mädchen 319
Prüß, Kernforschungspolitik i. d. BRD 715
Przybós, Werkzeug aus Licht 908
Psychiatrie, Was ist . . . 708
Psychoanalyse als Sozialwissensch. 454
Psychoanalyse, Information über 648
Psychoanalyse d. weibl. Sexualität 697
Puls/Thompson u. a., Wahrnehmungsformen u. Protestverhalten 948
Queneau, Mein Freund Pierrot 76
Rajewsky, Arbeitskampfrecht 361
Rammstedt, Soziale Bewegung 844
Reform d. Literaturunterrichts, hrsg. v. H. Brackert / W. Raitz 672
Reichert/Senn, Materialien zu Joyce ›Ein Porträt d. Künstlers‹ 776
Restauration, Determinanten d. westdt. R. 575
Ritsert (Hrsg.), Zur Wissenschaftslogik 754
Ritter, Hegel u. d. Französ. Revolution 114
Ritter-Röhr, D. (Hrsg.) Der Arzt, sein Patient und die Gesellschaft 746
Rocker, Aus d. Memoiren eines dt. Anarchisten 711
Róheim, Psychoanalyse und Anthropologie 839
Rolshausen, Wissenschaft 703
Rossanda, Über Dialektik v. Kontinuität u. Bruch 687
Rossanda/Magri, Der lange Marsch 823
Rottleuthner (Hrsg.), Probleme d. marxist. Rechtstheorie 729
Runge, Bottroper Protokolle 271
Runge, Frauen 359
Runge, Reise nach Rostock 479
Rüpke, Schwangerschaftsabbruch 815
Russell, Probleme d. Philosophie 207
Russell, Wege zur Freiheit 447
Sachs, Das Leiden Israels 51
Sandkühler, Praxis u. Geschichtsbewußtsein 529
Sarraute, Schweigen / Lüge 299
Scabia, Marco Cavallo 970
Schäfer/Edelstein/Becker, Probleme d. Schule (Beispiel Odenwaldschule) 496
Schäfer/Nedelmann, CDU-Staat 370
Schedler, Kindertheater 520
Scheugl/Schmidt jr., Eine Subgeschichte d. Films, 2 Bände 471
Schklowskij, Schriften zum Film 174
Schklowskij, Zoo 130
Schlaffer, Der Bürger als Held 624
Schlaffer, Studien zum ästhetischen Historismus 756
Schmidt, Ordnungsfaktor 487
Schmitt, Der Streit mit Georg Lukács 579
Schmitt, Expressionismus-Debatte 646
Schneider/Kuda, Arbeiterräte 296
Schnurre, Kassiber / Neue Gedichte 94
Scholem, Judentum 414
Schoch, Vorarbeiten 985
Schram, Die perman. Revolution i. China 151
Schütze, Rekonstrukt. d. Freiheit 298
Schule und Staat im 18. u. 19. Jh., hrsg. v. K. Hartmann, F. Nyssen, H. Waldeyer 694
Schwarzer (Hrsg.), Frauenarbeit – Frauenbefreiung 637
Sechehaye, Tagebuch einer Schizophrenen 613
Segmente der Unterhaltungsindustrie 651
Senghaas, Rüstung und Materialismus 498
Senghaas, Weltwirtschaftsordnung 856
Setzer, Wahlsystem in england 664
Shaw, Caesar und Cleopatra 102
Shaw, Der Katechismus d. Umstürzlers 75
Siegert, Strukturbedingungen 882
Soboul, Französische Revolution 960
Söll/du Bois-Reymond, Neuköllner Schulbuch, 2 Bände 681
Sohn-Rethel, Geistige u. körperl. Arbeit 555
Sohn-Rethel, Ökonomie u. Klassenstruktur d. dt. Faschismus 630
Sohn-Rethel, Warenform und Denkform 904
Sozialistische Realismuskonzeptionen 701
Spazier/Bopp, Grenzübergänge. Psychotherapie 738
Spiegel (Hrsg.), Kirche u. Klassenbindung 709
Sraffa, Warenproduktion 780
Starnberger Studien 1 877
Starnberger Studien 2 963
Sternberger, Bürger 224
Straschek, Handbuch wider das Kino 446
Streik, Theorie und Praxis 385

Strindberg, Ein Traumspiel 25
Struck, Klassenliebe 629
Sweezy, Theorie d. kapitalist. Entwicklung 433
Sweezy/Huberman, Sozialismus in Kuba 426
Szondi, Über eine freie Universität 620
Szondi, Hölderlin-Studien 379
Szondi, Theorie d. mod. Dramas 27
Tagträume vom aufrechten Gang, hrsg. von Arno Münster 920
Tardieu, Imaginäres Museum 131
Technologie und Kapital 598
Teige, Liquidierung der ›Kunst‹ 278
Tibi, Militär u. Sozialismus i. d. Dritten Welt 631
Tiedemann, Studien z. Philosophie Walter Benjamins 644
›Theorie der Avantgarde‹ hrsg. v. W. Martin Lüdke 825
Tohidipur (Hrsg.), Verfassung 822
Tohidipur (Hrsg.) Der bürgerliche Rechtsstaat 901
Toleranz, Kritik der reinen 181
Toulmin, Voraussicht u. Verstehen 292
Tumler, Nachprüfung eines Abschieds 57
Tynjanov, Literar. Kunstmittel 197
Ueding, Glanzvolles Elend. Versuch über Kitsch u. Kolportage 622
Ueding, (Hrsg.), Literatur ist Utopie 935
Uspenskij, Poetik der Komposition 673
Volmerg, Identität und Arbeitserfahrung 941
Vossler, Revolution von 1848 210
Vyskočil, Knochen 211
Walser, Abstecher / Zimmerschlacht 205
Walser, Heimatkunde 269
Walser, Der Schwarze Schwan 90
Walser, Die Gallistl'sche Krankheit 689
Walser, Eiche und Angora 16
Walser, Ein Flugzeug über d. Haus 30
Walser, Kinderspiel 400
Walser, Leseerfahrungen 109
Walser, Lügengeschichten 81
Walser, Überlebensgroß Herr Krott 55
Walser, Wie u. wovon handelt Literatur 642
Walser, Sauspiel mit Materialien, hrsg. von Werner Brändle 913
Walser, Wer ist ein Schriftsteller? 959
Über Martin Walser 407
Was ist Psychiatrie?, hrsg. v. F. Basaglia 708
Weber, Über d. Ungleichheit d. Bildungschancen in der BRD 601
Weber, Betty N., Brechts ›Kreidekreis‹ 928
Wehler, Geschichte als Histor. Sozialwissenschaft 650
Weil, Simone, Fabriktagebuch 940
Weiss, Abschied von den Eltern 85
Weiss, Stücke I 833
Weiss, Stücke II 910
Weiss, Fluchtpunkt 125
Weiss, Gesang v. Lusitanischen Popanz 700
Weiss, Gespräch d. drei Gehenden 7
Weiss, Jean Paul Marat 68
Materialien zu ›Marat/Sade‹ 232
Weiss, Rapporte 2 444
Weiss, Schatten des Körpers 53
Über Peter Weiss 408
Weiss, Alexander, Bericht aus der Klinik 889
Wellek, Konfrontationen 82
Wellershoff, Die Auflösung des Kunstbegriffs 848
Wellmer, Gesellschaftstheorie 335
Wesker, Die Freunde 420
Wesker, Die Küche 542
Wesker, Trilogie 215
Winckler, Studie z. gesellsch. Funktion faschist. Sprache 417
Winckler, Kulturwarenproduktion / Aufsätze z. Literatur- u. Sprachsoziologie 628
Wirth, Kapitalismustheorie in der DDR 562
Witte (Hrsg.), Theorie des Kinos 557
Wittgenstein, Tractatus 12
Wolf, Danke schön 331
Wolf, Fortsetzung des Berichts 378
Wolf, mein Famili 512
Wolf, Pilzer und Pelzer 234
Wolf, Auf der Suche nach Doktor Q. 811
Wolf, Die Gefährlichkeit 845
Über Ror Wolf 559
Wolff/Moore/Marcuse, Kritik d. reinen Toleranz 181
Wuthenow, Muse, Maske, Meduse 897
Zima, Kritik der Literatursoziologie 857
Zimmermann, Vom Nutzen der Literatur 885
Zoll, Der Doppelcharakter der Gewerkschaften 816